互联网+政务

—— Aisit 网信研究院 编著 ——

人民邮电出版社

北京

图书在版编目（CIP）数据

互联网+政务 / Aisit网信研究院编著. -- 北京：
人民邮电出版社，2017.1
ISBN 978-7-115-43315-2

Ⅰ. ①互… Ⅱ. ①A… Ⅲ. ①电子政务—研究 Ⅳ.
①D035-39

中国版本图书馆CIP数据核字(2016)第245418号

内 容 提 要

当前，"互联网+"战略已经从新兴的互联网行业渗透到各行业各领域。在"互联网+"的转型时代，政府治理和政务服务也面临着新的挑战。Aisit 网信研究院是网络安全和信息化领域国家级智库。本书是由 Aisit 网信研究院组织行业领域的专家和学者针对"互联网+政务"编写的一本政策解读和实施指南。

本书共 7 章。第 1 章介绍了互联网产生的时代背景以及所引起的巨大变革，并指出实施"互联网+"行动计划是党中央的重大战略决策。第 2 章结合"十三五"、"四个全面"、"六项坚持"等分析了"互联网+"的战略地位。第 3 章介绍了电子政务发展的最新态势。第 4 章介绍了"互联网+"和公共服务结合的方向，并且给出了一些地区的成功案例。第 5 章介绍了"互联网+"对于政务信息公开和开放的促进作用。第 6 章介绍了"互联网+"大数据对创新型政府的推动。最后一章讨论了"互联网+"时代下的政务安全及身份管理。

本书对于研究和实施"互联网+政务"的方法和实践具有很好的指导意义，适合政府信息化分管领导及负责人、信息中心的负责人阅读，也可供从事政府治理及政务服务研究的专家及学者参考。

◆ 编　　著　Aisit 网信研究院
　　责任编辑　陈冀康
　　责任印制　焦志炜

◆ 人民邮电出版社出版发行　　北京市丰台区成寿寺路 11 号
　　邮编　100164　　电子邮件　315@ptpress.com.cn
　　网址　http://www.ptpress.com.cn
　　固安县铭成印刷有限公司印刷

◆ 开本：700×1000　1/16
　　印张：17　　　　　　　　　2017 年 1 月第 1 版
　　字数：212 千字　　　　　　2024 年 7 月河北第 3 次印刷

定价：59.00 元

读者服务热线：(010)81055410　印装质量热线：(010)81055316
反盗版热线：(010)81055315

Aisit 网信研究院及其主要业务简介

    Aisit 网信研究院是 2015 年 01 月，中共中央办公厅、国务院办公厅印发《关于加强中国特色新型智库建设的意见》后应运而生的非营利性社会组织。Aisit 网信研究院是网络安全和信息化领域的第一智库，同时也是跨部门跨行业的智库。Aisit 网信研究院是在院长宁家骏先生和学术委员会主任倪光南院士的带领下，汪玉凯、杜链、崔书昆、何华康、周德铭、阎冠和、陈玉龙、杨凤春、杨海成、李红、谭晓生、季昕华、吴甘沙等一大批国家级权威专家的参与下共同搭建的专家型智库平台。Aisit 网信研究院立足为专家服务，搭建专家合作交流的平台；充分发挥专家才智，更好地推进国家网络安全和信息化建设。

    Aisit 网信研究院主要业务：

    参与网络安全和信息化的相关标准制定工作；

    为国家部委、中央企业、全国各地信息化水平较高的试点城市、各城市企事业单位提供下述服务：

    提供网络安全和信息化领域的顶层设计及"十三五"规划咨询服务；

    提供智慧城市建设和信息惠民城市建设咨询服务；

    提供信息化前沿技术（如"互联网+"、智能制造、大数据、人工智能等）的研究及报告；

    承接网络安全和信息化相关课题和研究工作；

    举办和上述相关的专题会议、报告。

    Aisit 网信研究院微信公众号

作者简介

宁家骏，现任 Aisit 网信研究院院长、国家信息中心专家委员会主任、国家信息惠民试点城市建设指导专家组组长。他长期从事电子政务、信息系统、信息安全、数据库建设、信息系统工程技术工作，是多项国家级电子政务工程项目、规划、文件的主要策划、起草、设计和工程实施组织者之一。他曾先后主持完成了国家电子政务外网和宏观经济管理信息系统（"金宏工程"）的设计与工程建设工作，是国家十二五电子商务规划的主要执笔人和国家十二五政务信息化工程建设规划的主要起草者，曾获国家科技进步一等奖主要参加者奖、国家计委科技进步二等奖，享受国务院特殊津贴。他近期一直参与国家有关部门信息消费、智慧城市、信息惠民和大数据领域的重点课题研究工作。

　　阎冠和，曾任北京市经济和信息化委员会副主任、现任国家信息惠民试点城市建设指导专家组专家、Aisit 网信研究院学术委员会主任委员。他曾先后主持过国务院办公厅电子政务试点示范工程——北京市电子政务试点示范工程（国家 863 专项）、北京市农村疫病防控系统（非典期间疫病防疫）、数字北京信息亭建设、北京市委市政府机关信息化工作规划、北京市政府机关行政管理信息化工作规划、北京市委市政府机关网络改造工程、北京市委市政府信息化建设、改造升级等项目；他还以不同形式参与了 2008 年北京奥运会、深圳大运会、南京青奥会、广州亚运会、上海世界博览会、中国(北京)国际园林博览会、唐山世界园艺博览会等大型活动的组织工作。他在城市信息化建设规划及升级改造等方面有非常丰富的经验，近年来一直参与国家信息惠民试点城市建设方面的研究工作。

　　胡坚波，现任中国信息通信研究院产业与规划研究所所长，Aisit 网信研究院学术委员会主任委员。他长期从事信息通信技术（ICT）政策研究、行业规划、信息化、通信业务和网络规划研究、无线网规划优化软件研发、移动互联网及智能终端研究等工作。主持完成"信息惠民评价指标体系""信息产业十二五发展规划""我国 TD-SCDMA 规模试验网总体设计要求"等课题。

周德铭，曾担任审计署信息化建设领导小组办公室主任，是金审一期和二期工程责任人，国家 863 计划和国家科技支撑计划审计署项目的主要负责人，现任 Aisit 网信研究院学术委员会主任委员、国家信息惠民试点城市建设指导专家组专家。他是《国家电子政务工程建设项目管理暂行办法》（发改委[2007] 55 号令）、《关于开展国家电子政务工程项目绩效评价工作的意见》（发改高技[2015] 200 号）等文件的执笔人之一。2011 年任中国审计学会计算机审计分会会长以来，组织撰写出版了《国家审计信息化发展报告》《信息系统审计研究报告》《国家电子政务信息系统审计实务指南》等专著。

连樟文，现任国家电子政务云计算工程实验室主任，国家信息惠民试点城市建设指导专家组专家、Aisit 网信研究院学术委员会主任委员。他长期专注于研究政府信息化顶层设计、需求规划、建设模式，主持过近百个城市信息化项目和多个部委项目；对社会治安综合治理、城市消防公共安全、信息惠民公共服务平台、地方政府跨部门业务协同平台、社区信息化平台、保险行业信息平台等领域有丰富的实践经验。

吴亚非，曾任国家信息中心信息与网络安全部主任、原国务院信息化工作办公室信息安全风险评估专家组副组长，Aisit 网信研究院学术委员会主任委员。国务院政府特殊津贴获得者，获国家计委科技进步三等奖与优秀工程师奖，国家人事部与全国标准化管理委员会全国标准化工作优秀个人奖。他主持了国家电子政务外网、国家宏观经济管理信息系统与国家发展和改革委员会网络信息系统的信息安全保障体系规划、设计，组织工程建设与运行维护和管理等工作，建成国家政务外网（一期）网络安全保障体系、安全管理中心（SOC）和数字证书中心（CA）、国家宏观经济管理信息系统 CA、国家发展改革委高技术项目"CA 互联互通示范工程"，负责电子政务外网电子认证服务体系的运营和管理；参与多个信息安全国家标准和国家政策文件的制定。

序 1

　　全心全意为人民服务是我党一贯坚持的根本宗旨，是我党的立党之本，是我们党能够始终保持生机和活力的力量源泉。党中央、国务院历来高度重视为民服务工作。在习近平总书记的系列重要讲话和署名文章中，"人民"是被提及频次最高的热词之一。不久前在会见全国优秀县委书记时，习总书记更是要求领导干部"要做群众的贴心人""真正做到心系群众、热爱群众、服务群众"。李克强总理在出席第八届全国"人民满意的公务员"表彰大会时也特别强调，"要把让人民满意的标准高悬头上、牢记心上，把解决群众困难、为群众办实事、实现人民期盼体现在行动中，打造敢担当、有作为的政府。"

　　近年来，各地区、各部门也都在创新和改进政务服务方面开展了积极有益的探索，取得了可喜的成绩。通过实施统一社会信用代码制度和商事登记制度改革，推进"三证合一"、"一照一码"、"先照后证"，大大简化了企业办事程序，激发了市场活力。在面向公民服务方面，国家发展改革委、财政部等 12 部门组织实施的信息惠民工程通过大力推进政务信息公开、部门间信息共享和业务协同，在实现政务服务便民、利民、益民服务等方面也取得了初步成效，如福建省建成了电子证照库，推动了跨部门证件、证照、证明的互认共享，初步实现了基于公民身份证号码的"一号式"服务；广州市的"一窗式"和佛山市的"一门式"服务改革，大大简化了群众办事环节，优化了服务流程，提升了群众办事效率；上海市、深圳市通过建设社区公共服务综合信息平台和数据共享平台，基本实现了政务服务事项的网上综合受理和全程协同办理。但是，全国各地区发展不平衡，还存在网上服务项目不全、信息共享程度低、实际可办理率不高的问题。困扰企业和基层群众的"办证多、办事难"现象仍然不少，异地就医结算、社保转移支付、随迁子女入学等跨地域、跨部门办事问题尤为突出，给人民群众办事创业带来诸多不便。

2016年是"十三五"的开局之年，是我国全面建成小康社会决胜阶段的关键之年，也是推进供给侧结构性改革的攻坚之年，更是简政放权、放管结合、优化服务改革推向纵深发展的一年。适应新的形势和要求，需要进一步提高改革创新的紧迫感，要以更大的改革力度和更加坚定的意志决心，推进便民、利民、亲民的政务服务。在2016年的政府工作报告中，李克强总理指出要"大力推行'互联网+政务服务'，实现部门间数据共享"、"简除烦苛，禁察非法，使人民群众有更平等的机会和更大的创造空间"。2016年4月，经国务院批准，国务院办公厅转发国家发展改革委等10部委《推进"互联网+政务服务"开展信息惠民试点的实施方案》，明确提出要构建方便快捷、公平普惠、优质高效的政务服务信息体系，让人民群众"少跑腿、好办事、不添堵"，解决群众和企业"办证多、办事难"现象，适应新的形势和要求，推进国家治理体系和治理能力现代化。

我们认为，"互联网+政务"就是要运用互联网思维，革新服务理念，创新服务模式，做好顶层设计，并落实到具体法规、制度和方法。要全面推行政府网上受理与审批办理各类服务事项，让"信息多跑路，百姓少跑腿"。要进一步加大政府改革力度，打通政府内部环节，推动信息共享，实现跨部门、跨地区、跨行业的政务服务事项的衔接配合和业务联动。要运用云计算、大数据、人工智慧等先进技术，构建统一、安全的网上政务服务系统和公民电子证照等基础数据库，打造线上线下一体化政务服务体系，解决政务服务"最后一公里"等难题。要充分结合正在实施的信息惠民工程，以公民身份号码作为唯一标识，支撑群众办事"一号申请、一窗口受理、一平台共享、一站式服务"，简化办事手续，提高办成效率，变"被动服务"为"主动服务"，切实提高群众办事的满意度。

为了做好"互联网+电子政务"的需要，现由国家电子政务工程建设指导专家组暨信息惠民国家试点城市建设指导专家组的宁家骏、周德明、阎冠合等专家，在深入调研的基础上，对国家相关政策进行了比较权威的解读，就发展模式和实施路径进行了比较深入的研究，编撰完成了这本《互联网+政务》。我认为本书值得大家分享和学习参考，特向大家推荐此书，希望大家从中获益。

杨国勋

国家信息化专家咨询委员会副主任

2016 年 7 月 5 日

序 2

2015 年，是中国互联网发展史上具有里程碑意义的一年。这一年，"互联网+"升级为国家发展战略，被写入政府工作报告。之后，一系列"互联网+"行动计划展开，国内互联网行业呈现出前所未有的发展态势。更加引人关注的是，"互联网+"行动计划将在十三五时期实施，预示着未来五年，"互联网+"行动计划将成为国民经济和社会发展的一个重点。

这一年，大数据、云计算、移动互联网、物联网等技术曰趋成熟，并获得广泛应用，各行各业都在通过"互联网+"实现创新发展。这一年，"互联网+"深度融入百姓生活，成为街头巷尾人人都在言说的热门话题。

成长于"互联网+"被列入国家行动计划的良好环境，得益于大数据、云计算、移动互联网、物联网等现代信息技术的日益成熟，源自于人民群众对政务部门提高政务效能、提升服务水平的热切期盼，"互联网+政务"再次成为热议话题。能否积极贯彻党中央的重要战略部署，主动顺应"互联网+"的发展趋势，在政府职能范围内灵活运用互联网思维，充分利用大数据、云计算、物联网等现代信息技术，激发创新智慧与创造活力，推动政务工作创新发展，成为"互联网+政务"的主要内容。

我们看到，各地各级政务部门近年来在互联网应用方面已经取得了令人欣喜的成效。政务信息生产采集渐成规模，政务信息的标准化建设、存储和运算能力逐步提升，基于海量数据的应用研发能力日趋专业化，政务网络安全建设的技术基础逐渐稳固，网络空间治理水平和协同治理力度不断加强。我们也注意到，各地与"互联网+政务"的整体要求仍有不小差距。对"互联网+"认识不足，数据生产管理能力和应用开发能力有待提高，基础设施部署升级的标准和流程尚未统一，新技术应用的论证环节亟待完善，协同共享的要求与部门间信息壁垒之间矛盾日益凸显，网络安全意识、管理运维能力和技术防范水平仍需增强。

　　未来，我们还将继续跟随"互联网+政务"的前行脚步，关注其点滴进步，探讨其发展前景。站在互联网的风口上，各级政务部门能否顺势而为，如何扬帆远行，我们将拭目以待。在这样背景下，我们高兴地看到由我中心原首席工程师、国家电子政务工程建设指导专家组专家宁家骏同志等一批专家，围绕新时期电子政务发展，特别是做好互联网+政务，配合国家既定战略的贯彻落实，在深入调研的基础上，对国家政策进行了比较权威的解读，就发展模式和实施路径进行了比较深入的研究，汇集了国内一批学者在该领域的研究成果，编撰完成了这本《互联网+政务》。我认为本书值得大家分享和学习参考。我向大家推荐此书，也希望大家从中获益，为扎实推进互联网+政务服务勇于创新，为新时期政务信息化建设作出新的贡献。

国家信息中心副主任

前言

学习习总书记讲话精神，扎实推进互联网+电子政务

非常庆幸，在本书即将完稿之时，我们迎来了一件大事。2016 年 4 月 19 日，中共中央总书记、中央网络安全和信息化工作领导小组组长习近平同志主持召开网络安全和信息化工作座谈会，习总书记对当前和今后我国互联网及网信事业的发展做了一次极为重要、内容全面的讲话，高屋建瓴，振聋发聩。习总书记以历史唯物主义和辩证唯物主义为指导，勾勒出了中国网信大战略和互联网+的清晰轮廓。

当今世界，在全球化背景下高歌猛进的信息革命，让每个国家都必须形成自己的大战略，这个战略要回答的核心问题，是如何看待和认识由信息革命形成的全球网络空间带来的挑战和机遇。必须看到，自 20 世纪 90 年代初中国全功能接入互联网以来，围绕如何应对信息技术带来的挑战，如何运用信息革命带来的机遇，在党中央、国务院的正确领导下，我们进行了长期的探索，也在若干重大关键问题上，取得了令人瞩目的可喜成绩，其中包括电子政务领域所取得的重大进步。特别是党的十八大以来，中国在互联网和互联网+领域取得了巨大进步，彰显了中国在全球化时代，在信息革命宏观背景下，驾驭互联网的能力。

2014 年 2 月，中央网络安全和信息化工作领导小组成立，由国家互联网信息办公室承担领导小组办公室的具体职责，习总书记在 2014 年 2 月

27 日小组第一次工作会议上的讲话里，明确提出了"没有网络安全就没有国家安全，没有信息化就没有现代化"的战略判断。这开启了中国网信事业战略征程的历史新篇章。2016 年 4 月 19 日，习总书记亲自主持召开网络安全和信息化工作座谈会，在会上发表的重要讲话，意义更为重大，影响也将更为深远，是具有里程碑意义的战略文件。学习总书记重要讲话，更加体会到今天大力推进互联网+政务的必要性、紧迫感和历史使命感。因为总书记的重要讲话，通篇贯穿了一个核心，就是振兴网信事业和推进互联网+，必须以造福人民为核心关注，以中华民族伟大复兴为总目标。总书记的讲话明确指出，"让互联网造福人民"是推动网信事业发展的核心关注，确保中华民族能够抓住信息革命的历史机遇实现伟大复兴，是网信事业发展的总目标。习总书记语重心长地指出："一个民族、一个国家的兴亡关键，在于每一次技术革命之时能不能站在前沿，把握机遇。"总书记明确指出："……推动互联网发展取得令人瞩目的成就。现在，互联网越来越成为人们学习、工作、生活的新空间，越来越成为获取公共服务的新平台。我国有 7 亿网民，这是一个了不起的数字，也是一个了不起的成就。"这也使我们进一步认识到，发展互联网+政务，代表着新的生产力、新的发展方向，应该也能够在践行新发展理念上先行一步，使互联网+成为我国经济发展进入新常态的新动力，可以大有作为。网信事业要发展，必须贯彻以人民为中心的发展思想。这是党的十八届五中全会提出的一个重要观点。要适应人民期待和需求，加快信息化服务普及，降低应用成本，为老百姓提供用得上、用得起、用得好的信息服务，让亿万人民在共享互联网发展成果上有更多获得感。总书记特别提到要"加快推进电子政务，鼓励各级政府部门打破信息壁垒、提升服务效率，让百姓少跑腿、信息多跑路，解决办事难、办事慢、办事繁的问题。""深入研究国家治理中存在信息共享难、资源统筹难、工作协调不够等问题，以信息化推进国家治理体系和治理能力现代化，统筹发展电子政务，构建一体化在线服务平台，分级分类推进新型智慧城市建设，打通信息壁垒，构建全国信息资源共享体系，更好用信息化手段感知社会态势、畅通沟通渠道、辅助科学决策。"

习近平总书记的讲话，清晰地把握了中国当前互联网发展的重要特征，那就是时间紧迫，各种问题都需要共同面对，综合把握。特别提到要"走好人民群众的'网上的群众路线'"。总书记的战略判断，从国家宏观战略的高度出发，深刻阐释网信事业和互联网+的本质特征，即网信事业与互联网+归根结底必须以人民的满意度和群众的获得感为最终目标和检验标准，必须把当前中国的互联网+与信息化工作，置于中国、全球生产力发展史的宏大背景下予以审视，从中华民族发展、全球化大背景以及社会经济发展的角度出发，将中华民族的崛起、国家的振兴与生产力革命挂钩，指出发展网信事业和推进互联网+，作为在信息时代实现中华民族伟大复兴宏伟战略目标的关键抓手，离不开国家治理能力和水平的提升，离不开互联网+政务的扎实推进，这是网络时代党的执政能力以及政府治理能力建设在网络空间的延伸与体现。这一判断使我们对大力推进互联网+政务的认识有了重大上升。

学习总书记重要讲话精神，也使我们感到，推进互联网+政务是网信事业这项宏伟事业的主要组成部分，可以看作是中国在线下面临的历史使命在网络空间的重要映射。搞好互联网+电子政务，不仅是发展网信事业不可或缺的重要组成部分，更与真正实现国家现代化治理能力与水平紧密相关，与整个中国崛起的进程，以及中华民族伟大复兴的进程息息相关，密不可分。

正是由于习总书记的讲话勾勒出中国网信大战略和推进互联网+行动的清晰框架，为进一步推动中国互联网+行动战略和信息化事业指明了方向，所以也使得我们深切感到按照党中央、国务院部署，加快扎实推进互联网+政务，认真研究相关问题，正逢其时，这是本书编撰人员之大幸。我们完全可以相信，中国互联网+政务事业的春天来了！

目 录

第 1 章
Chapter 1

互联网发展的大背景

1.1 互联网所引起的巨大社会变革

1.1.1 互联网发展历程

众所周知，互联网产生于 1969 年年初，它的前身是阿帕网（ARPANET），是美国国防部高级研究计划管理局为准军事目的而建立的，开始时只连接了 4 台主机，这是一个只有 4 个网点的互联网的鼻祖，也称"网络之父"。到了 1972 年公开展示时，由于学术研究机构及政府机构的加入，这个系统已经连接了 50 所大学和研究机构的主机；1982 年 ARPANET 又实现了与其他多个网络的互联，从而形成了以 ARPANET 为主干网的互联网。

1983 年，美国国家科学基金会 NSF 提供巨资，建造了全美五大超级计算中心。为使全国的科学家、工程师能共享超级计算机的设施，又建立了基于 IP 协议的计算机通信网络 NSFNET。最初的 NSF 使用传输速率为 56kbit/s 的电话线通信，但根本不能满足需要，于是 NSF 便在全国按地区划分了计算机广域网，并将它们与超级计算中心相连，最后又将各超级计算中心互联起来，通过连接各区域网的高速数据专线，而连接成为 NSFNET 的主干网。1986 年，NSFNET 建成后取代了 ARPANET 而成为互联网的主干网，由初期以 ARPANET 为主干网的互联网只对少数的专家以及政府要员开放，转变为以 NSFNET 为主干网的互联网向社会开放。

到了 20 世纪 90 年代，随着计算机的普及和信息技术的发展，互联网迅速地商业化，以其独有的魅力和爆炸式的传播速度成为当今的热点。商业利用是互联网前进的发动机，一方面，网点的增加以及众多企业商家的参与使互联网的规模急剧扩大，信息量也成倍增加；另一方面，更刺激了网络服务的发展。互联网从硬件角度讲是世界上最大的计算机互联网络，它连接了全球不计其数的网络与电脑，也是世界上最为开放的系统。但它更是一个非常实用而且拥有巨大信息资源的系统，它允许世界上数以亿计的人们进行通信和信息共享。互联网仍在迅猛发展，并于发展中不断得到更新并被重新定义。

1.1.2 互联网发展趋势新特点

互联网在中国起步时间虽然不长，但却保持着惊人的发展速度。互联网的发展速度是惊人的，它已经潜移默化地融入我们的生活，虽然现在网络还存在一定问题，但是随着时代的发展，互联网的功能已经有了突飞猛进的发展。超过一半的中国人已经使用互联网上网，互联网已经成为中国人生活和工作中形影不离的工具。未来两三年内，移动互联网将继续渗透到我们的生活和工作，将在诸多方面改变和改善我们的生活和工作形态，产生更多的商业机会。未来中国互联网的发展呈现如下几个特点：

我国互联网及其应用发展趋势的第一个特点是：中国互联网用户普及率过半，中国互联网网民数稳居世界第一。截至 2015 年 12 月，中国网民规模达 6.88 亿，全年共计新增网民 3951 万人。互联网普及率为 50.3%，较 2014 年年底提升了 2.4 个百分点（见图 1.1）。至 2015 年 12 月，我国手机网民规模达 6.20 亿，网民中使用手机上网的人群占比由 2014 年的 85.8%提升至 90.1%。智能手机用户已形成庞大规模，市场占有率已趋于饱和，增速呈减缓趋势，智能手机对网民普及率增长的拉动效果减弱。预计 2016 年年底，中国网民的渗透率将接近 60%。2015 年全球网民数为

31.74 亿，比 2014 年的 29.37 亿增长了 8%以上，尽管如此，中国网民数稳居全球第一。2015 年中国的网民数是美国和日本网民总数的 2 倍。但截至 2015 年年底中国的网民普及率为 50.3%，美国为 87%，从普及率来看，中国的网民数还有很大的发展空间。

图 1.1

我国互联网及其应用发展趋势的第二个特点是：互联网向移动端迁移，得移动互联网者得天下。全球移动互联网使用量持续增长，占整体互联网的 25%（截至 2014 年 5 月），2013 年这一数据仅为 14%，一年之内使用比例翻倍，亚洲移动网民的普及率也从上一年度的 23%增长至 37%，增长速度极快。截至 2015 年 12 月，中国手机网民规模达 6.20 亿，较 2014 年年底增加 6303 万人。同时网民中使用手机上网人群占比由 2014 年的 85.8%提升至 90.1%。手机网民规模完全超越传统 PC 网民规模。

随之而来的是，互联网产品和服务也要跟着网民走，诸多大型互联网公司移动端的流量已经超越 PC 端的流量，很多大型互联网企业 PC 业务用户向移动端迁移，呈现出 PC 业务增长放缓，移动业务增长迅速的态势。在未来的两三年内，得移动互联网者得天下（见图 1.2、图 1.3）。

2011-2015年企业固定宽带和移动宽带接入比例

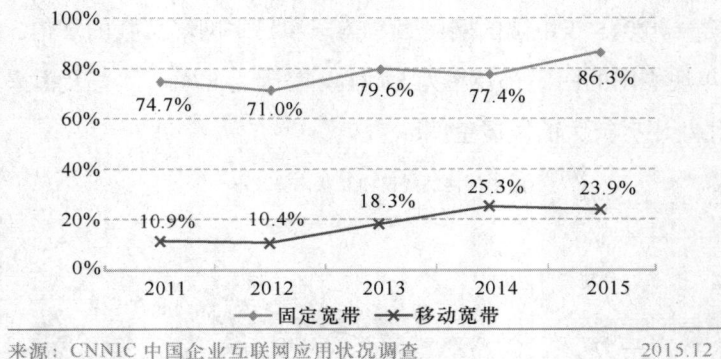

来源：CNNIC 中国企业互联网应用状况调查　　　　　　　　　2015.12

图 1.2

企业各移动互联网营销渠道使用比例

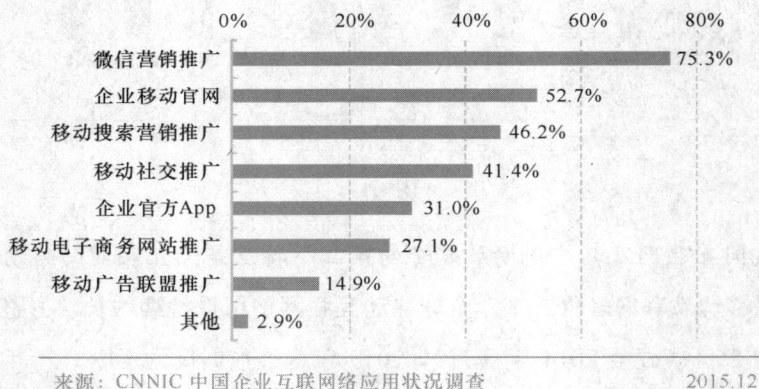

来源：CNNIC 中国企业互联网络应用状况调查　　　　　　　　2015.12

图 1.3

　　我国互联网及其应用发展趋势的第三个特点是：互联网消费金融市场正在崛起，大型平台类互联网企业将驱动市场快速发展。互联网消费金融是指消费者通过互联网购买消费品提供消费贷款的现代服务金融方式，包括住房贷款、汽车贷款、旅游贷款、助学贷款等。中国互联网消费金融市场正处于发展的起步阶段，2013 年中国互联网消费金融市场交易规模达到 60.0 亿元（见图 1.4）。从互联网消费金融交易规模构成来看，2013 年互联网消费金融交易规模主要以 P2P 消费信贷为主，艾瑞咨询数据显示，该比例高达 97.5%（见图 1.5）。2014 年，电商巨头首次进入该领域。2014 年年初，京东率先推出白条服务，随后 2014 年 7 月，天猫推出分期服务。2014
年电商巨头的强势介入，使得市场格局出现显著变化，2014 年通过电商平
台产生的消费信贷交易占互联网金融交易规模的 32%，2015 年该比例增至
40% 以上，2016 年将超过一半，通过电商平台产生的消费金融交易规模将
成为市场主体。伴随着京东与天猫进入市场，2014 年交易规模突破 160
亿元，增速超过 170%。2017 年，整体市场将突破千亿，未来三年复合增
长率达到 94%。市场增长的驱动力来自于电商巨头强势介入该市场，以及
更多的平台型互联网企业如房产网站、汽车网站加入该市场。

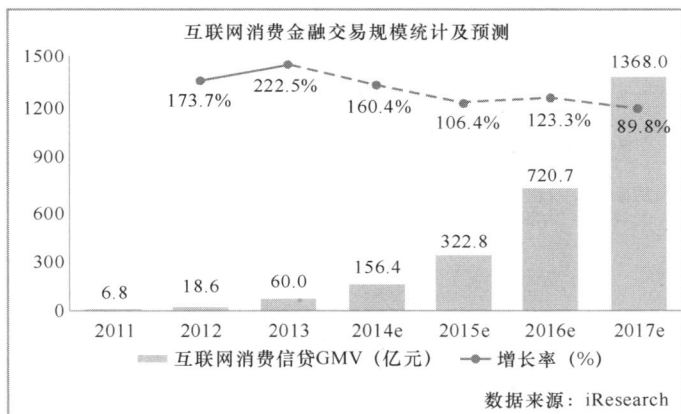

图 1.4

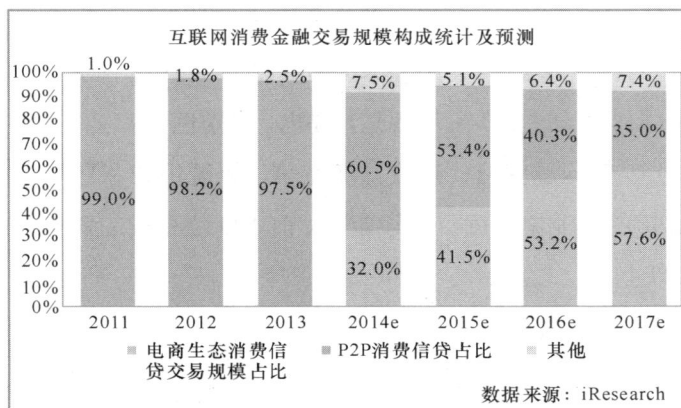

图 1.5

　　我国互联网及其应用发展趋势的第四个特点是：互联网正在大力向民生重点领域渗透，其中重点之一是健康领域，掀起互联网健康浪潮。越来越多的用户在使用互联网寻找与健康相关的解决方案，由此带动了移动互联网健康市场的迅速发展。最近 3 年时间内，无论是苹果、谷歌、微软等全球的高科技公司，还是 BAT 等国内互联网巨头都在觊觎移动健康市场，从移动挂号到日常健康管理服务，从健康监测到慢病预防和慢病管理，互联网健康浪潮正在掀起。

　　互联网健康市场未来发展迅速一是靠国家政策激励，　另外还存在有三股力量的大力推动（见图 1.6）。

图 1.6

（1）国家政策利好

　　2014 年 5 月国家食药监总局发布《互联网食品药品经营监督管理办法（征求意见稿）》，拟放开网上销售处方药，并提出允许第三方物流配送药品。

　　《医药工业"十二五"发展规划》提出，目前医药工业产业集中度低，企业多、小、散问题突出，造成过度竞争、资源浪费和环境污染。该规划将 2015 年的产业集中度目标设定为，前 100 位企业的销售收入占全行业的 50%以上。

（2）技术相关因素推动

　　移动互联网和大数据的发展，将改变现有的医疗健康服务模式——远程预约、远程医疗、慢病监控、大数据管理等逐步成为可能。

传感器的发展。传统的可穿戴式传感器腕环、心率带、计步计、动作传感器、智能衣服传感器正在快速发展；而非植入式电化学传感器的发展，利用对眼泪、唾液、汗液以及皮肤组织液等体液的传感器检测，填补了实时监测体内疾病及药效的空白。

（3）社会环境及自然环境的变化

老龄化。2050 年，中国 60 岁及以上人口将增至近 4.4 亿人，占中国人口总数的 34%，进入深度老龄化阶段。中国不断加剧的老龄化趋势成为医疗保健增长的基础。

污染。气候变化和污染加重人类健康隐患，为健康产业增长提供空间。有关数据表明，每年世界范围内，约 200 万人死于空气污染。水资源和空气的污染的后果，将会在未来 10 年间越来越明显地显现出来。一方面，污染会使得人们更加注重疾病防治，增加医疗健康支出；另一方面，人们在由污染带来的疾病治疗上的投入也会有所增长。

（4）大型互联网和 IT 企业重视及大力参与推动

国际上，苹果发布全新健康应用，该移动应用平台被命名为"Healthkit"，它可以整合 iPhone 或 iPad 上其他健康应用收集的数据，如血压和体重等；三星也推出了其健康追踪平台 SAMI；谷歌推出 Google Fit；微软则推出 Microsoft Health 健康与健身云服务平台。国内企业更是大手笔，阿里巴巴的布局从医院到药店，从挂号到缴费，几乎已涵盖了医疗行业的方方面面。阿里巴巴投资医药电商中信 21 世纪科技有限公司 10 个月之后，后者日前正式更名为"阿里健康"；支付宝公布"未来医院"计划，宣布将对医疗机构开放其平台能力；阿里启动药品电子平台，"阿里健康"客户端在石家庄首次介入医院电子处方环节，通过"处方电子化"试点，以期实现在医院外购买处方药。腾讯斥资 7000 万美元战略投资医疗健康互联网公司丁香园；腾讯领投挂号网超过 1 亿美元；手机 QQ 最新版中推出了健康中心，希望基于手机 QQ 的社交用户数据，来对产业链上的软硬件厂商做整合；打造微医平台，与微信、QQ 打通，让医院医生接入即可为挂号网、微信、QQ 用户提供便捷的就医服务。百度与北京市政府合作，搭建健康云平台，整合上游的智能医疗设备商和下游的远程医疗服务商，基于智能硬件设备来提供个性化的健康服务。

　　我国互联网及其应用发展趋势的第五个特点是：在线教育拐点到来，未来市场快速成长。自 2014 年以来，在线教育日益引发资本市场高度关注，成为互联网市场最热门投资领域之一。最新统计数据显示，我国在线教育市场规模由 2004 年的 150 亿元上升到 2013 年的 839.74 亿元，年均复合增速高达 22.5%。2015 年我国在线教育市场规模达到 1192 亿元（见图 1.7），在线教育用户达到了 7227 万人（如图 1.8 所示）。2014 年全球在线教育产业规模为 1577 亿美元，行业实现 23% 的年复合增长率。其中高等在线教育规模，未来五年年复合增长率为 25%，预计 2017 年行业规模将达到 2550 亿美元，基础教育（K-12）的增长速度最快，未来 5 年年复合增长率高达 30%，2017 年有望实现 700 亿的市场规模。

2011—2018年中国在线教育市场规模

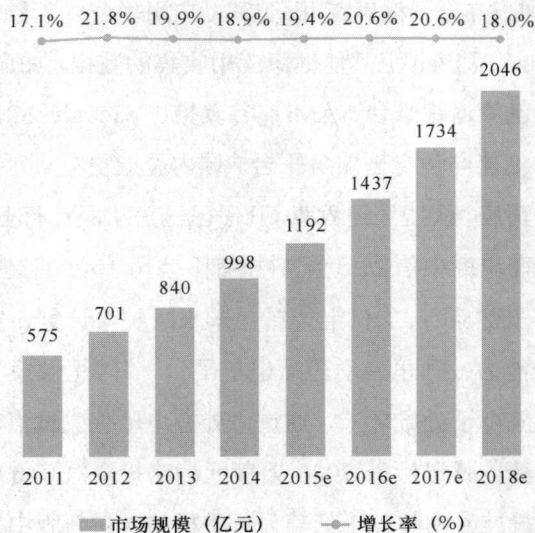

17.1%　21.8%　19.9%　18.9%　19.4%　20.6%　20.6%　18.0%

	2011	2012	2013	2014	2015e	2016e	2017e	2018e
市场规模（亿元）	575	701	840	998	1192	1437	1734	2046

市场规模（亿元）　　增长率（%）

来源：根据公开数据结合艾瑞咨询模型核算

图 1.7

2011—2018年中国在线教育用户规模

21.0%　21.7%　20.2%　20.1%　20.5%　20.9%　23.2%　22.8%

图表显示各年数据：

年份	在线教育总用户规模（万人）
2011	3413
2012	4154
2013	4995
2014	5999
2015e	7227
2016e	8736
2017e	10767
2018e	13221

在线教育总用户规模（万人）

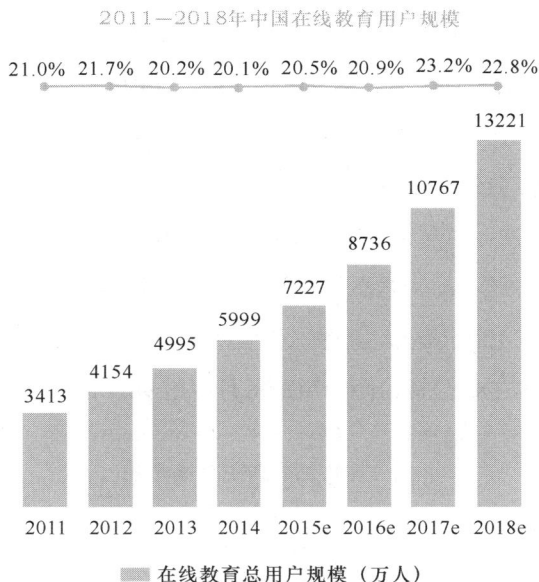

来源：根据公开数据结合艾瑞咨询模型核算

图 1.8

　　艾瑞咨询数据显示，2015 年在线教育市场规模达到 1192 亿元，同比增长速度为 19.4%。艾瑞分析认为，随着在线教育用户规模的不断扩大，在线教育的市场规模还将有更大的发展，预计到 2018 年将达到 2046 亿元。学历教育、职业教育和 K12 教育将是市场规模高速增长的主要动力。

　　目前的教育领域的变革主要是来自移动互联网和大数据。原来的互联网教育绝大多数依赖于 PC 端，互联网时代已经完全进入移动互联时代，有了平板电脑和智能手机之后，在线教育从相对集中的学习转变成碎片化学习的状态，这需要在线教育产品形态的转变；而由于大数据的发展，也使得在线教育更加智能和科学，比如我们可以通过大数据建立错误题库去优化老师讲课的重点，或者通过大数据去辅助学生答题，科学评估学习成绩，优化学习重点，如猿题库、学习宝和优答。

　　我国互联网及其应用发展趋势的第六个特点是：社交平台将加速生态整合，以社交为基础打造沟通、娱乐、生活、购物和学习一站式服务平台。

2015 年三季度移动社交通信行业的格局比较稳定，微信、QQ、陌陌占据前三，旺旺、易信、来往位居第四至六位。同时，行业整体覆盖人数均保持小幅增长。2015 年 1 月至 9 月，微信和 QQ 的月活、日活稳中有升，陌陌的月活、日活总体保持平稳。从使用次数来看，微信用户的每月使用次数最高，为 423.2 次，位居前三的微信、QQ、陌陌的用户每月使用次数超过100。从使用时长来看，前两名微信与 QQ 远超其他 APP，第三名陌陌与其他App 的差距已经在 10 倍以上。其中，微信用户每月使用 2400.1 亿分钟，QQ用户每月使用 2207.1 亿分钟，陌陌用户每月使用 98.5 亿分钟（见图 1.9）。

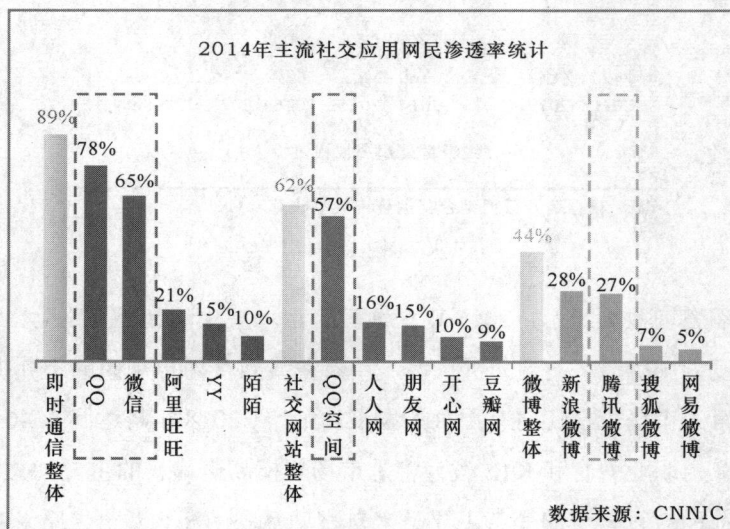

图 1.9

今后一段时期各社交平台将加速社交相关生态的整合，以社交为基础打造沟通、娱乐、生活、购物和学习的在线一站式服务平台。

（1）在沟通方面，腾讯提出乐在沟通的产品理念，QQ 和微信将继续提升语音和视频沟通的产品体验，尤其是 QQ 的多人视频沟通方面，以提升在工作场景和教育场景下的一对多和多对多的沟通体验；新浪微博也在测试群沟通功能，期待在社交沟通方面抢占更多的份额。

（2）在娱乐方面，腾讯、新浪、人人等社交平台都积极为用户提供 PC 游戏和移动游戏服务，在社交用户的大盘上进行很好的游戏商业化，2014 年这些社交平台在移动游戏领域已经取得了不错的发展，预计未来两年将更为重视社交用户的移动游戏方向。

（3）在生活方面，2014 年年初，腾讯投资入股大众点评，占股 20%，快速抢占生活 O2O 的入口；而在更早之前，腾讯就投资了嘀嘀打车。未来一年，在生活化方面社交平台将继续加速整合的速度，以投资或者收购的方式快速拓展市场。

（4）在购物方面，2014 年年初，腾讯以 2.14 亿美元入股京东 15% 的股份，合作有利于两者在电商领域的快速发展；而在 2013 年，阿里巴巴以 5.86 亿美元购入新浪微博 18% 的股份，同时两者展开全面战略合作，在未来，阿里还有权按事先约定的定价方式，将新浪微博的持股升至 30%。在未来一年，社交平台将继续加大电商领域的合作力度，尤其是促进社交和移动电商的融合。

（5）在学习方面，社交平台将发挥其天然沟通能力和用户资源的优势，发力在线教育。以腾讯为例，"腾讯课堂"从两方面发力在线教育：一方面以 QQ 群为网络课堂做直播教育，而另一方面以精品课为资源平台做录播教育。同时，腾讯和新东方在 2014 年 7 月宣布成立合资公司"微学明日"，进军移动学习市场。2014 年 2 月 YY 也正式宣布进军在线教育，分拆出独立品牌 100 教育。预计 2015 年，社交平台更加重视教育市场的发展和投资，竞争愈加激烈。

1.1.3　互联网与"互联网+"理念的提出

李克强总理在 2015 年全国两会上首次提出"互联网+"。2016 年李克强总理在政府工作报告中再次对"互联网+"行动计划做了重要诠释。报告中指出，要发挥大众创业、万众创新和"互联网+"集众智汇众力的乘数效应。打造众创、众包、众扶、众筹平台，建设一批"双创"示范基地。

2015 年以来，关于"互联网+"的定义以及未来发展的讨论层出不穷，但大多仅仅围绕着互联网开始改造传统产业的思路。那么对于如何改造，切入点和核心理念是什么，本书试图从"互联网+"对于社会经济形态转变的角度去剖析，来解答"互联网+"的实质。

首先从互联网对于实体经济影响的层面，笔者将它划分为 3 个阶段来分析。

第一阶段：笔者称此阶段为互联网信息交互阶段，从最初互联网发展到搜索引擎服务，直至信息分类展示平台的建设。它将人们的信息获取成本和沟通成本降至最低，早期的电话普及也提高了信息利用价值，后续诞生了互联网沟通工具，更加完善了信息筛选渠道。

这一阶段对于实体经济而言，需求得到了快速响应，隐性需求快速爆发；企业迅速形成规模化，常规需求产品种类迅速增多，且实现了产品标准化。

第二阶段：笔者称此阶段为互联网商品交易阶段，通过互联网降低交易成本和市场成本，B2B 和 B2C 网站快速发展，第三方支付和信用卡结算系统等交易工具蓬勃发展，几乎成为人人必备的应用服务。基于交易服务建立起了初步的个人信用体系，同时个人创业成本也降到了非常低的水平。

这一阶段对于实体经济而言，需求被快速满足，产品迭代速度也飞快，企业管理信息化建设成为必须。由于用户更多地从互联网获得商品和其评价信息，互联网营销层出不穷，甚至渗透到了互联网应用的所有领域。商品从生产到流通的领域都实现了互联网标准化。这个阶段目前仍然还在发展过程中，因为随着商品货值的不断提高，安全管理以及人的意识转变需要过程来实现，但已进入发展的末期。

第三阶段：笔者称此阶段为互联网服务交易阶段，通过互联网实现服务的标准化和分工精细化。和商品交易不同之处在于系统化工程的复杂性，虽然也夹杂了专业化的商品交易，但是最终体现价值的核心在于服务的专业化和标准化，以可衡量的标准去评估服务的优劣，使用效果是服务验收的依据，而不是简单的商品指标。而且服务过程和验收过程远比商品交易的时间要长，甚至对于用户的需求来说服务的完成并非由一家实现，服务商之间的协作化生产成为常态。

此阶段对于实体经济而言，潜在需求大量被激发出来，人们不仅要满足生活的基本需求，提高生活质量成为需求的主体，因此个性化需求成为市场的推动力，且很难以社会化大生产来满足，个性化服务成为社会发展的增长点。随着人们生活水平的提高，以及全球资源的快速消耗，生产和生活过程中的能效、环保、节能、健康成为新的社会需求增长点，技术革新也围绕着这些点进行，并且以服务来推动技术进步成为各行业的发展方向。

这一阶段最先从价值小、服务过程短、纯线上服务、服务商独立完成的需求开始，比如威客模式；之后向需求简单的线下服务模式进化，比如打车（出租车）市场；第三步开始涉足需求标准化、价值可衡量（通过标准树立）、服务过程较长、需要协作生产的领域，如分布式光伏电站建设；第四步进入需求多样化、服务过程较长、价值和需求相对应（结合标准和个性需求共同评价价值实现情况）、专业化程度较高的领域，如装修和软件众包行业；最后，服务交易将进入服务周期更长，技术要求更高的专项研发、工艺研究等领域。

笔者认为第三阶段"互联网+"的核心是评价标准的建立和评估的公信力，使得交易得以从线下搬到线上；建立服务评价的标准，首先要对于行业有充分的了解，对于市场需求和未来发展有清晰的认识，发起的企业要有一定的行业信用基础和技术积累。并且推动服务交易建立需要有一个社会引导过程，通过服务信息汇总、在线沟通、标准认可、在线交易、售后保障等步骤一步步实现，需要几年的时间完成这一过程。除非采用像打车软件一样通过补贴去催熟市场，速度可以加快，但是投入的代价也是巨大的，而且在市场成熟前一旦停止就有可能被对手超越。因此对于互联网服务平台领域，笔者建议不要过分追求市场导入的速度，因为一旦引导错误，社会根据真实需求来重建秩序需要付出更大的代价。

近期，市场上盛行 O2O（线下到线上）的创业，很多行业都开始尝试建立这样的平台，且大多以服务作为导入，应该说是验证了笔者五年前创业时的设想。但是这些 O2O 项目能否最终实现价值，关键还是对于服务评价标准的建立，以及服务机制的合理化（线下到线上的逐步增加，而不是一步到位）。

当然，笔者认为不但需要建立评价标准，随着互联网服务交易的不断发展，为了适应互联网+系统工程的可持续发展，用好金融工具成为一个必不可少的内容，小型创业服务商在发展过程中为了能够提供整体的服务，需要借助金融手段提高自己的现金流；服务需求者对于大额且长期的投资也需要金融杠杆。现阶段互联网金融已经逐步走向成熟，正好符合服务交易的需求，垂直领域"互联网交易平台+金融服务"对接将成为"互联网+"发展的大趋势。相信随着"互联网+"的不断演变，它给我们所带来的不仅是更加自由化的市场，也将成为创业、创新和技术变革的推动者。

还要特别提出的是，2016 年李克强总理在政府工作报告中明确指出："大力推进'互联网+政务服务'，实现部门间数据共享，让居民和企业少跑腿、好办事、不添堵。"这是李克强总理继去年提出"互联网+"概念后，在今年的政府工作报告中首次明确提出了"互联网+政务服务"。指出要充分运用"互联网+"，让政府服务变得更"聪明"。"互联网+政务服务"不仅可以让政府服务更"聪明"，还可以更"高效"。办事大厅水泄不通、窗口前条条排队长龙、行政人员服务疲于应付……推进"互联网+政务服务"后，通过数据共享和线上传输，能够将一部分公共服务需求在线上解决。急速膨胀的公共服务需求与相对紧张的线下服务之间的矛盾，能够在运用"互联网+"改造政府办事流程后得以缓解，全程的线上公开也有助于阳光政府的建设。所以今天互联网+被赋予了新的更加广泛的内涵。

1.2　实施"互联网+"行动计划：中央的重大战略决策

中共十八届五中全会公报提出："实施网络强国战略，实施'互联网+'行动计划，发展分享经济，实施国家大数据战略。"这是党中央顺应时代发展潮流，站在促进经济转型升级、保障国家信息安全的战略高度，就我国互联网未来发展的目标愿景和建设要求，精心描绘的宏伟战略。对于这一战略的重要性和必要性，我们必须有充分的认识。

实施网络强国战略是党中央做出的重大决策部署。网络强国既是国家强盛和民族振兴的重要内涵，又是国家强盛和民族振兴的重要体现，也是实现中华民族伟大复兴中国梦的重要一环和必由之路。在中国迈入互联网时代已经 21 年、已经成为网络大国的关键时刻，党中央决定结合"两个一百年"奋斗目标，同步部署、推进实施网络强国建设战略。2014 年 2 月，中央网络安全和信息化工作领导小组宣告成立，习近平总书记担任组长，强调没有网络安全就没有国家安全，没有信息化就没有现代化，并首次提出要建设网络强国。实施网络强国战略，体现了中央全面深化改革、加强顶层设计的坚强意志和创新睿智，显示出坚决保障网络安全、维护国家利益、推动信息化发展的坚定信心和决心。

其中实施"互联网+"行动计划是中央既定的"网络强国"重大战略决策的重要组成部分和不可或缺的关键环节。在全球新一轮科技革命和产业变革形势下，互联网在促进创新发展，带动产业转型升级，推动社会事业发展方面具有独特地位，欧美发达国家纷纷推出以"互联网+"为核心的战略计划。习近平总书记多次指出，"在 200 余年的全球工业化进程中，中国与前两次工业革命失之交臂，急剧坠入落后挨打的境地"。实施"互联网+"行动计划已成为国家的一项重大战略决策。2015 年 3 月，"互联网+"首次被引入政府工作报告；之后，国务院将新一代信息技术列为《中国制造 2025》重要任务，互联网+行动已经成为推动网络强国战略落地的重要部署和关键举措，最后促成了在十八届五中全会上进入中央决策版图。

实施"互联网+"行动计划是顺应现代化发展潮流的必然选择。当前，我国互联网发展迅猛，规模不断壮大，覆盖更广，速度更快，国际通信更强，宽带用户规模更是居全球首位。网络、计算无处不在，软件、数据无处不用，互联网深入到每一个场所、每一个时间段和每一个人的生存生活细节。话在网上说、钱在网上花、事在网上办，已经成为人们社会生活的新常态。可以说，互联网和信息化引领时代潮流，已成为现代化最新的时代特征。此时此刻，顺应社会发展的时代潮流实施"互联网＋"行动计划，既是当务之急，更是恰当其时。

实施"互联网＋"行动计划是中国经济实现腾飞的新引擎。以互联网为主体的网络空间蕴藏着促进经济飞跃发展的丰富财富和创新动力。一方面，互联网新技术不断涌现，催生了新的经济增长点。6.3亿网民、近5亿的智能手机用户，庞大的客户群体，本身就是一个巨大的潜力市场，尤其是近年来，移动互联网、云计算、物联网、大数据等新技术的创新，带动了相关产业的发展，互联网经济在GDP中的7%占比和网络零售交易额规模均跃居全球第一。另一方面，互联网作为一种理念，一种思维方式，成为经济新常态下"大众创业、万众创新"的动力源。它与农业、工业、商业、教育等各行业各领域深度融合，催生了许多新技术、新产品、新业态、新模式，提升了实体经济的创新力、生产力、流通力，为传统行业的发展带来了新机遇、新空间、新活力，正在成为我国经济转型升级的新引擎。互联网在国民经济中的基础性、先导性、战略性地位已得到国家层面的认同，实施网络强国战略，是党和政府直面最先进生产力发展做出的英明决策。

实施"互联网＋"行动计划是全面贯彻落实党的十八大和十八届三中、四中、五中全会精神，紧紧围绕"四个全面"总目标，以推动互联网新理念、新技术、新产品、新模式发展为重点，以发展网络化、智能化、服务化、协同化的"互联网＋"产业新业态为抓手，充分激发互联网大众创业、万众创新活力，推进互联网在经济社会各领域的广泛应用，推动互联网经济加快发展，提升经济发展质量和社会治理水平，促进我国经济持续健康发展和社会全面进步。

"互联网＋"就是要充分发挥互联网在生产要素配置中的优化和集成作用，把互联网的创新成果与经济社会各领域深度融合，产生化学反应、放大效应，大力提升实体经济的创新力和生产力，创新社会管理和民生保障机制，形成更广泛的以互联网为基础设施和实现工具的经济社会发展新形态。

实施"互联网+"行动计划的总体目标就是：一要加快促进互联网与传统行业渗透融合，互联网大众创业、万众创新活力进一步增强，经济社会各领域互联网应用逐步普及，电子商务、云计算、物联网、大数据等新业态快速发展。

二要推动互联网创业创新体系建立，建成一批互联网创新孵化基地，培育一大批创新型互联网中小企业，建成一批互联网经济创新和自主创新示范区。

三要依据市场需求，加快发展互联网新业态，形成一批智能制造产业集聚区，推动互联网骨干企业继续做大做强，大力发展电子商务、物联网产业和云服务产业。

四要继续提高互联网应用与服务普及率，包括继续提高网络购物普及率、互联网金融利用率、县级以上政府行政审批事项网上办理率、社会服务事项网上办理率和公共信息开放共享率。

通过推进"互联网+"行动计划，显著提升全国经济社会互联网应用成效，互联网创业创新体系进一步完善，大幅提升互联网创业创新活力，实现互联网与产业深度融合。互联网新业态集聚发展，形成一批智能制造产业集聚区。通过推进"互联网+"行动计划，全面普及互联网应用与服务，以推动互联网新理念、新技术、新产品、新模式发展为重点，以发展网络化、智能化、服务化、协同化的"互联网+"产业新业态为抓手，充分激发互联网大众创业、万众创新活力，推进互联网在经济社会各领域的广泛应用，推动互联网经济加快发展，提升经济发展质量和社会治理水平，促进我国经济持续健康发展和社会全面进步。

1.3 "互联网+"创造社会治理变革新时代

以移动互联网、云计算、大数据、物联网为代表的新一代信息通信技术与经济社会各领域、各行业的深度融合和跨界融合，是全球新一轮科技革命和产业变革的核心内容，也正在成为经济社会发展的新引擎，前景广阔，潜力巨大。党中央、国务院深刻认识和准确把握互联网发展规律，立足国情、统筹全局、高屋建瓴，对互联网与经济社会融合发展做出了一系列重大战略部署，具有划时代的重大意义，并将产生极其深远的影响。

在"互联网+"时代，互联网已经跳出了一个行业的范畴。随风潜入夜，润物细无声，互联网不仅与经济社会各领域深度融合，培育出许多新兴产业和新兴业态，形成新的经济增长点。更加具有重大意义的是互联网+社会治理领域，正在使这个领域发生翻天覆地的变化，成为社会发展的创新引擎、效率引擎。

在"互联网+"的大局下，云计算、大数据、移动互联网、物联网成就了无限可能，金融、媒体、交通、教育、医疗、农业、民生等领域不断涌现出新的网络应用，"互联网+"将成为破解城市治理难题的有效手段。许多以往不可企及的事情都将变成现实——通过对各种数据的监测来指导农产品的科学种植生产，形成农产品可溯源系统，保障食品安全；借助云视频技术，可以预约三甲医院的名医在线问诊，终结在医院看病排队等候时间长、问诊时间短的尴尬现状；网络名校实现高端教育的大众化……同时，"互联网+"将成为破解交通拥堵、停车困难、居家养老、社区管理等城市治理难题的有效手段。在这种趋势下，未来中国将没有传统行业，每一个行业都将被全面互联网化，或者用互联网思维和技术手段来武装自己。到那时，人们不得不承认网络社会并不虚拟，而是现实社会在网络空间的延伸，是实实在在社会生活的一部分。

众所周知，"互联网+"时代是一个万物互联的大数据时代，一个国家的互联网竞争力将体现在拥有大数据的规模、活性及对数据的分析、运用能力上。未来大数据驱动的是全社会，而在当下，大数据已经首当其冲地改变了媒介传播形式，越来越多的大数据新闻在产生。通过对大数据进行分析，可以深化新闻叙事和对事实做出准确判断，对未来进行预测报道，满足读者对信息深度认知的需求。同时在信息呈现形式上也越来越吸引人且容易看懂，让读者能够轻松、快捷地了解信息，一看就明白，一看就能掌握。

非常值得关注的是，"互联网+"为社会结构的变迁注入了新生力量。"互联网+"作为一场全新的技术革命，为社会结构的变迁注入了新生力量，正是因为信息自由发布和获得的非等级化，使得传统意义上的金字塔型、块状的层级结构模式变为扁平化社会结构。伴随着共享经济、网络协同和众包合作所创造的大规模、社会化协作的新模式、新业态的出现，将产生一些全新的组织类型及个人与组织关系模式，改变和重塑着传统社会结构，使其经历着一场解构与重构的革命，形成新的社会结构，整个社会将维系于信息网络，呈现出一种多元网状结构。由此，中国社会在交往互动、舆论表达、利益诉求、价值观念、生活方式等方面都将呈现出不同于传统的新特性。这使得社会变得更加复杂多变，不确定性增加，需要我们创新社会管理模式来应对这个局面。

当今互联网世界，已经形成了信息的汪洋大海，而每一条社会信息背后，是一个庞大的信息网络在不断挖掘、采集。这就凸显了信息融合很及时、很有必要。一方面，现在是社会转型期，人员流动大，社会结构正在发生深刻变化，原有社会治理方式亟待改变；另一方面，群众获得、传播信息渠道增加，我们要建设服务型政府，相关方式方法也要同步跟上。现在国内一批城市，特别是信息惠民试点城市和智慧城市试点城市，通过城市网格化建设，众多网格员每天走村入户、探望孤寡、宣传政策、问计群众，将第一手采集的信息通过互联网输入平安建设信息系统这张大网中。自己能解决的问题，比如调解、代办等，他们会及时处理；需要多部门联合处理的，则在上传至上级后再解决。依靠互联网和众多专兼职网格员，已经形成了目前诸多城市基层社会治理网络的基本格局，为大力拓展群众参与渠道，许多城市还开通了政法综治和平安建设等微信公众号，拥有了数以百万千万计的粉丝群众。一套自网格、村（社区）、乡镇（街道）到县（市、区）、市再到省的六级信息网络正在建立起来，初步实现了处理端的多部门多层次协同运作。今天每一条社会信息的背后，是一个多部门、多层级处理机制在协同处理。相比以前使用纸质催办单的办理模式，信息化手段成本更低、速度更快、效率更高，实现了社会变革带来社会治理流程的再造。推进了社会治理综合指挥平台建设，横向打通部门信息渠道，纵向把社会治理工作贯通起来，通过加强与应急联动指挥等系统以及"12345"等公共服务平台的资源对接整合，探索建立了以区域化、扁平化、联动联勤为特征的大联动服务管理模式，让百姓问题"事事有回音、件件有落实"。有效缓解各级各部门之间存在的"信息孤岛""数据鸿沟"现象，构建一个社会治理大联动平台。

新的形势下，以"互联网+"的理念做好服务，支持自主创新，是摆在执政者和各级政府面前的一项义不容辞且十分紧迫的重大变革任务。"互联网+"就在眼前。在"互联网+"的背景下，以网络社会建设为突破点，推进社会管理创新，是提高执政水平的迫切需求。我们要坚持网络安全和信息化统一谋划、齐头并进，在提升网络安全防御能力的同时，以"互联网+"的理念做好服务，支持自主创新，引导互联网加快与各个产业的密切融合，建立优势互补、合作共赢、开放的产业生态体系。充分发挥互联网的内在优势，使其成为促进社会发展的重要抓手，提升政府治理能力的良好平台，助力我们在建设网络强国的道路上阔步前行。

从这个角度上讲，当下的互联网治理思维应该从"媒介管制理念"转变为"社会治理理念"，需要改进互联网管理方式，使线下的服务管理向线上延伸，实现线上线下一体化。中国的互联网之"治"，应构建起一个安全、平衡、协调的网络秩序。

第 2 章
Chapter 2

"互联网+"的战略地位

回顾"十二五"时期，特别是党的十八大以来，以习近平同志为总书记的党中央带领全国人民坚持和发展中国特色社会主义不动摇，我国不论是在经济发展领域还是在社会发展领域都取得了举世瞩目的好成绩。我国的经济始终保持了中高速的增长，GDP 从 2010 年的 408903 亿元人民币，发展到 2014 年的 635910 亿元人民币，经济总量稳步增加，成为世界第二大经济体。城乡一体化进程加快，城乡差别逐渐缩小，人民生活持续改善，贫困人口持续减少，人民可支配收入年年增加，在全面建成小康社会征程中迈出了坚实步伐。中国经济的发展不仅使综合国力显著提升，对世界经济复苏做出了重要贡献，并在一定程度上引领着世界经济的发展。

"十二五"时期，我国信息通信发展水平快速提高，特别是"宽带中国"战略加快实施以来，很多城市实现了光纤入户和光纤到村，互联网上网人数达到 6.5 亿人，到 2015 年年中互联网普及率达到 48.8%，成为世界上网民最多的国家。众多城市根据自身的情况开展了信息惠民、智慧城市等工程建设，移动互联网各种应用风起云涌，众多互联网应用给人们的工作生活带来了极大便利，电子商务已经普及到了城乡，甚至是偏远地区。2014 年，我国电子商务交易总额突破 13 万亿元，增速达 28.6%，带动就业创业超过 1000 万人，电子商务正在成为中国经济发展的新引擎。电子商务也成为大众创业、万众创新的新途径。

我国在"十二五"期间取得了显著成绩的同时，发展道路上依然存在着诸多困难，各方面的矛盾交织在一起，长期以来经济结构性矛盾突出，效益与质量的矛盾显著，发展多依靠投资拉动的单一方式，环境破坏严重，钢铁煤炭等一些产业产能严重过剩，产品质量不高，技术含量过低等等。在"十三五"规划建议中，总结了"十二五"期间的成绩与问题，提出在"十三五"期间要以创新、协调、绿色、开放和共享为新时期经济和社会发展的基本理念。回眸"十二五"，展望"十三五"，可以非常清晰地看到，"十二五"期间的不断改革创新为各方面成就的取得奠定了坚实的基础，各项工作都步入发展的新常态。"十三五"期间，我们将面临复杂多变的国际环境和艰巨繁重的改革发展任务，变革中求发展，创新中求进步，扎实推进"大众创业、万众创新"，持续创新宏观调控政策、思路、方式；坚持实施创新驱动发展战略，开拓新的发展空间、激发新的创新动力，稳中求进，实现全面建成小康社会的宏伟目标。

"互联网+"不仅仅是互联网移动了、泛在了、应用于传统行业了，更会同无所不在的计算、数据、知识，造就了无所不在的创新，推动了知识社会以用户创新、开放创新、大众创新、协同创新为特点的创新，再造了生产、工作、生活方式，引领了创新驱动发展的"新常态"。

"互联网+"充分发挥互联网的高效、便捷优势，提高资源利用效率，降低服务消费成本。大力发展以互联网为载体、线上线下互动的新兴消费，加快发展基于互联网的医疗、健康、养老、教育、旅游、社会保障等新兴服务，创新政府服务模式，提升政府科学决策能力和管理水平。

2.1 "互联网+"与"十三五"时期我国发展环境的基本特征

"十三五"时期将是全面建成小康社会的"决胜阶段"，准确判断和精准把握我国发展环境直接关系到全面建成小康社会的目标是否能够如期实现。目前，国际风云变化莫测，局部战争持续不断，多种矛盾并存，新的风险不断产生，多种争端频发，外部环境不稳定不确定的因素增多。国际金融危机不断变化，深层次矛盾远没有解决，影响还在持续显现。但是世界各国经济联系不断加深，利益也进一步融合，维护和平、共谋发展是人心所向、大势所趋，发展中国家群体力量继续增强，多极化深入发展，国与国相互联系和依存达到前所未有的广度和深度，人类命运共同体意识不断增强，社会信息化持续深入发展，互联网渗透到世界的每一个角落，不断地影响和改变着整个世界。

改革开放 30 多年以来，我国完备的产业体系基本建成，机场、高速公路等基础设施也达到空前的水平。第三产业占 GDP 的份额不断增长，劳动力资源丰富，科技创新已经成为进一步推动发展的主力，地区经济发展水平依然存在较大的差距，但是内需市场巨大，不断扩充的内需形成了巨大的经济动力，新型工业化、信息化、城镇化、农业现代化"四化"同步发展形成了永不枯竭的市场购买力，极大地激发了市场需求，拉动经济发展。

在世界范围内，创新成为引领经济和社会发展的驱动力和加速器，新一轮科技革命和产业变革蓄势待发，信息、生物、新能源、智能制造等领域必将产生大范围技术进步和产业形态变化，对产业分工、价值链形成、劳动力就业等生产力要素的关系将产生深远的影响。

从成功举办 2008 年夏季奥运会，到成功申办 2022 年冬季奥运会，从成功应对 2009 年的世界金融危机，到提出并得到众多国家积极参与的"亚洲投资银行"，从提出"一带一路"的战略构想，到国际社会纷纷响应并与本国发展计划对接，这些成就都彰显了中国特色社会主义明显的制度优势，随着全面深化改革、全面依法治国和全面从严治党不断释放更多的制度红利和发展潜力，我们特有的制度优势将持续完善和增强。

总体而言，国际环境的和平与发展的时代主题没有变、对我国发展的不利影响和挑战上升、国内环境经济长期向好基本面没有改变、经济发展方式转变的压力更加明显，"我国发展仍处于可以大有作为的'重要战略机遇期'，但也面临'诸多矛盾叠加、风险隐患增多'的严峻挑战。要准确把握'战略机遇期内涵'的深刻变化，更加有效地应对各种风险和挑战，继续集中力量把自己的事情办好，不断开拓发展新境界。"

在"十三五"时期，"实施'互联网+'行动计划，发展分享经济，促进互联网和经济社会融合发展"，是一项重要的战略决策，也是一项重要的抓手。互联网将整个世界连接到一起，是了解国际风云、把握国际动向、掌控发展趋势最重要、最有效的武器。有互联网的地方可以随时随地地在第一时间了解到世界上任何一个角落发生的事情，无论你距离事发的地方是多么近或多么遥远，无论是什么语言和民族，无论是什么信仰与观点，如同发生在身边，如同参与在其中。

"互联网+"已经正式纳入"十三五"国家战略，在新的环境下推动互联网、云计算、大数据、物联网等与传统行业深度融合，越来越深入到各行各业。随着"互联网+"战略推进，不断拓展网络经济空间，越来越广泛地影响着消费、生产等各个领域。"互联网+"与结构调整相结合，在优化结构、增强动力、化解矛盾、补齐短板等方面产生突破性作用，成为我国传统产业转型发展的助力器、新型产业创新壮大的孵化器，去产能、去库存、去杠杆、降成本、补短板将迎来传统产业升级的高潮，也将引发创新创业的热潮。"互联网+"不仅孕育着新的经济增长点和新的发展模式，为中国经济插上腾飞翅膀，也深入百姓生活的方方面面，改变着人们的思维方式和生活方式。

"互联网+"借助互联网跨越时空界限的特性，"一带一路"就不再仅仅是一个普通的地理概念，而是沿线不同文化的60多个国家实现了网上互联互通，辅之以陆地和海上的交通构建的新丝绸之路，在"一带一路"战略推动下经济发展实现交融合作，数十亿的消费者、零售商、制造商、服务提供商和投资者组成新的经济共同体，催生了新市场和新机遇，"一带一路"战略使沿线国家增强了各国经济发展的活力，增强了共同抵御风险的能力，实现了合作共赢。同时，也为沿线各国共同打造政治互信、文化包容的利益共同体、命运共同体和责任共同体提供了合作发展的坚实基础。

"互联网+"为实现"十三五"时期发展目标,把握发展环境,破解发展难题,厚植发展优势,扩大对全球经济治理的参与度,广泛构建"利益共同体",顺应我国经济"深度融入"世界经济的趋势,"积极参与"全球经济治理,提高我国在全球经济治理中的"制度性话语权",构建广泛的"利益共同体",必将发挥独特的作用。"互联网+"融合"创新、协调、绿色、开放、共享"的发展理念,深刻认识和准确把握战略机遇期,坚持开放发展,加快推动改革创新,将机遇和潜力化为现实,为实现全面建成小康社会的宏伟目标发挥不可替代和不可或缺的作用。

2.2　"互联网+"与"四个全面"战略关系

自 20 世纪提出建设"小康社会"以来,随着经济社会的发展,不同的阶段赋予了不同的目标和任务。中共十八届五中全会首次提出"创新、协调、绿色、开放、共享"五大发展理念,以保障实现全面建成小康社会的目标,中共中央在"十三五"规划建议中进一步明确提出要高举中国特色社会主义伟大旗帜,全面贯彻党的十八大和十八届三中、四中全会精神,深入贯彻习近平总书记系列重要讲话精神,坚持全面建成小康社会、全面深化改革、全面依法治国、全面从严治党的战略布局。全面建成小康社会是"十三五"期间发展的宏伟目标,这个目标的实现要靠全面深化改革、全面依法治国、全面从严治党来完成,确立了新形势下党和国家立足全局,抓住改革,完善治理,坚持党的领导的各项工作的战略方向、重点领域、主攻目标。

国务院在《关于积极推进"互联网+"行动的指导意见》(国发〔2015〕40 号,以下简称《指导意见》)文件中确定:"互联网+"是把互联网的创新成果与经济社会各领域深度融合,推动技术进步、效率提升和组织变革,提升实体经济创新力和生产力,形成更广泛的以互联网为基础设施和创新要素的经济社会发展新形态。在全球新一轮科技革命和产业变革中,互联网与各领域的融合发展具有广阔的前景和无限的潜力,已成为不可阻挡的时代潮流，正对各国经济社会发展产生着战略性和全局性的影响。以"互联网+"为抓手，促进互联网、互联网思维等与各行业各领域的深度融合，形成了新常态下推动和引导未来经济社会发展的不竭动力，"互联网+"在更为宽广的范围内与经济发展、公共服务、政府治理、党建、改革创新等工作深度融合，对推进"四个全面"战略布局的实施具有重要意义和深远影响。

21世纪以来，互联网技术与应用有了飞速的发展，是人类历史上最具创新性、通用性、颠覆性的科技领域之一，我国是巨大的发展中国家，就总体而言，与发达国家相比还有相当大的差距。"互联网+"战略的提出和实施对我国推进"四个全面"的战略布局，努力实现弯道超车、赶上和超过发达国家或地区具有重要的现实意义。

跨界融合和创新驱动是"互联网+"的基本特性，同时也是"互联网+"巨大的驱动力和生命力。跨界融合就是将一切可能关联起来的连接起来，不论是什么地区、领域、所有制、团体或个人等形成合力，都能够在"互联网+"的旗帜下融合起来，共同发展，创新的基础就更加坚实，创新的舞台就更加宽广，创新的资源就更加集聚，创新的手段就更加丰富，创新的成果就更加辉煌，"互联网+"为大众创业、万众创新奠定了坚实的基础和强有力的支撑，使得每个团体和个人都能够成为全面建设小康社会的一个主体。融合形成了协同，更多的群体以创新为纽带，以互联网为手段，聪明才智发挥到极致，创新的成本降到最低。跨界融合可以促使资源围着创新转、创新围着产业转、产业围着市场转，真正实现资源、创新、产业和市场的良性循环。

改革的很重要的一项工作就是要打破不适应发展的传统结构，建成、建好满足全面建成小康社会目标需求、适应社会主义市场经济规律的新的社会结构和组织结构。把互联网的创新成果与经济社会各领域深度融合是"互联网+"另一个重要的特性——结构重塑。随着信息技术的迅猛发展，信息化、大数据、云计算等与互联网和移动互联网相结合，将整个社会和几乎每一个人带进了一个崭新的信息时代，由于互联网具有无限的渗透性，"互联网+"把互联网的创新成果与经济社会各领域深度融合，产生了巨大的能量，使得原有的社会结构、经济结构、地缘结构、文化结构，甚至是血缘结构都不同程度地发生了变化，求变、求改革成为新常态。"互联网+"不但促进了各项改革，而且还为改革提供了源源不断的动力和支撑，成为全面深化改革的驱动力量，引领了生产力变革，引发经济制度、政府职能、市场体系等生产关系深刻调整，引导了社会资源市场化配置的变革，加快推进了全面深化改革的进程。

"互联网+"的另一个特性是广泛开放性。纵观"四个全面"，坚持发展是第一要务，以提高发展质量和发展效益为中心，加快形成引领经济和社会发展新常态的体制机制和发展方式，统筹推进经济、政治、文化、社会、生态文明等各领域建设和党的建设。广泛开放性是互联网的根本属性，"四个全面"就是要博采世界之长，调动一切可以调动的力量，摆脱一切束缚，一心一意谋改革，求发展。

"互联网+"坚持以人为本、共创共享，是平安中国建设的源头性工程。只有坚持人民主体地位，充分发挥人民主人翁精神，平安中国建设才能拥有不竭动力。创新社会治理的过程是实现社会善治的过程，要在发挥好党委领导、政府主导作用的同时，引导社会成员增强主人翁精神，激发社会自治、自主、能动力量，努力形成政府和社会共同防范化解管控风险的良好局面。要善于运用新思路新办法，调动社会成员维护公共安全的积极性，推动形成平安建设人人参与、平安成果人人共享的生动局面；同时，也要善于运用法治思维谋划、推进平安中国建设的各项工作，善于运用法治方式研究、解决平安中国建设面临的问题。

2.3 "互联网+"与"六个坚持"原则

《中共中央关于制定国民经济和社会发展第十三个五年规划的建议》中明确指出高举中国特色社会主义伟大旗帜，全面贯彻党的十八大和十八届三中、四中全会精神，以马克思列宁主义、毛泽东思想、邓小平理论、"三个代表"重要思想、科学发展观为指导，深入贯彻习近平总书记系列重要讲话精神是"十三五"时期我国发展的指导思想，坚持全面建成小康社会、全面深化改革、全面依法治国、全面从严治党的战略布局，坚持发展是第一要务，以提高发展质量和效益为中心，加快形成引领经济发展新常态的体制机制和发展方式，保持战略定力，坚持稳中求进，统筹推进经济建设、政治建设、文化建设、社会建设、生态文明建设和党的建设，确保如期全面建成小康社会，为实现第二个百年奋斗目标、实现中华民族伟大复兴的中国梦奠定更加坚实的基础。

为如期实现全面建成小康社会奋斗目标，推动经济社会持续健康发展，提出必须遵循坚持人民主体地位、坚持科学发展、坚持深化改革、坚持依法治国、坚持统筹国内国际两个大局和坚持党的领导六大原则。

"互联网+坚持人民主体地位"。人民的主体地位是中国共产党领导下的中国特色社会主义的历史必然和发展必然，党的领导是领导人民，党代表的是人民利益，为人民服务是中国共产党的根本宗旨。人是生产力要素中最活跃最有生命力的要素，人民是决定胜利的力量。人民主体地位，决定着解放和发展社会生产力，决定着改革开放的成败；人民主体地位，是社会和谐的基础，是世界和平发展的保障。《中国共产党党章》确定党除了工人阶级和最广大人民群众的利益，没有自己特殊的利益。党在任何时候都把群众利益放在第一位，没有人民主体地位，党的领导就没有群众基础，就没有党和国家的未来。

人民的主体地位决定了执政为民的本质，人民决定发展，发展为了人民，想人民之所想，急人民之所急，做人民之所需，是党和政府的工作核心，实现好、维护好、发展好最广大人民根本利益是发展的根本目的。规划建议的开篇就确定："到 2020 年全面建成小康社会，是我们党确定的'两个一百年'奋斗目标的第一个百年奋斗目标。'十三五'时期是全面建成小康社会决胜阶段，'十三五'规划必须紧紧围绕实现这个奋斗目标来制定"，全面小康是人民群众对美好生活的热切期盼，是亿万群众共同创造的事业，是人人共享的幸福社会，全面建成小康社会是为了人民，更要依靠人民。

"互联网+信息惠民"是坚持人民主体地位的最好的载体，把增进人民福祉、促进人的全面发展作为发展的出发点和落脚点，以维护社会公平正义、提供普惠化社会公共服务为目标。2014 年 1 月 9 日，国家发改委等12 个部门发布《关于加快实施信息惠民工程有关工作的通知》（发改高技[2014] 46 号），旨在充分利用现代信息技术和互联网技术，以人民福祉为中心，以解决当前体制机制和传统环境下民生服务的突出难题为核心，有效整合孤立、分散的公共服务资源，强化多部门联合监管和协同服务，鼓励市场参与，创新服务模式，拓宽服务渠道，构建方便快捷、公平普惠、优质高效的公共服务信息体系，全面提升各级政府公共服务水平和社会管理能力。80 个试点城市在两年多的试点实践中，根据本市的实际情况，开展了诸多领域基于"互联网+"的信息惠民试点工作，尤其难能可贵的是各地为了更好地为企业和市民服务，大胆进行了体制机制的创新，简政放权、简化或优化工作流程、缩短审批时间，利用网络、微博、微信等多种方式向企业和市民提供众多的网上服务或自助服务，大大缩短了审批时限，变多张表格为一张表格，变人跑路为数据跑路，变多部门受理、分头审批为一部门受理、协同审批，变多层级管理为扁平化服务等，创造了打造服务型政府的典型与范例，取得了极其丰富的经验，深受好评。

坚持人民的主体地位还体现在要充分调动人民的积极性、主动性和创造性。人民是社会的主体，人民的积极性决定着社会发展的活力，人民的主动性决定着社会发展的动力，创造性决定着社会发展的速度。

人民的积极性、主动性和创造性的充分发挥靠组织、靠宣传、靠调动，如今最有效、最直接、最便捷的当属互联网，党的精神、党的政策、党的号召均可以通过互联网传播，通过大数据可以精确掌握人民群众的动态与需求，针对不同的人群，采取不同的方法与方式进行鼓励和激发，充分释放和发挥人民主体的主观能动性。

保障人民根本权益是践行人民的主体地位的主要内容，是我们各项工作的出发点和落脚点。李克强近期提出：不光要国强，更要民富，必须高度关注就业问题，收入增加，消费必然增加。

"互联网+坚持科学发展"。发展是硬道理，发展必须是科学发展，科学发展一是要把握事物的客观规律，二是要遵循事物的客观规律。我们的政府是人民的政府，是依据法律赋予的职责进行国家或地区行政管理的机构。决策是政府工作的重要内容，决策的对错、决策的质量和实施的效率如何，决定着一个国家或地区的兴衰成败和人民大众的安危祸福。我国仍处于并将长期处于社会主义初级阶段，基本国情和社会主要矛盾没有变，这是谋划发展的基本依据。必须坚持以经济建设为中心，从实际出发，把握发展新特征，加大结构性改革力度，加快转变经济发展方式，实现更高质量、更有效率、更加公平、更可持续的发展。

如何把握科学发展和如何实践科学发展是摆在各级党委和政府面前的一件大事，是不得不面对的大事，归根结底首要的是把握客观规律，即了解和洞察客观规律。抽样调查是决策前期准备经常采用的方法，抽样调查是一种常用且行之有效的方法，但是这种方法也存在样本数量有限，抽样对象偏差等风险，不一定能真实、完整地体现事物的本质，再加上我国地广、人多、发展差异大等，就更加凸显小样本局限性。相对于抽样调查来说，互联网+大数据、云计算就有着绝对的优势。大数据具有数据体量巨大（Volume）、数据类型繁多（Variety）、价值密度低（Value）和处理速度快（Velocity）的特性，云计算的无限计算处理能力，配合互联网思维，三者一体就让我们可以将各类看似无关的数据关联起来，几乎覆盖全部样本，最充分、最真实、多维度地体现事物的客观规律与事物内在本质，使得我们可以最正确、最完整、最透彻地了解事物的本质、把握事物的客观规律，从抽样调查辅助决策发展到参与决策的全过程中，从辅助工具发展到决策的利器，彻底改变了由于得不到本应得到的充分信息和数据，只能单纯依靠直觉、经验和感性做决策，而导致错误决策率增加，造成资源被错误配置，资金被浪费，使国家和人民受到极大的损失。在互联网+时代，数据为王，无数据就无法预测、无数据就无法决策、无数据就无法执行、无数据就无法考核将成为新常态。

"互联网+坚持深化改革"。改革是发展的强大动力，是推动各项工作的抓手。改革开放已经 30 多年了，具有中国特色的社会主义市场经济体系已经基本建成，国民经济也已经取得长足发展，中国从一个落后的国家已经成长为世界第二大经济体，但是人口众多，资源有限，发展不平衡等始终制约着我国的发展。30 多年的实践证明，解决这些问题的唯一办法和路径就是通过持续不断改革，调动一切积极因素，努力做到市场在资源配置中起决定性作用和更加充分发挥政府作用的制度体系的优势，为社会发展和经济发展不断地注入新的活力。

当前，中国经济出口高速增长和低成本的两大经济动力时代都已经结束，投资驱动的作用虽然依然存在，但作用力逐渐消退，而碗中创业、大众创新的时代已经到来，中国的经济正开始进入创新驱动的阶段。"互联网+创新驱动"正日新月异地蓬勃发展，依托互联网的孵化器、创业空间、创客空间等如雨后春笋般地发展起来。农村的电商不仅将本村本镇的产品销售出去，而且带动一些农产品加工产业发展起来，带动物流产业发展，使得相当一部分原先远离家乡出外打工的农民，重新回归故里，就近创业，成立了不同所有制的企业，并连锁起来，注册了商标，形成了产业链，规范化经营。

改革的基础是转变思想、创新观念，要通过互联网充分地认识世界、了解世界，确定方向，激发活力，用新的思维思考问题，新的方法分析问题，新的理论认知事物，新的手段解决问题。以"互联网+改革"认识市场规律、把握市场规律、运用市场规律，通过改革不断完善政府制度体系，加快完善各方面体制机制，以经济经济体制改革为重点，破除一切不利于科学发展的体制机制障碍，为发展提供持续动力。

　　"互联网+坚持依法治国"。法治是发展的可靠保障。坚持和发展具有中国特色的社会主义市场经济体系的基础是法治，以法治建立中国特色的社会主义市场经济的保障体系，把经济社会发展纳入法治轨道，为具有中国特色的社会主义市场经济保驾护航。坚定不移走中国特色社会主义法治道路，加快建设中国特色社会主义法治体系，建设社会主义法治国家是发展的需要，是人民的需要。"全面推进依法治国"就是依照体现人民意志和社会发展规律的法律治理国家，实现国家生活和社会生活的全面法治化。科学立法、严格执法、自觉守法和全面普法是建立法制体系的重要内容，其意义在于充分保障公民权利、提升公共服务效率、构建和谐社会、维护国家长治久安。经过 30 多年的改革开放，我国已经基本建立了具有中国特色的法律体系，但是有法必依、执法必严、违法必究的问题还没有完全解决，个别地方甚至还存在严重知法犯法和乱执法的现象，这些问题不解决，依法治国就成为一句空话。

　　党的十八届四中全会提出："法律是治国之重器，良法是善治之前提"，科学立法是依法治国的基础，是尊重和体现规律的表现，不仅要注重历史传承、把握发展趋势，还要参考国际准则与惯例，更要在立法的过程中广泛听取人民群众和相关部门的意见。"有法必依"是严格执法必须遵从的原则，执法要公正、要加强执法的透明度，将执法的过程置于社会监督之下。每一个社会成员，无论是单位还是个人都要认真学习法律和自觉遵守法律，做知法、懂法、守法的模范，为建设法制国家、法制社会履行自己的职责，做出自己的贡献。

　　坚持依法治国的过程中，"互联网+法制"在推进科学立法、严格执法、自觉守法和全面普法的法制体系建立过程中有着不可替代的巨大作用。首先，利用"互联网+"打破以往闭门立法的形式，把公众参与、专家论证、网上公开征求意见等确定为科学立法的必然程序。互联网无所不知无所不晓，可以为科学立法的选题、方向、查询国际国内的相关资料等方面提供便利的全方位支持，所有法律在立法的过程中都通过互联网进行公示和征求社会各界的意见，社会各界都可以参与到立法的程序中，充分体现了人民当家做主的权利；执法人员利用互联网可以快速地查询相关法律的具体条款及相关案例，实现准确执法，执法信息可以在第一时间上网公布，监察部门和社会各界都可以通过互联网了解案情，知晓执法结果，监督执法工作，促进了执法的公正、公平、公开和透明；社会各界可以利用互联网学习法律知识和寻求法律援助；互联网更是普及法律的重要途径和利器，通过互联网可以查找到所有法律条文和相关资料、相关案例等。

深入推进政府部门依法行政，加快建设法制政府是依法治国的重要的基础性工作，各级政府必须坚持在党的领导下依法全面履行政府职能，坚持法定职责必作为、法无授权不可为，推进各级政府事权规范化、法律化，坚决纠正不作为、乱作为，坚决惩处失职、渎职，坚持政府权力清单制度，坚决杜绝法外设定权力和随意设定自由裁量权。

社会主义市场经济本质上是法治经济。要使市场在资源配置中起决定性作用和更好发挥政府作用，必须做到依法保护产权、维护契约、平等交换、公平竞争、有效监管。在经济领域的立法、执法、守法以确保社会主义市场经济健康发展尤为重要，"互联网+"不仅可以从转变思维方式、坚定改革理念、开阔视野等方面提供保障，还可以引导和支持社会各界广泛参与、广泛监督，从以往的完全的客体状态，转变为主体，行使主人的权利。

"互联网+坚持统筹国内国际两个大局"。国际风云变幻，国内日新月异，统筹好两个大局，驾驭好发展方向，掌控好发展速度，坚持全方位对外开放是发展的必然要求。十八大以来，党中央确定了"一带一路"的发展战略，迎来了"十三五"发展的新时代。然而，来自国内外的阻力不断，发展的路上困难重重，老问题需要解决，新问题不断产生，我们只有充分运用我国资源、市场、制度等优势，坚持改革开放不动摇，充分发挥社会主义市场经济的作用，重视国内国际经济联动效应，充分利用一切可以利用的资源和积极因素，立足国内，积极应对外部环境变化，实现互利共赢和协同发展。

统筹的基础是了解与洞察，特别是在应对瞬息万变的国际形势和国际市场时，紧紧抓住稍纵即逝的一切机遇，互联网是不可或缺的工具，大数据和云计算是保障的关键。以互联网思维转变观念、创新方法，以"互联网+"应对变化，抓住先机才能抓住机遇，才能掌握应对的主动权。

"互联网+坚持党的领导"。中国共产党是中华民族的中坚力量，中国共产党领导中国人民建设国家是历史的选择，是中国特色社会主义制度的最大优势，是实现经济社会持续健康发展的根本政治保证。坚持党的领导就是坚持正确的路线、坚持正确的方向，只有坚持党的领导，才能从一个胜利走向另一个胜利，才能确保中华民族立于世界民族之林。习近平总书记说"打铁还要自身硬"，党要完全承担起领导的重担，自身就必须是一个坚强的党、团结的党、具有战斗力的党、具有凝聚力的党、具有号召力的党、具有坚实的群众基础的党，要想做到这些就必须贯彻全面从严治党要求，不断增强党的创造力、凝聚力、战斗力，不断提高党的执政能力和执政水平，确保我国发展航船沿着正确航道破浪前进。在后工业时代，对党建工作提出了新的要求，完全依靠逐级宣传、学习、讨论等传统模式已经不能适应发展的需要，党建工作必须要创新，要适应发展的潮流，洞察世间万象，掌控发展趋势。随着社会和高新技术的发展，很多地区的各级党组织特别注重党建工作的创新，特别是利用信息技术扎扎实实地开展"抓党建，聚合力，促发展，筑和谐"活动。利用互联网、移动互联网、智能终端以多种形式开展"互联网+党建"的党建工作新模式，通过微信、公众号、网络新媒体宣传党建资讯，学习党建知识，收到非常明显的成效。党外群众也可以通过多种途径和多种形式，及时、准确地了解党的宗旨、党的任务、党的知识，实现宣传群众、团结群众、带领群众弘扬新风尚，激发正能量，共同建设社会主义国家。

随着市场经济的发展，党员参加经济建设的形式多种多样，给党的基层组织建设和党员管理也带来了新的考验，需要思考和解决如何推进党的基层组织建设、强化基层党组织整体功能，如何将党员管理好等问题。

2.4　"互联网+"与国家治理体系和治理能力现代化

党的十八届三中全会提出："全面深化改革的总目标是完善和发展中国特色社会主义制度，推进国家治理体系和治理能力现代化。"将推进国家治理体系和治理能力现代化作为全面深化改革的总目标，对于中国的政治发展，乃至整个中国的社会主义现代化事业来说，具有重大而深远的理论意义和现实意义。习近平总书记强调，必须适应国家现代化总进程，提高党科学执政、民主执政、依法执政水平，提高国家机构履职能力，提高人民群众依法管理国家事务、经济社会文化事务、自身事务的能力，实现党、国家、社会各项事务治理制度化、规范化、程序化，不断提高运用中国特色社会主义制度有效治理国家的能力。习近平指出，党的十八届三中全会提出的全面深化改革的总目标，就是完善和发展中国特色社会主义制度、推进国家治理体系和治理能力现代化。这是坚持和发展中国特色社会主义的必然要求，也是实现社会主义现代化的应有之义。

在"十三五"规划建议中，又明确提出：发展是党执政兴国的第一要务。各级党委必须深化对发展规律的认识，提高领导发展能力和水平，推进国家治理体系和治理能力现代化，更好推动经济社会发展。国家治理体系和治理能力现代化，是对以往传统管理方式和管理经验的总结基础上的继承、超越和发展，在互联网+的环境下，充分利用现代互联网信息技术，不但可以成为国家治理体系和治理能力现代化强有力的支撑，而且在内容和形式上赋予更多的内涵与外延。信息化不仅与国家治理体系和治理能力现代化融合为一体，同时也成为强化国家治理体系和治理能力现代化不可或缺的重要手段，互联网思维成为推进国家治理体系和治理能力现代化的利器。

我国电子政务及社会信息化已经有二三十年的历史，基本上已经实现了各项业务的全覆盖，积累了丰富的经验。信息化和网络化不仅深深地融入到政府、经济、社会、文化、教育、健康、环境等各个方面，而且为国家治理体系和治理能力现代化做出了卓越的贡献，全面支撑国家治理实现法制化、制度化和程序化。

　　在政府治理方面，互联网+时代的电子政务不仅极大地提高了政府部门的办事效率，降低行政成本，提高行政效能，而且在政府科学、高效决策方面发挥了独特的作用。近年来，政府部门连续几次大幅度地简政放权，推动部门间的信息共享与数据交换，有效地保证了简政放权工作的迅速落实。2014 年 6 月 4 日，《国务院关于促进市场公平竞争维护市场正常秩序的若干意见》（国发〔2014〕20 号）提出"简化手续，缩短时限，鼓励探索实行工商营业执照、组织机构代码证和税务登记证'三证合一'登记制度"，国务院总理李克强做出重要批示：加快推进"三证合一、一照一码"登记制度改革，是深化商事制度改革之举，是顺应群众干事创业期望之举，也是创新政府行政管理之举，利民利企利国，对于激发市场活力具有重要意义。此后，各地纷纷按照文件要求积极行动起来，积极落实"三证合一"的各项准备工作。很多地方还在"一照一码"的基础上更进一步，通过"一口受理、并联审批、信息共享、结果互认"，实现由一个部门核发加载统一社会信用代码的营业执照，各地在审批时间上也有不同程度的缩减，只要提供的材料齐备、合规，最快实现了工商营业执照、组织机构代码证和税务登记证三证合为一证的立等可取，提高市场准入效率。据不完全统计，截至 2015 年 10 月 8 日，全国累计核发"三证合一、一照一码"新营业执照 281625 张。为推进"三证合一"的改革，实现"一证一号"，很多地方建立了政府部门间的信息共享机制，通过共享交换平台实现了数据共享交换，并依托大数据完善了互联审批平台。相当多的城市在行政服务中心派驻了检查人员，依托监管平台和视频监控系统，实行了统一监管机制，防止弹性执法、选择性执法，提升执法公信力。有些城市为了减少企业和个人办事负担，将以往需要按照各个有关部门要求提交的不同表格综合成为一张表格，企业或个人只需将这一张表格填写并提交，由联合审批平台自动生成各部门审批的表格，分发给各相关部门审批，有些城市还在审批体制机制上进行大胆创新，建立了联合审批小组，大大简化了审批流程，提高了审批效率。联合审批平台和信息共享交换平台强有力地支撑了行政审批体制机制的改革创新，便民利企的效果受到了社会各界的一致好评，同时也营造了良好市场经济环境，进一步激发市场内在活力，增添经济发展新动力。

国家治理体系现代化意味着体系和能力都要现代化，治理体系要从单一的多层级化向扁平化过渡，从多头管理向协同（或协调）管理过渡，从单纯的管与被管向多元参与和透明化过渡。交通拥堵是大型城市的"重病"，并且快速地向二三线城市蔓延，甚至有相当多的县级城市在早晚高峰时段也会发生严重拥堵情况。一个城市的交通，公安系统的交通管理部门、政府的交通管理局及辖区等部门都参与管理，绝大多数城市的参与管理部门都以不同形式采集了大量的交通信息，各自对掌握的信息资源和数据资源严防死守，没有几个城市的交通信息能够在这些管理部门之间得到共享，更不要说向社会开放了。

国家治理能力现代化要求从以往的单纯人为化治理，发展到人性化、程序化治理；从单凭经验判断性治理，发展到大数据分析和经验并举；从单一的政府治理发展到社会广泛参与，齐抓共管；从单一政府治理，发展到政府治理和社会自律共存。

"互联网+国家治理体系和治理能力现代化"是一项紧迫而艰巨的任务。"互联网+"不仅仅是起到有力的支撑作用，而且要以互联网思维充分认识国家治理体系和治理能力现代化的重要意义和工作内容，利用互联网的开放性和公开性不断强化公众参与力度，为社会其他主体参与治理提供新型渠道，利用云计算、大数据等信息化技术促进国家治理方式和手段的进步，强化国家核心业务数据库和基础信息数据库建设，不断推进基于大数据的科学决策程序，不断完善和优化治理的体制机制，增强国家治理的透明度、开放度和广泛参与度，使得国家治理更加有效。

　　一些地方不同程度地开展了大数据工作，成立了大数据局（或称数据统筹局等），专职推动政务大数据的应用、管理与开放，很多地方政府纷纷建立政府数据开放网站，将政务大数据开放出来，供社会开发利用，不仅产生了极大的社会效益，同时催生了一些新业态，产生了可观的经济效益。大数据、云计算等应用，为政府部门及时全面掌握事物的本质和事物发展的规律起到了不可替代的作用，促使政府的决策更加科学、更加准确、更加及时。

　　在政府治理方面，电子政务已经发挥了极大的作用。新时期要更加强调"互联网+政务"，对已经建成的电子政务在很好地完成了政府事务处理的前提下，要充分利用互联网+、云计算、大数据、物联网等带来的新理念、新技术、新模式和新机遇，强力推进政府部门信息共享和数据交换，用数据说话、以数据决策，使电子政务产生质的变化，提升到一个新的高度，使得政府部门之间真正实现共享、协同、互动。使得政府在社会管理、经济发展、市场调节、公共服务等方面治理体系不断完善、治理能力不断提升、以现代信息技术为代表的治理手段不断进步，特别是在市场监管、产业进步、公共管理、食品药品安全、平安城市、全民健康、全民教育等诸方面提高办事效率，降低行政成本，提升公共服务能力，增强社会的满意度和幸福感。

　　中国特色的市场经济是我国改革开放以来始终保持了中高速发展的基本保证，2015年中央经济工作会议明确了2016年经济去产能、去库存、去杠杆、降成本、补短板的五大任务，都是针对供给侧改革，也体现了对一个国家生产能力的管理。要出色完成这五大任务，就要在政策上做出前瞻性的安排，加大结构性改革力度，矫正不合理的要素配置，扩大有效供给，提高供给侧结构的适应性和灵活性，提高全要素生产率。五大任务的完成既要遵从社会主义市场经济规律，又要实施宏观调控，注重引导市场，首先要求做到情况明和数据准。政府部门不但要求各有关部门充分实现信息共享和数据交换，还要通过互联网及有关专网及时、准确、全面、完整地采集数据、分析数据，掌握真实的第一手材料，利用大数据推演出拟采取措施可能产生的作用与结果，为政府科学决策、精准实施提供真实可信的数据支撑。在这个过程中，云计算、大数据就能发挥奇效。强调推动经济发展，要更加注重提高发展质量和效益；稳定经济增长，要更加注重供给侧结构性改革和社会心理预期；调整产业结构，要更加注重加减乘除并举；推进城镇化，要更加注重以人为核心。

第 3 章
Chapter 3

电子政务发展新态势

3.1 电子政务发展概述

电子政务，就是公共管理部门或政府部门运用现代信息和通信技术，将管理和服务的一项项具体业务通过互联网技术进行集成，实现组织结构和工作流程的重组、优化、精简。以突破各部门在时间、空间、管理制度等方面的限制，最终达到规范、透明、合理、高效的管理和服务型政务水准。

随着信息技术的飞速发展，电子政务迎来了新的机遇和挑战。互联网早已不再是人们获取信息的一般工具，而是成为了支撑经济运行的划时代的基础设施，对当今世界的影响是全方位的。政务业务工作要与现代互联网技术充分结合，利用互联网将服务资源与工作业务面向全社会开放。利用移动互联技术，向公众提供随时在线的政务服务，使政府与民间的沟通渠道更加畅通，各种意见诉求可以在网络空间予以表达；通过网络驱动、用户驱动、数据驱动，最终形成更加人本、有效、公平、透明的政务生态。

3.1.1 电子政务的发展历程

根据国内外经验，电子政务的发展历程可划分为以下四个阶段（见图 3.1）。

第一阶段，信息发布（Posting of Information Online）。这是电子政务

的起步阶段。各级政府部门根据自己的工作内容，通过网络发布与政府有
关的公共服务的静态信息，如政策法规、办事指南、机构设置、职能介绍、
成员名单、联络方式等；

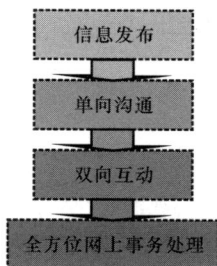

图 3.1

　　第二阶段，单向沟通（One-way Interaction）。政府除了公共服务信息
的发布，还开设相关的业务在线处理平台，向用户提供某种形式的服务。
如用户可以从政府网站上下载表格、保税单等；

　　第三阶段，双向互动（Two-way Interaction）。这个阶段实现了资源整
合，形成了公共信息平台，政府和用户可以在网上实现双向互动，如用户
可以从政府网站上下载表格，也可以提交表格，反馈信息和意见等；

　　第四阶段，全方位网上事务处理（Full Online Transactions）。政府与
公众、社会、企业实现横向资源整合，全面互动完成事件的处理。到了此
阶段，互联网将改变整个政务生态和政府运作方式，进行政府管理模式和
服务方式的再造，切实提升政府治理能力和公共服务绩效。

　　我国的电子政务从 20 世纪 80 年代至今，已有了 20 多年的发展历程。
从 1993 年的"三金"工程，到现在电子政务基础设施已初具规模。自 1999
年"政府上网工程"启动至今，中国政府网站建设突飞猛进，当前全国政
府域名（gov.cn）下的政府网站数已超过 5.2 万个，所有的国务院组成部
门和省级政府、99.1% 的地市及 85% 以上的县（区）政府都已建成政府网
站。各级政府普遍实现了政府信息公开、网上办事和政民互动等基本服务
功能。政府网站成为了沟通社情民意的重要渠道，同时政府办事效率和公

共服务质量有了大幅度的提高。

3.1.2　我国电子政务建设存在的问题

1. "信息孤岛化"问题严重

在电子政务的发展建设过程中，由于重建设轻整合，缺乏明确的发展目标、统一的建设规划和标准的技术指导，使得地区之间、部门之间的信息系统自成体系，没有信息资源共享机制，形成了一个个"信息孤岛"。各级政府部门在电子政务建设时选取的企业、技术、设备、操作系统、数据库格式、应用软件等都存在差异，因此很多部门建设的应用系统变成了部门内部系统，政府部门之间的信息难以共享。不仅造成了软硬件资源的浪费，也严重减缓了我国电子政务发展的步伐。

2. 投入与应用比例不均衡

电子政务建设过程中的软硬件投入不成比例，重硬件轻软件现象严重。软件投入与整体投入相比不到30%。而在硬件配置上过于追求高投入、高性能，造成了资源浪费。网络资源利用不充分，当前电子政务的网络资源利用率不到 5%。各级政府电子政务建设的重点应是政务事务的处理、政府决策以及对社会公众的服务，只有加强软件开发，提高系统应用水平才能最终实现全方位网上事务处理。

3. 区域发展不平衡

由于我国各级政府对电子政务认识程度不同，各地区经济发展水平不同，电子政务的发展也十分不均衡。总的来说，中央、省级等重要层面的电子政务的发展速度相对较快，县级以下的电子政务发展速度较慢；经济发达区域与次发达区域的电子政务的发展差距较为明显。政府要想缩小不同层级、不同地区资金投入的"数字鸿沟"，还需付出更大努力。

4. 体制机制不完善，信息安全保障能力亟需加强

目前，电子政务建设过程中的体制性障碍因素依然存在。电子政务

建设、管理和运行体制、预算体制不完善，组织机构缺乏落实，职能配置及其运行方式不明确。同时，电子政务的信息安全需要全方位的管控体系和较高的安全保障能力。但在现实中，由于一些政府部门重视程度低、条件缺乏，使得管理松懈、管控不及时、措施不得当等问题时有发生。

3.2 "互联网+政务"打造电子政务新生态

3.2.1 "互联网+政务"的内涵

"互联网+"是近年来互联网思维进一步实践的成果，代表一种先进的生产关系，推动经济形态不断发展，为传统行业改革创新提供网络平台，使实体经济变得更具生命力。通俗来说，"互联网+"就是"互联网+各个传统行业"，利用信息技术和互联网平台使得原有传统行业深度融于社会各领域之中，创造新的发展生态。

"互联网+政务"即是在传统电子政务基础上利用互联网的创新驱动力，优化电子政务结构，开放电子政务生态，把之前制约电子政务发展的因素化解掉，把"孤岛式"电子政务信息重新连接起来，推动电子政务进一步发展。传统型政府部门运作的过程是以政府机构为核心，公众围绕政府部门转。而新型政府转型就是以公众需求为核心，政府围绕公众和企业转。同时，在云计算、大数据、移动互联、物联网等新兴信息技术浪潮的推动下，互联网对电子政务的变革将更具开创性，"互联网+"发展理念将为促进新型政府转型注入强大动力。

3.2.2 "互联网+政务"的发展新机遇

1. 促进政府进行结构性变革，增强部门协同能力

"互联网+电子政务"为政府组织带来结构性的变革。首先是促进政府

组织扁平化。扁平化概念最初来源于企业的组织变革，所谓扁平化，是指通过压缩组织结构、减少管理层次来提高管理办事效率和质量。政府职能扁平化同样如此，政务电子化会助力政府在组织结构上的扁平化变革。其次，世界各国政府都面临着组织结构复杂，管理事务交叉重叠，各部门之间协调配合困难的情况。如何实现部门之间无缝对接成为政府职能转型成功的关键性因素，"互联网+"与电子政务的深度融合，将在很大程度上避免传统纸质化办公的弊病，提高跨部门间的办公协同能力。

2. 促进电子政务由"政务办公管理"到"数据决策支持"的转变

"互联网+"将改变传统电子政务的定位，电子政务将由"政务办公管理"向"数据决策支持"转型。由于有了互联网信息新技术，尤其是大数据做支持，政府可以将政务信息数据、企业由外部接入的数据，以及从互联网广泛采集到的数据进行整合，全方位分析挖掘行业概况和发展形势，从而做出更加科学的决策。

3. 促进政府转型全方位公共服务

在"互联网+"对传统行业不断渗透的趋势下，我国的电子政务也随着这一趋势发展得更加便捷高效。如，政务部门开通官方微博、微信平台，通过手机 APP 等方式，为"互联网+电子政务"提供了线上线下结合服务的新模式。政府还能将大量的传统服务向线上迁移，如线上预约、审批状态查询，变专业窗口为网上窗口，进一步推进政府服务改革。在政务办理流程上可由传统的单一流程办理发展为一站式窗口服务，提高公共服务能力。

4. 促进政务数据开放

政府所掌握的大量公共政务数据是完善国家治理的宝贵财富，根据数据治国的战略需要，建立不同类型、不同领域的大数据体系能够为实现各类信息系统的网络互联互通、资源共享分析等提供数据基础。同时鼓励社会、群众积极利用公共数据提升全社会的信息资源利用水平。通过在医疗、住房、教育、交通等领域逐步开放数据，实现对项目实施过程的动态监控和社会监督，增加政府工作透明度，有利于建设高效服务型的智慧政府。

5. 促进政务数据价值的深度挖掘

近年来，大数据、云计算、物联网等是 IT 领域的又一次技术变革，对国家治理、管理方式、决策、业务流程等产生了巨大的影响。大量的数据收集、存储、分析、应用，使得政府决策管理越来越多地基于数据分析，数据化的电子政务可以充分提高各项资源深层次的价值挖掘能力，提高决策的科学性和准确性。

3.2.3 "互联网+政务"的价值新体现

1. "惠民"、"惠政府"

"互联网+电子政务"的发展既"惠民"又"惠政府"。说其"惠民"，是因为电子政务本身就是通过转变政府职能和管理创新来更好地为民众服务。电子政务提高了政府办事效率和服务水平，促进了政务信息公开和发布。如今又积极拥抱互联网浪潮，更加释放出其在为民服务上的活力。从个人电脑到大厅自助终端，再到智能手机、平板电脑，政务信息公开和办理变得越发贴近群众，越发为老百姓着想。毋庸置疑，"惠民"是"互联网+政务"发展的必然成果。

在湖北省武汉市的"市民之家"，市民可以通过一站式自助服务终端，享受政府提供的各项信息服务。比如可以查看进驻"市民之家"的政府单位及可办理事项，下载表格，网上预约，了解工业、服务业、建设工程并联审批流程，申请并联代办服务等。"市民之家"可同时容纳万名市民办理业务，并实现 24 小时自助服务，如图 3.2 所示。

图 3.2

"互联网+电子政务"的发展，也为政府实现组织管理流程创新、提升公共服务绩效、加快融入现代政府治理体系带来机遇。互联网为政府和民众建立了一个公平、开放、顺畅的交互环境。在这个环境下，民意诉求可以及时反馈给政府，公众参与和舆论监督程度得到加强，政府可以更加真实客观地审视自己的执政水平，不断更新和完善管理模式和服务方式。同时，云计算、大数据等互联网新兴技术的发展，有利于政府在电子政务建设方面统筹资源、降低成本，遏制重复铺道路、浪费人力物力的现象。2015年美国政府网站"usa.gov"的改版就是一个利用新技术降低政府运行成本的典型案例。按照传统做法，将美国政府网站做全面升级改版，需要花上6个月的时间和每年 250 万美元的经费预算。但通过使用云计算，全部升级工作只需要 1 天完成，且每年经费预算下降到只需 80 万美元。新兴信息技术在优化政府服务模式、提高资源使用率、降低 IT 成本方面发挥了巨大的作用。在"互联网+"浪潮的推动下，政府朝着更加精简集约、高效一体的方向快速健康发展。

2. 政府职能效率提高、施政公平有保障

美国未来学家阿尔温·托夫勒（A. Toffler）指出，在信息社会里，"所

有信息是和权力并进而和政治息息相关的。随着我们逐步进入信息政治的时代，这种关系会越来越深"。随着信息技术的发展，尤其是互联网新浪潮的推动，民众对电子政务有了更直观、更显著的认知，参政议政意愿得到加强，对公共服务质量、权力公开程度、舆论引导和应对突发事件能力有了更高的期待。但与此同时，一些政府部门并没有及时跟上这一趋势。某些政府网站长期休眠、网站内容得不到及时更新，某些栏目甚至长期处于空白状态。还有一些令人啼笑皆非的"神回复"，如有网民向浙江绍兴环保局官微投诉噪声扰民，想不到得到的答复是："等等哈，正吃着切糕呢！"这充分暴露出一些地方政府管理者在管理方式与管理思维上已严重滞后于公众的要求，也滞后于社会发展的要求。

　　通过多元化平台不断推动体制改革和机制创新，电子政务倒逼相关机制体制不断革新，加快政府在行政管理、公共服务、舆情危机处理等方面的变革。如政务一站式服务带动了全国政务系统公共服务大厅的建设和推广，通过建立网络举报和监督平台、移动医疗服务平台来推进反腐倡廉和医疗体制改革等。同时，利用互联网监督转变行政工作作风。电子政务有利于推动绩效管理，有效地对政务服务进行评估和奖惩。同时也可以促进不同管理环节的业务协同，极大地提高了工作效率。另外，通过网络问政平台增强政府公信力。政务微博、政务微信、网上听证等新的网络问政平台丰富了政府与民众互动的渠道，使人民的知情权、监督权得以充分体现，也有利于赢得公众的信任。

3.2.4　"互联网+政务"中新兴信息技术的应用探讨

　　1.　云计算：构建先进电子政务生态的基础设施支撑

　　云计算概念及政务应用背景

　　云计算是一种计算资源的新型利用模式，它能够提供动态可伸缩的虚拟化资源，并且通过网络以服务的形式提供给用户。使用云后，用户不需要自己建设数据中心，不必购买和维护软硬件资源，只需要较低的成本即可获得优质的 IT 服务。

随着云计算理念和技术的向前推进，我国电子政务迎来了一个新的发展阶段。2015 年年初，国务院发布了《关于促进云计算创新发展培育信息产业新业态的意见》。《意见》指出，"鼓励应用云计算技术整合改造现有电子政务信息系统，实现各领域政务信息系统整体部署和共建共用，大幅减少政府自建数据中心的数量；推动政务信息资源共享和业务协同，促进简政放权，加强事中事后监管；加强全国数据中心建设的统筹规划，引导大型云计算数据中心优先在能源充足、气候适宜、自然灾害较少的地区部署"，"地方政府和有关企业要合理确定云计算发展定位，杜绝盲目建设数据中心和相关园区"。云计算因其对传统电子政务所具有的革新能力，正日益受到政府管理者的关注。

云计算在电子政务领域的应用

首先简单回顾一下传统电子政务的运行模式。通常，政府部门在电子政务领域各自为政，基本上采用分散建设、分散管理的方式来运行电子政务。这种分散管理不可避免地带来了重复铺路、资源大量浪费的现象，也导致了各部门之间"信息孤岛"现象的产生。而云计算的出现，给政府信息资源横向和纵向整合带来契机，使政府统筹规划和建设电子政务系统，以较低的成本构建一体化的电子政务服务平台。（见图 3.3）

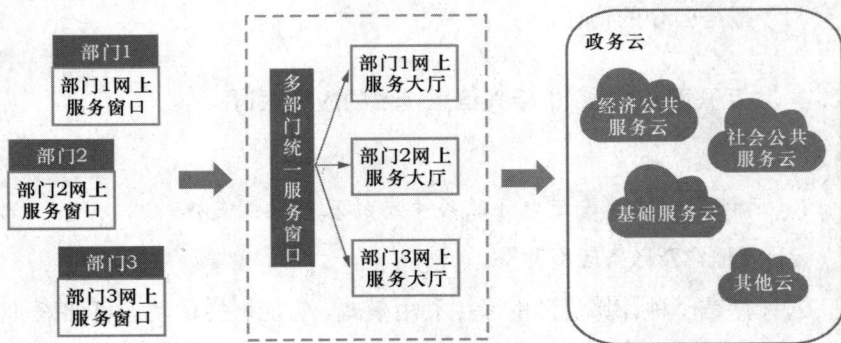

图 3.3

我们以浙江政务服务网举例。依托阿里云强大的计算能力，浙江政务服务网整合了 40 余个省级部门、11 个地市和 90 个县（市、区）的政务服务资源，实现了省市县的数据直连，将行政审批的"人跑腿"变成"数据跑腿"。浙江省市县 3300 余个部门、6 万余项审批事项，已纳入浙江政务服务网，并按照个人办事、法人办事、便民服务等主题分类导航，面向网民提供在线服务。通过这个运行在阿里云计算平台上的"政务超市"，网民可以像逛淘宝一样"逛衙门"，省市县三级政府 6 万余个审批事项均可一网搞定。这是中国首个淘汰自有数据中心而运行在云端的省级政务网站。值得一提的是，在这个云计算"政务超市"里，网民不仅可以像逛淘宝一样方便地办事，还能使用支付宝来缴费。作为首批试点，高速公路违章罚款、水电煤费用、省财政厅政府非税收入等已接入支付宝在线缴费，未来将有更多缴费项目接入。这是政府网站首次接通支付宝在线支付，在全国具有突破性意义。该网站还集成了电子地图服务，汇聚全省 14 类近 5000 个办事场所和服务场馆信息，形成了全省便民服务一张图。

在云计算技术已逐渐走入大众生活的今天，政务云的发展已成为未来电子政务建设的必然趋势。云计算作为构建先进电子政务生态的基础设施支撑，将保障我国电子政务向着集约化、一体化、低成本、高效能的方向快步发展。

2.　大数据：深挖政务数据价值的先进工具

大数据的产生及政务应用背景

云计算构建了先进电子政务生态的基础设施，在此基础上，文本、图像、视频等各种半结构化和非结构化数据大量产生，对这些海量数据的存储、处理和挖掘需求日益明显，大数据的概念随之而来。目前大数据没有标准的定义，但它有以下几个明显特征：一是数据体量大，部分企业数据量已达 EB 量级。二是数据类型多，由传统的结构化数据逐渐向包括图片、音视频、网页等非格式化数据演化。三是处理速度快，在大体量和复杂数据类型环境下，大数据需要强处理能力来保证时效性。四是价值密度低，如果不结合业务逻辑并通过强大的机器算法来挖掘，大数据带来的价值甚微。

近些年，推动大数据发展已成为国际社会的行动共识，一些发达国家相继制定实施了大数据战略性文件，大数据已成为国家基础性战略资源。我国政府高度重视大数据的发展与应用。2015 年 8 月，国务院印发了《促进大数据发展行动纲要》。《纲要》中明确提出将全面推进我国大数据发展和应用，加快建设数据强国。截至目前，我国政府部门所拥有的数据量已初具规模，绝大多数部委及省级政府部门的核心业务已有数据库支撑，覆盖率超 80%。当前摆在各级电子政务主管部门面前的一个新课题，是如何充分把握大数据这一发展契机，创新社会管理和服务，将政务建设推进到更高水平。

大数据在电子政务领域中的应用价值

对于政府部门，大数据最重要的意义是用数据创造更大的公共服务价值。大数据将为政府自身的组织管理和公共服务带来深刻影响，其应用价值体现在三个方面。

一是提高政府科学决策水平。在大数据支持下，政府将从基于"经验"的决策模式走向基于"实证"的决策模式，摒弃"拍脑袋"做决定。政府依托大数据，可对需要解决的问题进行数据采集、建模、分析，对政策执行效果进行预测，提高政府决策的前瞻性。反过来，通过大数据收集各方反馈，可以及时掌握决策执行情况，增强政府自我纠错能力。2015 年 3 月成立的国家发改委互联网大数据分析中心，是我国中央部委里第一个大数据分析机构，其成立目的是积极主动应对互联网信息传播新态势，充分利用大数据技术进行信息收集、加工和深度分析，以加强国家发改委对重大事件的预测预警能力和对事中事后的监管能力。截至目前，针对"一带一路"、京津冀协同发展、电力体制改革、投资并联审批改革等多项政策的互联网舆情分析报告已被发布。报告结合大数据技术手段，分析政策发布后的网络舆论反响，提炼热点讨论话题，总结群众给出的对策建议，可谓充分利用了群体智慧优势，为国家发改委的科学决策提供重要的参考依据。

二是提升政府公共服务能力。大数据引发政府功能服务模式变革，促进政府由原来的"粗放型"服务向"精细型"服务转变，由单一服务向跨部门协同服务转变，由被动服务向主动服务转变。这一系列服务模式的转变使得政府在公共服务的能力上不断提升。政府将各垂直行业的数据进行标准化并对外开放，可以激发社会创新能力，挖掘数据内在价值，从而更好地为群众服务。比如政府开放交通处罚、实时路况数据，可促进交通指引及租车价格调整等相关服务的完善，为民众交通出行带来便利。开放医疗行业信息可以促进智慧医疗的发展，方便群众就医和进行健康咨询。

三是加强政府应对突发事件的危机处理能力。大数据可以提高政府对信息的强感知能力，通过对社交网络、智能终端、物联网等各维度的信息广泛获取和分析，构建基于海量数据的社会态势感知网络，加强政府对突发事件的处理能力。尤其是在网络舆情治理方面，运用大数据可以从更广领域、更宽时段收集分析网络舆论，挖掘舆情热点，帮助政府准确预判舆情发展趋势，提前部署应对工作。

3. 移动政务：政府公共服务新渠道

移动政务，是指将电子政务由传统的个人电脑端转移到移动手机端。企业和个人可以通过移动平台获取政府信息和服务。移动政务由四个组件构成，分别是移动用户、移动政府、移动技术和政务服务功能。目前，移动技术的飞速发展，为政务可移动化奠定了良好的技术基础。据工信部统计，截至 2015 年 10 月底，我国移动电话用户总数达到 13.02 亿户，4G 用户增长迅速，总数达到 3.28 亿户，占移动电话用户的比重达到 25.2%。移动互联网发展迅速，移动政务发展所需的受众基础和网络条件已经具备，移动政务发展时机已经成熟。

建立移动政务平台，有助于降低政府服务的门槛，扩大公共服务对象范围。2015 年 4 月，上海微信"城市服务"平台上线，市民可直接在手机上完成出入境护照办理、医院预约挂号、交通电子违章信息查询等多达 14 项便民服务功能，并可通过移动支付手段进行在线付费（见图 3.4）。除上海外，广州、武汉、深圳等城市也陆续推出了基于移动终端的政务服务平台。另外，移动政务在将电子政务核心功能搬迁到手机端的同时，也充分利用平台特点，挖掘出了一些更加贴合民众生活、更具移动特点的惠民应用，如公交实时到站提醒，路况实时查询，交通卡余额查询等。

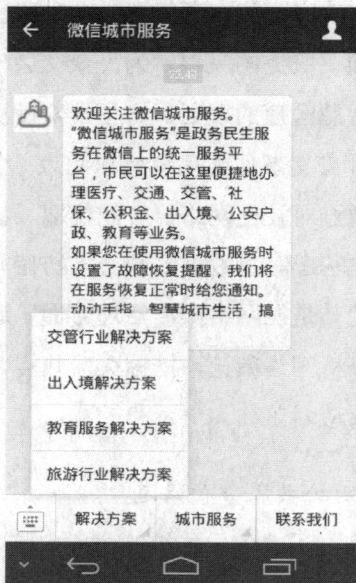

图 3.4

移动政务目前尚处于起步阶段，基于移动端用户特点，未来移动政务将朝着以下两点改进和发展。一是加强移动端政务服务内容的聚合性。移动终端空间有限，政务服务在迁到移动端的过程中，要深度聚合优化服务，使服务周全而不臃肿。二是要强化政企合作。政府可以充分利用企业在移动终端上的平台优势，借助企业平台入口，将公共服务顺畅自然地融入民众的移动生活之中。

4. 政务新媒体：不断释放"指尖上的正能量"

随着网络和数字技术的迅猛发展，新媒体已成为人们特别是青年一代获取信息的主要途径。而微博、微信凭借其在信息传播速度、广度和便捷性等方面的优势，迅速成为最具代表性的新媒体平台。传统电子政务单一的信息发布功能，已不能适应新媒体时代的需要，要通过顶层设计，从国家层面、以政府主导的方式，大力推动政务新媒体建设，形成覆盖全面、功能完备的政务新媒体服务体系。

习近平总书记在中央全面深化改革领导小组第四次会议上强调，要加快传统媒体和新兴媒体融合发展，充分运用新技术、新应用，创新媒体传播方式，占领信息传播制高点。按照中央有关要求，经过近年来的实践，我国政务新媒体发展取得了长足的进步，呈现出受重视程度高、发展速度快、创新能力强等特点。

自 2014 年，政务客户端开始呈现爆炸式增长，"两微一端"（政务微博、政务微信、政务客户端）的政务新媒体发展模式正式形成。截至去年6 月，我国有政务微博认证账号超过 30 万，政务类微信公众号总数突破 2万，还有一些党政机关入驻移动客户端，数量大约有 500 个。从 "政务微博元年"到"政务微信元年"，短短几年，政务新媒体在发布信息、沟通情况、传递价值中，发挥着越来越重要的作用。政府信息公开力度不断加大，政务新媒体成为了政府与网民沟通对话的重要渠道。

3.3 "互联网+政务"在发展中迎接新挑战

近些年我国的电子政务基础设施在逐步完善，政务网络覆盖范围逐步扩大。但发展到今天，电子政务仍然存在着一系列问题，如统筹协调能力不足，信息资源共享难度大，安全保密要求与电子政务发展趋势不适应，法律法规标准不完善等。这些问题在"互联网+"浪潮的冲击下日益凸显，给我国电子政务的持续健康发展带来极大挑战。

3.3.1 统筹协调发展面临困局

电子政务建设是一个复杂漫长的过程，它需要从职能协同、框架设计、资源整合、安全保密、法律法规等多方面统筹协调。而我国在电子政务建设过程中，长期以来注重工程开发，而忽略顶层设计和规划。这就导致了我们国家电子政务项目重复建设、资金浪费，出现大量的"信息孤岛"。统筹协调机制不到位，具体表现在以下几个方面：

一是职能统筹协调不到位。目前，我国在电子政务建设过程中缺乏统一的建设管理机构，在中央与地方、跨部门、跨区域间电子政务建设中缺乏统一筹划部署。从电子政务管理机构上看，我国地方对电子政务的管理主要设置在经信委、发改委、办公厅（室）等，直属部门均有电子政务支撑机构，超过一半的地方政府将电子政务管理职能设在信息化推进处或信息处。相关职能部门从不同角度抓电子政务工作，职责方向有所重叠但往往缺少协调与联动，从而无法保证规划、预算、审批、建设、运维、评估等一系列必要环节的层层跟进。在电子政务的横纵向建设上，重视部门内纵向拓展而忽视部门间横向共享协同，这一趋势随着各部门信息化建设程度的提高，会使国家层面电子政务的统筹协调管理变得愈加困难。

二是顶层设计缺乏方法论支撑。顶层设计就是架构设计。电子政务顶层设计的基本内容，是就电子政务建设的基本问题进行总体的、全面的设计。包括政务层面的内容：行政管理体制、政府职能及具体业务类型之间的关系。也包括技术层面的内容：网络建设、安全管理、信息资源建设与绩效管理等。而电子政务建设涉及行业横纵向的业务联系，包括总体战略发展目标、资源共享、功能协调、IT技术架构等多方面内容，所以顶层设计需要有方法论做支撑。我国在电子政务建设过程中，政府知道"做什么"，但却不容易明白"怎么做"。政府亟需先进的政务建设架构，为实现政府部门间深层次、跨领域的协同政务建设理清脉络。但目前我国在顶层设计方法论上缺少深入研究。

三是法律标准规范不够完善。我国电子政务立法相对滞后，使得电子政务建设和发展无法得到有效保障。主要原因有两点。一是电子政务立法理念和技术相对滞后。与西方发达国家相比，我国电子政务起步慢，大部分法律层次较低，立法理念和技术相对落后，难以适应电子政务的快速发展和面临的新技术、新需求。二是缺少国家层次的指导性立法。放眼世界，美国颁布了《电子政务实施指南》和《电子政务法》两部法律，欧盟于 2004 年发布了《欧盟范围内向社会公众、商业机构、公共部门提供服务的电子政府计划》，新加坡、日本也制定了国家层次的相关法规。与上述国家相比，我国在法律体系、政府架构上有较大的差异，使得我国缺乏符合我国国情的指导性立法文件，电子政务立法困难重重，至今仍未出台与电子政务相关的纲领性法律法规。

四是资源共享障碍重重。目前我国数据交换平台和交换标准尚不完备。据公开文献可知，区域部门间基本实现共享的省级地方仅占 13%，区域部门间实现少量共享的地市和区县仅占 32% 和 28%。造成上述问题的出现有多种原因，包括有关部门不愿开放自身数据，信息资源目录和交换标准不统一，网络数据交换平台设施不完备等。部门间利益长期存在影响了数据共享进程，主要体现在两点。一是部门从自身利益考量。各部门往往会通过自身利益考量，权衡如何选择信息共享、选择共享什么样的信息而使本部门获得最大利益。二是数据质量影响数据共享质量。信息重复采集造成多数资源困境，信息资源完整性、实时性、权威性、真实性如果得不到保障则会影响其他部门采用的可靠性、可能性，并可严重影响到信息的有效性。

3.3.2 基础软硬件国产化步伐亟需加快

"互联网+"依靠强大的信息技术来驱动电子政务向更深层次发展，这种技术驱动力少不了基础软硬件来支撑。一个成熟、扎实的基础软硬件环境是"互联网+"理念能否在电子政务领域顺利开花结果的前提。同时，我国在近几年大力倡导政府基础软硬件环境的国产化。特别是"棱镜门"事件后，国产化被提升到了一个新的高度。国产操作系统、芯片、数据库、中间件等一系列信息技术亟待发展。加快我国基础软硬件国产化步伐，既是维护国家安全的必然要求，也是建设"互联网+政务"新图景的现实基础。

目前，影响国产化进程推进的因素主要有以下两点：

一是国外软硬件长期以来一直占据主导地位，产品线覆盖率高，导致我国在电子政务国产化过程中不得不考虑到设备更迭周期和成本问题。信息系统由底层网络传输到上层业务系统运转，再到配套安全保障与运维，是一个运行整体，它需要其中软硬件设备的协调联动，任一环节不能存在短板。且信息系统一旦上线后，软硬件环境的变动更替极易影响到信息系统的稳定运行。信息系统组件的国产化在实施过程中需要慎之又慎，以防影响全局规划和运行。

二是我国国产软硬件技术虽然近几年来发展迅速，但相比国际先进水平仍存有不小差距。有些部门在信息建设过程中面临这样一种尴尬境地，即一方面想大力响应支持国产软硬件的应用，另一方面国产软硬件又不能满足系统建设过程的高标准要求。尤其是在当今"互联网+"大环境下，信息系统对数据库性能、网络传输和并发能力、用户交互体验等方面有了更高的要求，国产软硬件在自身性能指标、接口规范、配套服务等方面的不足极容易暴露于系统建设过程中。提高国产软硬件技术水平是电子政务国产化的根本所在。

电子政务的国产化势必是一个复杂和长期的过程。从目前整个 IT 产业链上看，我国国产化目前呈现出一种"哑铃态"格局，两头大，中间小。两头大指的是设备硬件和应用软件实力强，如以华为、浪潮等国内厂商为代表的 PC 服务器产业发展态势良好，已开始逐步替代国外同类产品。而小头则是基础软件，包括操作系统、数据库、中间件等。国产操作系统面临生态环境差的问题，国产通用数据库尚待提高大批量实时处理能力和稳定性，而国产中间件在性能方面还很难替代国外产品。在国产化道路上，国产软硬件厂商要正视与国外存在的差距，力求在优势领域找准突破口。同时加大技术研发投入，提升产品性价比，逐步在国产化进程中占得先机。

3.3.3　政务安全保障势在必行

1. 政务网站受攻击形势严峻

随着政府信息化工作的推进，信息系统的安全问题越来越成为电子政务能否稳定运转实施的关键所在。我国一直是网络攻击的受害国。近年来针对政府部门的网络攻击频度、烈度和复杂度加剧。多地的政府网站、微博、微信号被黑客攻击并篡改内容，给社会带来巨大影响。政府信息系统长期以来一直遭受着极为严重的网络攻击，这体现在以下三个方面。

一是政府网站健康运行意义重大，成破坏性攻击焦点。政府网站是政府对外展示和服务的重要平台和窗口，宣示着政府在互联网上的网络主权，一旦受到侵犯，将会给社会带来极端恶劣的影响。而近几年来一些国内外反动组织或个体，正是瞄准了政府网站具有极强政治意义这一点，多次悍然发动网络攻击。从 2012 年 4 月至今，黑客组织每隔三天就公布一例国内网站被攻破的消息，被攻破网站中政府站点累计已达 300 个。黑客组织在网站首页挂上各种反动标语，严重损害了政府利益和形象，极大地影响到了政府在百姓中的公信力。国际黑客组织"匿名者"在 2014 年发起"OpHongKong"攻击行动，宣称对我国 150 余个重要政府部门的网站发动大规模攻击，并公布了大量攻击目标的网站链接、IP 地址等信息。据国家互联网应急中心（CNCERT）监测，在这波攻击中被攻破的政府网站达 40 余个。2015 年来自"匿名者"组织的威胁仍未消去，"OpChina"行动再次让国内政府网站防线绷紧神经。

二是政务系统信息资源价值高，成重点窃密对象。政务系统中流转的数据，其敏感性较强。特别是在"互联网+"大环境下，信息共享、业务协同和数据开放水平不断提高，政务系统汇集的数据信息会越发重要和敏感。有些数据本身为敏感信息，有些数据本身敏感性不强，但经各地汇集后变得极为敏感。政务系统信息类型复杂且重要程度高，从而成为一些恶意敌对势力重点窃密的对象。我们还应注意到，政务系统在内部信息安全上也面临相当大的威胁。有权威统计披露，政务及企事业单位中绝大多数泄密问题发生在体系内部（内部人员过失泄密或主动窃密），而由外部黑客攻击、系统漏洞、病毒感染等问题带来的信息泄密案例相比甚少。内部体系造成的泄密损失是黑客攻击的 16 倍，是病毒感染的 12 倍。由此可见，传统网络安全在数据防泄密的措施中，依靠部署"防火墙"与"杀毒软件"等产品无法全面保障政府内部信息安全，"政府内部信息数据防泄密"已成为当前各级政府机关和事业单位亟待解决的重大安全问题。

三是政务系统防护基础不够，成网络攻击泛滥区。从政务系统自身角度讲，之所以经常受到恶意攻击，还在于目前我国的政务建设和安全保障体系不完善，政府部门缺少对系统的持续性安全防护能力。很多情况下信息系统一旦建设验收完成，外包开发单位撤出，政府在接管系统后无法实现持续有效的安全技术保障。所以，一个 1-day 甚至 N-day 漏洞能在相当长时期内肆虐信息系统，一个 Web 后门能长期潜伏于系统服务器而不被发现，一个政府门户网站能长期挂满赌博、色情网站的暗链接而不被觉察。正是政务系统自身在安全防护工作上的不到位，才导致其成为网络攻击的泛滥区。

我国电子政务安全形势严峻，然而政府安全人员在工作过程中还暴露出以下两个问题。

一是重硬件堆砌，轻配置管控。保障政务系统安全自然需要全方位部署安全设备来防范，如部署防火墙、防病毒网关、IDS/IPS、漏洞扫描、配置核查等。但在实际的安全建设过程中我们发现，重硬件堆砌，只为满足合规性要求而采购设备的现象存在于某些政府管理部门中。部署的安全设备没有加电，加电的设备没有配置策略，配置策略的设备没人处理告警等各种落实不到位的问题时有发生。保障电子政务安全，需要安全工作者通过合理的配置管控，发挥每一台安全设备的防护效能，并将各维度安全设备协调联动起来，构成完整的安全防护体系。随着"互联网+"的推动，政府信息系统将越来越多地暴露于网络攻击面前，安全威胁将日益加剧，只图合规性而忽视实际防护效能的做法势必会导致严重安全问题。当前，云计算、大数据等新技术潮流开始推动网络安全朝着更加开放、更加深层次的领域发展。大数据安全、态势感知、威胁情报等新兴安全概念讲求"看"的力量，但在"看"之前，只有将自身防护基础和管理规范先落实到位，我们才有机会把安全态势"看"透、"看"明白。

二是重边界防护，轻业务安全。政务系统的业务逻辑、网络结构、功能接口等，随着信息化程度不断加深，将会变得越来越复杂，安全风险点会越来越多。网络安全的防护符合木桶理论，从当前政务系统安全情况看，不规范、不合安全要求的应用开发越发显出是这个木桶的最短板。即使我们在应用系统外围和边界上做了大量的安全工作，最终往往栽倒在一个细微的应用缺陷上。一个小小的 SQL 注入漏洞，都有可能引发服务器被拿下，整个内部网络被攻击者巡游的严重后果。而只要开发人员稍加了解安全开发规范，就能完全避免此类问题发生。所以在重视安全边界防护的同时，安全工作者一定要对业务系统自身安全加强重视，谨防千里之堤，溃于蚁穴（见图 3.5）。

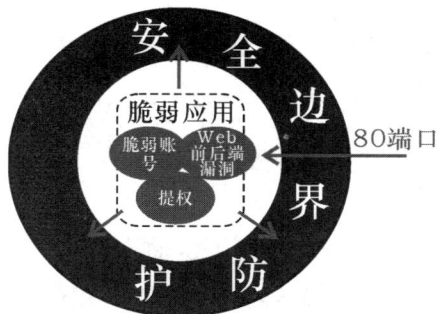

图 3.5

信息安全保障工作应贯穿到政务系统建设与运行的整个生命周期中。只有从政务系统建设初期开始，建立一整套完备且合规的安全策略和流程，充分利用各维度防护措施和管理手段，电子政务才会在"互联网+"浪潮下安全、稳健前行。

2. 应对新兴技术冲击下的安全威胁

云计算、大数据、移动互联等新技术的兴起，给电子政务的发展带来新的契机。然而，由于当前我国网络立法尚不完善，安全防护能力尚不成熟，导致云计算、大数据、移动、物联网等领域的安全问题日益突出。电子政务在与新技术结合后，其防护安全面将更广，安全威胁更为严峻。这里我们主要探讨在上述这些新技术浪潮冲击下，电子政务所面临的新一波安全威胁及应对策略。

（1）政务云安全

无论是从技术还是从管理角度讲，云安全都是一个复杂且持久的话题。当前云计算面临着诸如数据泄露、数据劫持、非安全接口、服务滥用、共享隔离等一系列威胁。政府在将自身信息业务搬入云端时，一定要注意云计算所特有的安全风险，即对数据隐私的保护和权责划分。与传统的内部数据中心相比，云计算将不保证现今的数据和业务完全处于政府管控下。对数据控制权的缺失会带来一系列安全问题，如：

信息机密性丧失。从机密性角度，政府信息的机密包括两方面，一方面是数据机密性，某些数据不能扩散到政府外部。另一方面是业务流程机密性，这个通常易被忽略。某些业务的执行流程也比较敏感，一旦政务系统部署在外部云环境中，其数据与业务流程相当于全部暴露于外界，政府信息也就缺乏机密性可言了。

业务运行不完全可控。从运行角度，部署于外部云上的业务系统，实际运转状态是由第三方厂商控制的。无论是技术因素还是非技术因素，政府均无法确保业务按正常需求运行。

数据生命周期与存储环境无法保证。当由外部云来承载数据时，数据由创建到销毁的周期无法得到保证。我们国家规定政府数据不能存储于境外服务器，而一旦政府将自身数据交到云服务商手里，数据存储的位置和环境将难以得到安全保证。

所以，政务云建设过程中不光要面临传统互联网和硬件设备的安全问题，还要考虑到对政府自身业务和敏感数据的保护。云计算极容易带来数据所有权和管理权的分离，这也是当前很多政府部门对于外迁入云持有顾虑的原因之一。云计算为电子政务注入新活力的同时，也要求政府在推进云计算过程中，不断扩充完善云计算相关标准规范和管理机制，严格评估云计算产品的安全防护能力，让政务云安全可靠地运行，发挥出其应有价值。

（2）大数据政务安全

随着数据的进一步集中和数据量的增加，网络空间中的数据来源涵盖范围广阔，大量数据的汇集不可避免地加大了用户隐私泄露的风险。而电子政务系统中通常又汇集较多敏感性数据，这就对数据的安全性提出了更高的要求。大数据时代下电子政务领域的安全需求正在发生改变，从数据采集、数据整合、数据提炼、数据挖掘、安全分析、安全态势判断、安全检测到发现威胁，已经形成一个新的完整链条。在这一链条中，数据可能会丢失、泄露、被越权访问、被篡改，甚至涉及用户隐私和企业机密等内容。现有的信息安全手段已经不能满足大数据时代的电子政务安全要求，对海量数据进行安全防护变得日益困难，数据的分布式处理也加大了数据泄露的风险。融合大数据的政务建设面临新的安全隐患，如：

传统数据隐私保护技术过时。在大数据应用环境下，数据呈现动态特征，面对数据库中属性和表现形式不断随机变化，基于静态数据集的传统数据隐私保护技术面临挑战。电子政务领域对于用户隐私和信息安全的保护有多方面要求和特点，数据之间存在复杂的关联和敏感性，而大部分现有隐私保护模型和算法都是仅针对传统的关系型数据，不能直接将其移植到大数据应用中。

数据所有权和使用权受到挑战。一些敏感数据的所有权和使用权并没有明确的界定，很多基于大数据的分析都未考虑到其中涉及的个体隐私问题。过分依赖国外的大数据分析技术与平台，也难以回避信息泄露的风险，使得他国通过获取情报进而摸清国家经济和社会脉搏，从而威胁到国家安全。

现有的存储和安防措施面临威胁。数据大集中的后果是复杂多样的数据存储在一起，但重要数据混杂交叉的存储，很可能会使数据的安全管理不合规，造成信息无意间泄露。随着结构化数据和非结构化数据量的持续增长以及分析数据来源的多样化，以往的存储系统已经无法满足大数据应用的需要。对于占数据总量 80%以上的非结构化数据，通常采用 NoSQL 存储技术完成对大数据的抓取、管理和处理。虽然 NoSQL 数据存储易扩展、高可用、性能好，但是仍存在一些问题。例如，访问控制和隐私管理模式问题、技术漏洞和成熟度问题、授权与验证的安全问题、数据管理与保密问题等。

因此，为了应对大数据带来的安全威胁，一方面要对本地数据加强安全策略。大数据时代导致大量的信息泄露，泄露事件中内部的威胁更大。在本地策略的构建上需要加入内部管理的监控，用纯数据的模式来避免人为原因造成的数据流失和信息泄露。在今后的数据安全监管手段中，逐渐分化管理者的角色权重，用数据本身的自我监控和智能管理来代替人为的操作。另外，要尽量减少本地和网络的链接，完善缓存机制和储存规则，从根本上杜绝数据的安全威胁，保证数据源的纯洁。另一方面，是要加强政务大数据管理，做好安全评估，提高安全意识。要从海量数据中提取价值，为政务所用，就必须使用科学的大数据管理方法，排除各种安全隐患。可以建立以数据为中心的安全政务系统。为了确保数据中心系统的安全，防护系统主要通过防火墙、入侵检测系统、安全审计、抵抗拒绝服务攻击、流量整形和控制、网络防病毒系统来实现全面的安全防护。同时，使用加密、识别管理并结合其他主动安全管理技术，贯穿于数据从使用到迁移、停用的全部过程。另外也要做好大数据安全风险评估。不同类型的数据形式以及数据的不同状态，都有着不同层级的泄密风险。针对大数据的固有特点，可以将其分为不同的安全风险等级，从而加强安全防范，并在实际应用中明确安全风险治理目标，降低政务数据的泄露风险，分析并消除信息安全盲点。

（3）移动政务安全

鉴于可移动及便携的特点，相对于传统的桌面办公，移动政务面临一系列特有的安全风险，所以也要有针对性地部署安全防范措施。

首先是要设备防丢失，信息防泄露。近年来由于移动政务设备的丢失导致的数据外泄事件层出不穷，这就需要政府对移动设备增加新的保护措施。措施可分为密码策略的设置和对设备的远程控制两种。即强制要求移动设备数字密码或九宫格手势密码具有一定的复杂性，且要求具备远程备份、恢复与擦除数据、远程安装与卸载应用软件功能。同时，要实时监控设备运行，监测异常状态。

其次，在电子政务网络中要尽量避免无线网络的使用，避免虚假 Wi-Fi 钓鱼和中间人攻击的发生。如有需要必须使用，则政府部门可以在部署 Wi-Fi 覆盖时要求通过双因素认证实现无线网络的安全接入；在无线网络接入方面，通常可采用 IMEI 码（类似于手机的 MAC 地址）加短信验证码的方式进行验证。政府可建立私有的移动终端管理系统，当移动设备想要接入 Wi-Fi 时，需提前上报所使用设备的 IMEI 码及电话号码以进行验证。也可以为每个用户建立其独有的用户 ID 和密码，当完成 Wi-Fi 密码验证之后还需完成 ID 验证。

最后，对于系统漏洞和病毒方面，政府机关需设立私有的病毒库，通过云服务和移动终端应用的连接，实现手机病毒木马的快速发现与准确查杀，保护手机免受吸费、骚扰、信息泄露等安全威胁。有效地识别高级的黑客攻击，保护政务移动信息资产的安全。同时，对移动设备数据进行备份并存储于政务私有的云端环境中。通过专用指令信息通道，可即时远程擦除设备涉密数据，避免因设备遗失、被盗等因素带来的数据泄露风险。

3.4 "互联网+政务"未来展望

当前，国际国内信息化发展迅猛，移动互联网、大数据、云计算等新兴技术风起云涌，为深化传统行政改革提供了完美的机遇，社会大众也对政府提高行政效率、透明度、问责机制和民众参与度有更高的期许。在当今互联网浪潮下，我国电子政务面临着重大机遇和挑战，有望成为加快政府职能转变，建设服务型政府的强有力保障。从未来来看，明确"十三五"发展方向，强化统筹规划、顶层设计、立法规范等，实现电子政务借助"互联网+"转型升级是未来五年电子政务工作的重中之重。

"互联网+政务"，是拉动我国政府通向改革之路的一趟高速列车，方向坚定，愿景广阔。但这趟列车目前还要在克服统筹协调困局、严峻安全形势、信息化基础水平发展制约等一系列阻碍过程中负重前行。让我们期待它不断加速，砥砺前行。

第 4 章
Chapter 4

互联网+公共服务

4.1 公共服务面临的形势与机遇

公共服务包括基本公共服务和非基本公共服务。其中基本公共服务[①]，是指建立在一定社会共识基础上，由政府主导提供的，与经济社会发展水平和阶段相适应，旨在保障全体公民生存和发展基本需求的公共服务。享有基本公共服务属于公民的权利，提供基本公共服务是政府的职责。

基本公共服务范围，一般包括保障基本民生需求的教育、就业、社会保障、医疗卫生、计划生育、住房保障、文化体育等领域的公共服务，广义上还包括与人民生活环境紧密关联的交通、通信、公用设施、环境保护等领域的公共服务，以及保障安全需要的公共安全、消费安全和国防安全等领域的公共服务。本章所阐述的公共服务主要属于基本公共服务范畴，见图4.1。

4.1.1 公共服务发展的现状及问题

经过 30 多年的改革开放和发展建设，我国经济实力、综合国力和国际地位显著提高，人民生活明显改善。"十二五"期间，按照"学有所教、劳有所得、病有所医、老有所养、住有所居"的要求，明确提出"覆盖城乡居民的基本公共服务体系逐步完善，推进基本公共服务均等化取得明显进展"的目标，各地区、各有关部门认真贯彻落实党中央、国务院的决策

[①]《国家基本公共服务体系"十二五"规划》。

部署，我国基本公共服务体系建设取得了显著成效。

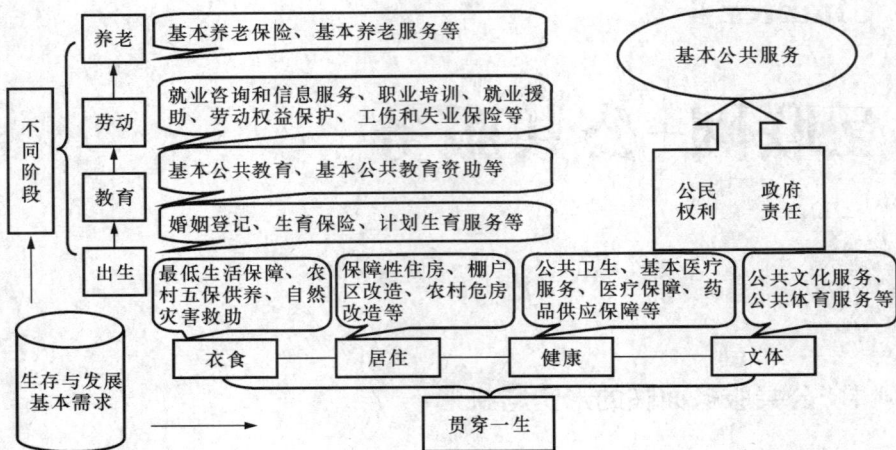

图 4.1

　　经过"十二五"期间各方的共同努力，我国公共服务体系基本建立、覆盖面持续扩大①。公共教育体系日趋完备，城乡免费义务教育全面实施，国民平均受教育年限达到 9 年，教育普及水平显著提高，城乡区域教育差距缩小。公共就业服务体系基本建立，实施积极就业政策，初步建立起面向全体劳动者的公共就业服务体系。社保制度取得突破性进展，社会保险制度逐步由城镇向农村、由职工向居民扩展，保障水平逐步提高，社会保障卡快速普及，覆盖城乡居民的社会保障体系框架基本形成，城乡社会救助体系和社会福利体系基本形成。医药卫生体制改革深入推进，免费基本公共卫生服务项目全面实施，城乡基层医疗卫生服务体系逐步健全，国家基本药物制度基本建立，基本公共卫生服务均等化水平进一步提高，居民看病就医困难问题有所缓解。保障性安居工程加快建设，以廉租住房、公共租赁住房和农村危房改造等为主要内容的基本住房保障制度初步形成。公共文化教育领域稳步推进，基本实现县县有文化馆图书馆、乡乡有综合文化站，广播电视全面覆盖 20 户以上已通电自然村，公共博物馆、纪念

---

① 《中共中央关于制定国民经济和社会发展第十三个五年规划的建议》。

馆、美术馆、公共图书馆、文化馆、科技馆等公共文化设施逐步向社会免费开放，全民健身稳步推进。从总体上看，我国基本公共服务的制度框架已初步形成，人民群众上学、就业、就医、社会保障、文化生活等难点问题得到有效缓解。

但是，我国基本公共服务供给不足、发展不平衡的矛盾仍然十分突出，基本公共服务的整体水平与覆盖全国、惠及全民、连通城乡的现实需要还存在较大差距。基本公共服务的规模和质量难以满足人民群众日益增长的需求；农村、贫困地区和针对社会弱势群体的基本公共服务尚未得到充分保障；体制机制有待于进一步完善，城乡区域间制度设计不衔接，管理条块分割，资源配置不合理，服务提供主体和提供方式比较单一，以及监督问责缺位等问题较为突出。例如，在教育领域，教育资源配置不合理、教育不公平的现象依然普遍存在，区域城乡间、学校群体间的办学水平和教育质量差距扩大；在医疗领域，卫生资源总量不足、优质资源短缺、分布不均衡、结构不合理等问题依然突出，基层医疗卫生机构与大医院服务能力差异较大，居民看病难、看病贵问题依然突出；在养老领域，以居家养老为基础、社区养老为依托、机构养老为支撑的养老服务体系尚未形成，养老机构供需矛盾突出，服务功能单一，政府投入不足，民间投资规模有限，社会化服务程度不高，行业发展缺乏后劲等。必须深刻认识到，基本公共服务体系不够健全，不仅难以保障发展成果惠及全民，不利于社会和谐稳定，而且还会制约经济社会健康协调可持续发展。

4.1.2　公共服务发展面临的新形势

"十三五"时期是我国全面建成小康社会决胜阶段。到 2020 年全面建成小康社会，是我们党确定的"两个一百年"奋斗目标的第一个百年奋斗目标。党的十八大明确提出"加强社会建设，必须以保障和改善民生为重点。要多谋民生之利，多解民生之忧，解决好人民最关心最直接最现实的利益问题，在学有所教、劳有所得、病有所医、老有所养、住有所居上持续取得新进展，努力让人民过上更好生活"。十八届五中全会《中共中央关于制定国民经济和社会发展第十三个五年规划的建议》中明确提出"坚持共享发展，着力增进人民福祉。坚持普惠性、保基本、均等化、可持续方向，从解决人民最关心最直接最现实的利益问题入手，增强政府职责，提高公共服务共建能力和共享水平。加强义务教育、就业服务、社会保障、基本医疗和公共卫生、公共文化、环境保护等基本公共服务，努力实现全覆盖"。

"十三五"时期，我国公共服务发展仍处于可以大有作为、实现突破的重要战略机遇期。从需求看，工业化、信息化、城镇化、市场化、国际化深入发展，城乡居民收入水平不断提高，消费结构加快转型升级，各类公共服务需求日趋旺盛。从供给看，经济继续保持平稳较快发展，财政收入不断增加，基本公共服务财政保障能力进一步加强。从体制环境看，有利于科学发展的体制机制加快建立，教育、卫生、文化等社会事业改革深入推进，建立健全基本公共服务体系的体制条件不断完善。要牢牢抓住难得的历史机遇，顺应各族人民过上更好生活新期待，努力提升基本公共服务水平和均等化程度，推动经济社会协调发展，为全面建成小康社会做出积极贡献。

公共服务领域总体进入新需求和老问题相互交织的阶段。在公共服务领域，我国既面临社会流动性和开放性日益增强，群众在收入水平不断提升之后，公共服务领域面临诉求多样化、利益多元化、服务个性化、方式便利化的新形势。同时，又迫切需要有效破解民生领域公共服务资源短缺失衡、区域城乡差距扩大、均等化普惠化水平不高等老问题。新需求和老问题的相互交织，使得未来一段时期内解决公共服务领域问题，面临更加复杂的形势，需要在不断增加公共服务供给的同时，创新公共服务的提供方式，如创新政府购买社会公共服务的方式，广泛吸收社会资源的有效参与，为公众提供广覆盖、多层次、差异化、高品质公共服务，优化社会资源配置、创新公共服务供给模式、提升均等化普惠化水平。

信息技术在社会各领域加速渗透，开启发展新图景。信息技术已发展成为当今世界创新速度最快、通用性最广、渗透性最强的高技术。信息化以前所未有的速度、广度和深度，渗透并冲击着现代社会的每个角落，不仅带来了人们交流方式和生活方式的重大变化，也深刻影响并改变着一个国家的政治、经济、社会、文化、军事等领域。信息技术应用不断创新社会管理模式，推动形成基于网络环境的政民互动渠道，网上办事大厅、政务论坛、政务微博、微信等成为政民沟通的重要平台，推动提升城市交通、环境、通信、防灾、给排水和公共安全等城市运行管理领域的智能化和精细化水平。以移动互联网、云计算、大数据、物联网为代表的新一代信息通信技术，在医疗卫生、社会保障、人口就业、食品药品监管等重要公共服务领域的信息化应用中蓬勃发展，为实现基本公共服务均等化奠定坚实基础，成为社会主义和谐社会建设的重要支撑。

4.1.3　"互联网+"成为公共服务跨越发展的战略选择

互联网发展正进入泛在普及、深度融合、变革创新、引领转型的新阶段，已成为实现公共服务均等化的基础平台，互联网与公共服务体系的深度融合，推动了公共服务的创新供给和信息资源的开放共享，使服务方式更加多样、服务内容更加丰富，大幅提升公共服务能力和普惠水平。"互联网+"已成为公共服务领域跨越发展的战略选择，是提供广覆盖、多层次、差异化、高品质公共服务的有效途径。

"互联网+"有助于拓宽方便快捷的公共服务渠道。互联网拓宽了政民互动、公共参与的便捷渠道，通过政府网站、政务微博、网上听证等多种方式，推进政务信息公开，方便在线办事和汇聚民意民智。腾讯研究院《"互联网+"微信政务民生白皮书》显示，2014 年全国政务微信总量已达 40924个，覆盖全国 31 个省、自治区、直辖市（不含港澳台），涵盖公安、医疗、交通等多个政务民生热点领域。政务微信成为政府与民生、人与公共服务之间的"连接器"，成为政府施政的新平台。省市级部门占比达到 84.7%，其涉及的行业众多，应用更体现出实用性和服务性的特点。2013 年 4 月，深圳开通的"罗湖法院"公众号，已可以实现手机预约立案、查询案件。中央部委则将微信作为与政府网站、新闻发言人并行的第三种政务公开途径。随着外交部的"外交小灵通"上线，国务院办公厅、外交部、教育部等多个部门的官方微信陆续上线。

"互联网+"有助于高效优化公共服务资源配置。互联网以其"一点接入、全网访问"的特性，将优质的医疗、教育、社保等服务推送到更加广袤的地区和更加广泛的群体，成为破解传统公共服务领域资源配置不均、效率低下等顽疾的重要突破路径，成为支撑公共教育、劳动就业、社会保险等公共服务资源高效配置、公平普惠的关键手段。如在医疗领域，传统医疗模式下，我国医疗基础设施不健全，优质医疗资源匮乏，导致患者预约挂号难、医院拥挤不堪、医疗效率低下、医疗服务质量低等问题。通过 APP、微信挂号等方式，解决了患者获取医疗资源不均等的难题；在线问诊和远程医疗借助互联网提高患者、医疗服务机构和医生彼此之间的沟通能力，患者通过互联网就可享受跨区域的优质医疗服务；互联网医疗将使政府无需重新建造医院以及诊所，通过"虚拟化"的医疗体制和系统，将医疗服务惠及更多国民，并且远程监控、管理患者的信息。

"互联网+"有助于在公共服务领域简化优化群众办事流程。依托"互联网+"，促进办事部门相互衔接，推进各级政府间、部门间及国有企事业单位间涉及公共服务事项的信息互通共享、校验核对，一方面实现支撑政务大厅功能升级，推动公共服务事项全部进驻，探索将部门分设的办事窗口整合为综合窗口，变"多头受理"为"一口受理"；另一方面，可实现网上办事大厅的高效扩展，实现群众办事网上受理、网上办理、网上反馈，实现办理进度和办理结果网上实时查询，为群众提供项目齐全、标准统一、便捷高效的公共服务，实现变"群众来回跑"为"部门协同办"，从源头上避免各类"奇葩证明"、"循环证明"等现象，最大程度便利群众。如广东省开展网上办事大厅建设，福建省推广应用电子证照创新政务，广州市荔湾区推进政务"一窗式"服务，从一定程度上简化了群众办事环节，优化了服务流程，提升了群众办事效率。

"互联网+"有助于创新公共服务差异化、精准化供给。随着群众收入水平的不断提升，对公共服务提出了差异化、个性化、高时效等新需求，纵横交错、孤立分散的公共服务系统，造成政府管理信息不能互通，信息资源的交互与共享存在困难，使得政府面临着繁杂的管理信息、分散的管理资源与精准的管理需求、高效的管理效率之间的巨大矛盾，"供给真空"与"供给过剩"并存。借助互联网、大数据、云计算等技术手段，可打破原有思维模式中的单一化、单向化服务供给的思维桎梏，将通过公共服务供需信息及时匹配、公共服务自助获取，通过数据挖掘、发掘相关对象的公共服务需求，并通过云服务平台实现政府与民众公共服务供需的双向互动，实现差异化、个性化甚至定制化的公共服务供给，使公共服务更具"匹配性"、"锚向性"，使公共服务走向精准化。如本溪市推出的市民网 APP 就是基于实名身份认证的可信网络环境下，逐步整合政府公共部门、公用事业部门和商业服务部门等与市民服务相关资源，为每位市民提供个性定制化服务。

"互联网+"有助于实现公共服务效能的有效监管。公共服务领域的信息化推进行政审批流程电子化、网络化，将审批流程固化在电子流程软件中，强化行政审批行为的程序控制和刚性控制，解决过去行政人员自由裁量权过大和不当使用难题，实现行政区域内行政审批的无差异化办理和服务。同时，借助网上办事大厅、行政服务大厅等渠道，行政权力全部实现网上阳光运行，行政审批从"人际关系"变为"人机关系"，斩断了权力寻租、滋生腐败等利益链条，实现网上办事与审批权力运行过程的全程跟踪、全程留痕、全程监督、限时办结，使得各级行政机关权力运行轨迹更加公开透明。如上海市推出的"中国上海"门户网站，以打造网上政务"单一窗口"为目标，探索以"互联网+政务"新模式构建集网上办事、政府信息公开、便民服务、政民互动等功能于一体的新型政务服务平台，促进政府职能转变，推进依法行政。

4.2　互联网+公共服务的重点方向

随着社会信息化的快速发展和广泛渗透，互联网与教育、医疗卫生、养老、社保等公共服务领域的渗透融合不断深入，公共服务领域信息化建设取得积极进展，在优化资源配置、缓解公共服务短缺失衡、加快基本公共服务均等化、改进服务模式、创新服务手段等方面发挥了积极作用。但是，总体而言，公共服务领域的信息化建设仍显滞后，基本公共服务大多数都是"以条为主"的方式，通过部门提供服务，各种公共服务系统缺乏有效整合和集成，公共服务功能条块分割，缺乏联动的工作机制，不能为社会公众提供一站式的一体化公共服务，办事服务窗口、互联网、电话咨询、自助终端、移动终端等渠道相互割裂，服务内容、服务模式和服务手段单一低效，社会公众便利化、可及性需求无法有效满足。

为加快提升公共服务水平和均等普惠程度，推动城市各政务部门的互联互通、信息共享和业务协同，实现信息化与民生领域应用的深度融合，探索信息化优化公共资源配置、创新社会管理和公共服务的新机制、新模式，进一步发挥信息化对保障和改善民生的支撑性和带动性作用，2014年，国家发展改革委、财政部等 12 部委联合发布《关于加快实施信息惠民工程有关工作的通知》（发改高技[2014]46 号）和《关于同意深圳市等80 个城市建设信息惠民国家试点城市的通知》（发改高技[2014]1274 号）。在信息惠民工程中，围绕当前群众广泛关注和亟待解决问题的较为突出的九大公共服务领域，包括医疗、教育、社保、就业、养老服务等重点领域，这些领域具有信息化手段成效高、社会效益好、示范意义大、带动效应强的显著特点，因此在本部分的研究中也是选择这些重点公共服务领域展开。

4.2.1　政务服务

1．政务服务领域发展现状及问题

我国现行的是"条块分割"的行政管理体制，政府各个部门履行其公共服务职责的过程中是从各自部门的角度出发，在开展信息化系统建设时也通过"以条为主"的方式开展，造成群众在办理公共服务领域事务中，面临"办证多、办事难、流程繁杂"、"中梗阻"难疏导、"最后一公里"不通畅等问题。

（1）群众办事需求证明多、材料重复提交问题依然突出。近年来，各地区、各部门认真贯彻党中央、国务院决策部署，在创新和改进公共服务方面积极探索，取得了明显成效，但在一些地方和与群众日常生产生活密切相关的公共服务领域，困扰基层群众的"办证多、办事难"现象仍然大量存在，在办理一些公共服务事项时需要开具关系证明、身份户籍证明、婚育证明、收入证明、财产证明等，同时这些材料在办理的过程中需要重复提交，而这些信息大多掌握在政府部门手中，通过政府不同部门间的信息互联互通、开放共享，可有效解决，从而提升公共服务整体效能。

（2）政务大厅入驻部门分设"摆摊式"窗口，造成效率低下。我国众多城市以"两集中"为支撑成立了政务服务大厅，政府部门在政务服务大厅分设办事窗口，群众在办事过程中采取的是"流水线"的办理方式，审批手续繁琐，办理业务要在多个窗口反复折腾，同时面临入驻部门各自为政，新增服务"增窗增人"，难以统筹安排；窗口办理各种材料多变，服务不规范、效率低，群众无所适从；各部门分头审批，进度情况无从知晓；审批分离，窗口存在一定程度的自由裁量，为权力寻租留下空间，难以实现服务质量的有效监管。

（3）政府服务渠道参差不齐、混杂不一。在政府为群众提供公共服务办理过程中，不同地区、不同部门在前期推进过程中普遍存在"单点应用"、

"分头实施"的现象，最终形成了以各部门为主的网上办事、社区服务系统、自助服务终端、政务微信等服务入口，这些不同的入口由于缺乏系统之间的互联互通，造成这些系统大多是以各自部门的单一应用为主，使得群众在网上办事的过程中，主要仍是以信息查询和业务受理为主，难以在网上实现"查询、受理、办理、反馈"的一条龙服务，更是难以实现群众跨部门、跨区域、跨行业的业务办理。

2. "互联网+"政务服务的重点方向

（1）以互联网推进公共服务审批权力在阳光下运行。针对群众对公共服务领域审批事项和审批要件不清楚、不明白等反映突出的问题，政府部门要根据法律法规，结合编制权力清单、责任清单、负面清单以及规范行政审批行为等相关工作，对本地区、本部门以及相关国有企事业单位、中介服务机构的公共服务事项进行全面梳理，列出目录并实行动态调整，通过政府门户网站、"两微一平台"等方式主动公示公共教育、劳动就业、社会保障、医疗卫生、住房保障、文化体育等与群众日常生产生活密切相关的公共服务事项，列明办理依据、受理单位、基本流程、申请材料、示范文本及常见错误示例、收费依据及标准、办理时限、咨询方式等内容，并细化到每个环节，"晒"出公共服务审批"权力家底"，让权力在阳光下运行。

（2）线下：一窗（门）式办理。借助不同政府部门信息系统的互联互通和信息资源的交换共享，打破不同部门之间的信息孤岛，推进在线下的实体政务服务大厅，将部门分设的办事窗口整合为综合窗口，变"多头受理"为"一口受理"，实现"前台综合受理、后台分类审批、统一窗口出件"，为群众提供项目齐全、标准统一、便捷高效的公共服务。建立健全首问负责、一次性告知、并联办理、限时办结等制度，积极推行一站式办理、上门办理、预约办理、自助办理、同城通办、委托代办等服务，消除"中梗阻"，打通群众办事"最后一公里"。

（3）线上：一"网"式办理。高效整合政府门户网站、自助服务终端、移动客户端、网上办事大厅等不同的渠道，推进公共服务信息平台建设，加快推动跨部门、跨区域、跨行业涉及公共服务事项的信息互通共享、校验核对，依托"互联网+"，促进办事部门公共服务相互衔接，变"群众奔波"为"信息跑腿"，变"群众来回跑"为"部门协同办"，实现群众在公共事务办理过程中"网上受理、网上办理、网上反馈，实现办理进度和办理结果网上实时查询"的一条龙服务，实现"不同接入渠道、相同服务体验"，为群众提供多种形式相结合、相统一、方便快捷的多样化公共服务。

4.2.2 社会保障

1. 社会保障领域发展现状及问题

自改革开放后，经过 30 多年的探索实践和改革，我国社会保障体系框架已经初步形成，在养老、失业、医疗、社会救助、管理等方面均取得了实质性进展。但从整体发展上看，我国社会保障体系还不完善，尤其是信息化全面支撑社保体系建设方面，仍存在着管理分散、覆盖范围小、数据共享不足等诸多问题，需要在新形势下不断加强和提升。

（1）社会保障管理体系管理分散、条块分割，缺乏统一的管理机构。我国社会保障制度主要由社会保险、社会救济、社会福利和社会优抚四部分组成，其中社会保险是最重要的组成部分，我国社会保险体系主要包括城镇职工社会保险（包括养老、医疗、工伤、失业和生育保险）、城镇居民社会养老保险、城镇居民医疗保险、农村养老保险和新型农村合作医疗保险。当前我国社会保障各业务由多个部门分别管理，如城镇职工养老保险和失业保险由劳动部门负责，机关事业单位职工养老和失业保险由人事部门负责，农村养老保险和社会救济等由民政部门负责，新型农村合作医疗保险归卫生部门负责。由于众多机构共同行使社会保险管理职能，造成多头管理、各自为政的局面，致使贯彻决定实施难、外部工作协调难和内部分工理顺难。

（2）社保卡覆盖力度有待加强、多业务承载及应用领域有待扩展。从社保卡覆盖广度来说，截止到 2015 年 9 月底，我国社保卡持卡人数已突破 8 亿人，普及率达六成，完成《社会保障"十二五"规划纲要》中提出的规划目标。但覆盖力度还有待扩大，部分偏远地区、农牧区、山区、农村地区社保卡覆盖范围不够，未能将当地民众纳入社会保险范围。从社保卡承载业务来说，社保卡自身承载的公共服务业务应用较少，难以渗透到居民的日常生活之中。市民日常出行仍要随身携带多张承载不同业务的卡（如公交卡、社保卡、图书卡、公园年卡、银行金融卡等），不仅造成资源浪费，而且给民众日常生活带来不便。上述现象一方面是由于地方"一卡通"系统建设未实现横向连通，系统开放程度不够。另一方面是城市信息化应用建设缺乏统筹考虑，各业务系统各自为政，造成系统独立、数据不互通，阻碍了社保卡应用的集成。

（3）社保数据共享程度不足，跨区域业务办理困难、手续复杂。我国社保数据与其他政府委办局横向共享程度不足，民众在办理相关事项时（如户口申请、购房、享受市民福利等）均被要求提供社保局开具的社保缴费等相关纸质材料证明，费时费力。另外，随着我国城乡一体化进程的加快，各地流动人口快速增加，异地就医需求日益提高，参保人员身份会在城镇职工、城镇居民、新农合间相互转换。而我国基本医疗保险实行属地化管理，一方面，使得跨区就医的市民，异地产生的高额医疗费用可能无法报销，加重经济负担。另一方面，市民在跨区医疗报销过程中既要保存好相关单据，又要垫付大量资金，同时还要多次往返医院或社保等有关单位，极其不便。

2. "互联网+"社会保障的重点方向

（1）以互联网支撑社保信息互联互通，全面实现跨区域、跨层级的社保服务。加强各业务协同和各部门数据共享，打通社会保障在全社会范围内的信息资源共享。推动建设全国联动的参保人基础信息库，通过与各业务系统的对接，加快促进跨地区、跨领域的业务协作。完善覆盖全国的社保互联互通网络平台，搭建跨地区的信息交换接口。以互联网为支撑加快推进城镇职工社会保险信息系统与居民社会保险系统的互联互通，推进农村居民、城镇居民、城镇职工、事业单位工作人员养老保险业务的有效衔接。通过推进社保各业务系统信息的互联互通，有效解决各分管部门之间和部门内部工作协调难的问题，实现跨区域、跨层级的社保服务。

（2）创新社保服务渠道，为群众提供更便捷、优质的社保服务。通过线下线上相结合的方式，丰富社保服务渠道。推进一卡多用的社保"一卡通"建设，借助互联网平台及金融机构等社会资源，建立完善跨界融合的用卡环境，将社保卡扩展到公共就业人才服务、公共人事管理等业务，拓宽社保"一卡通"应用范围。推进社保卡服务，通过服务窗口、基层服务网点、自助服务终端等服务渠道，提供面向个人和企业的社会保险信息查询、社保缴费记录查询、信息变更、密码修改等在内的社保卡全生命周期服务。推动开展基于互联网和移动互联网的权益记录查询、参保登记、缴费结算、待遇支付等服务，为广大群众提供便捷、优质的社保服务。

（3）加强社保数据资源的多方联动利用，提升社保管理服务能力。借助互联网技术优势和资源优势，推动社保信息在人社部门、民政部门、卫生部门、公安部门、财政部门等民生部门之间的共享，实现社保信息资源的多方利用，推动相关业务流程再造。提高社保数据的应用创新能力，充分发挥大数据技术在社会保障领域的预测预警、管理服务、监督管控、分析决策方面的作用，不断提升社会保障服务民生的能力和水平。加快推进医保制度整合和政策的衔接，逐步实现全国医保联网，彻底解决异地医保报销难的问题。

4.2.3　健康医疗

1. 健康医疗领域发展现状及问题

随着社会老龄化步伐的加快、人民生活方式的转变、生活水平的提高以及健康意识的增强，全社会对医疗资源的需求总量和服务质量要求不断提升，致使健康医疗公共服务领域既面临看病难、看病贵、供需矛盾突出等传统问题，又面临慢性非传染性病无法有效防控等新问题，需要借助互联网等新手段、新思维来优化医疗资源配置、创新服务模式、提升服务质量。

（1）医疗资源分配不均，"看病难"问题突出。根据国家卫生部门公布的数据显示，我国80%的医疗资源集中在大城市，而其中30%的医疗资源又分布在大医院，地区之间的卫生医疗资源分配严重不均①，医疗资源的分布呈现出明显的"倒三角形"，即在总体医疗资源的配置上，高层次的医疗资源多于中层次，而中层次又多于基层。虽然医改以来基层医疗卫生服务体系基础设施硬件条件不断改善，但基层医疗机构的人员出现了严重青黄不接的局面，基层医疗卫生机构专业技术人员短缺、检验检测等医技水平不高、急救服务能力不强等"短板"问题日益突出，老百姓形成了看病无论大小病都要涌向大城市、大医院就医的观念，使大医院从挂号到就诊再到检查、化验、取样都要排长队，"三长一短"现象严重。

（2）"重复检查"现象严重，就医成本高。早在2010年，原卫生部就下发通知，要求各省区市全面推进同级医疗机构检查结果互认工作，几年来，虽然一些地方在某些项目互认上有了一定进展，但总体成效并不明显。由于各地、各级医院的临床检验科室在检测仪器、试剂、校准、检测值溯源等方面各成一体，互不相同，水平又参差不齐，导致同一检验项目，不同医院采用的结果评估标准（参考区间或正常范围）也有所不同，给医检互通的顺利执行带来不少困难，致使不同医院之间医学影像、健康档案、检验报告、病历等医疗信息难以共享互认，"更换医院需重复诊断"现象至今仍在全国很多地方的医院继续上演，增加病人不必要的就医成本。"看病贵"问题突出。根据中国青年报社会调查中心的一项调查显示，73.0%

---

① 数据来源：卫生部关于《我国新医改"攻坚之旅"启程——聚焦公立医院改革试点指导意见》的报道。

的受访者表示遇到过在不同医院重复做检查的情况[①]。

（3）慢性病防控形势严峻，亟需医疗服务模式创新。根据 2012 年卫生部发布的数据，我国慢性非传染性疾病确诊患者已达 2.6 亿人，35～65岁人群成为我国慢性病大军，心脑血管疾病、恶性肿瘤、糖尿病、慢性呼吸系统疾病等慢性病导致的死亡已占到我国总死亡的 85%，导致的疾病负担已占总疾病负担的 70%[②]。慢性病管理预防大于治疗，但目前传统的以医院为中心、社区卫生服务中心为主体的预防方式缺乏便捷性、系统性，很难对患者进行实时监测、分析，也难以起到预警、调整的作用，对慢性非传染性疾病的防控亟待加强。

2. "互联网+" 健康医疗的重点方向

（1）以互联网思维优化医疗资源配置，解决"看病难"难题。一方面，医院可探索推进移动医疗服务发展，开发、应用移动互联网应用（APP），为患者提供自助挂号、门诊和住院缴费、检查和化验报告查询、专家排班等信息查询及满意度评价等服务，解决挂号、候诊、缴费时间长和就诊时间短等问题，完善医疗服务环节，增强患者获取服务的便利性，改善医患关系，提升患者满意度。另一方面，医院可借助在线咨询、在线诊疗、远程医疗等互联网医疗 O2O 新模式，实现有限医疗资源的跨时空配置，提高患者和医生之间的跨时空沟通能力，突破传统的现场服务模式，缓解医疗资源分配不均的现状。

（2）以医疗信息资源的共享为依托，解决"看病贵"难题。建立检查结果标准体系，进一步推进检查报告、病历等医疗信息资源标准化、电子化，完善城乡居民健康档案和电子病历数据库建设，实现电子病历记录与居民电子健康档案实时互联互通，实时更新居民健康档案信息，形成一个可供实际应用的活档案。支持第三方机构搭建医学影像、健康档案、检验

[①] 数据来源：人民网关于《医院检查结果互认难 73.0%受访者曾重复检查》的报道。
[②] 数据来源：《中国慢性病防治工作规划（2012—2015 年）》。

报告、电子病历等医疗信息共享服务平台，推动居民基本健康信息和公共卫生、医疗服务、医疗保障、药品管理、综合管理等应用系统实现业务协同，促进医疗卫生、医保和药品管理等系统对接和信息共享，逐步建立跨机构、跨区域的医疗数据共享交换标准体系，实现医疗服务跨机构、跨区域协同。

（3）推动"治疗为主"向"预防为主"转变，改变医疗服务模式。针对慢性病多发的问题，鼓励智能终端厂商、医疗健康领域企业和互联网企业等积极研发、推广可穿戴设备，使用户可以随时随地进行自我健康管理。一方面可实时监测用户运动健康数据（如运动量、消耗的热量、食物摄入量以及睡眠状况等）或生理体征数据（如心率、脉搏、体温、血压、血糖和血氧等），为及时筛查、预防疾病奠定基础，另一方面可及时提供专业医护人员的各种健康咨询、筛查、预防、监护和干预服务，促进人们的健康需求由传统、单一的医疗治疗型，向疾病预防型、保健型和健康促进型转变。

4.2.4 教育服务

1. 教育服务领域发展现状及问题

"十二五"以来，教育信息化成绩显著，"宽带网络校校通""优质资源班班通""网络学习空间人人通"等工程取得一定进展，教育资源和教育管理两大平台广泛应用，有力地促进了教育改革和发展，但教育资源不均衡、信息化与教育融合程度不高、教育信息公开力度不大、终身教育提供难等问题依然客观存在。

（1）区域、城乡、校际间的教育资源不均衡且缺乏共享，教育公平问题仍有待解决。近年来，我国加大了对城乡教育信息化的统筹力度，通过多种形式、多种途径，强化了对农村教育信息化的支持和帮扶，一定程度上缩小了城乡之间教育信息化环境的差异。但从客观上来讲，无论是硬件还是软件、资源还是应用、理念还是认识，城乡教育之间差距依然较大，区域之间、学校之间、公民办教学之间、学段之间的"数字鸿沟"也仍然存在，且学校各自为政，教育资源共享壁垒难破除。此外，信息化教育依托的是信息网络，受经济状况的制约，欠发达地区和发达地区在信息基础设施建设方面差距较大，影响了教育公平的实现，并有可能走上恶性循环，进一步拉大"数字鸿沟"，带来新的不公。

（2）信息技术与教育实践的融合程度有待进一步提高。信息技术融入教育教学的深度和引领创新的力度不足，数字化教学资源多用于课堂教学演示，没有充分发挥其引导、互动、反馈等作用，缺乏与课程教学的深层次融合，多数在线教育机构也只是简单地将线下的内容以文字、图像、视频等形式向线上做简单的转移，如此只能是进行知识灌输。同时，当前新技术的应用一定程度存在"炒得过热、实用太少"的现象，互联网企业虽然对学习平台的底层搭建比较在行，但对教育的理解较为肤浅，尤其是对教育的基本规律、学习者的学习特点缺乏了解，不知道如何形成对学习活动的有效设计和引导，导致所开发的应用系统或相关教育产品与教育的内在需求脱节。

（3）信息不对称、入学手续繁杂的问题依然客观存在。学校作为信息的拥有者，尚未建立起有效的信息发布渠道与沟通机制，就学政策、收费信息等的获取不够便捷，导致了"幼儿园报名，家长彻夜排队""各区申请学位时间不一，家长错过报名"等乱象的大量发生，学校的信息公开力度仍有待加强。此外，办理入学时仍需提交多项证明和申请材料，无法通过信息化手段实现数据的对接与实时获取，如与中小学生切身相关的"双免""积分入学"申请仍然需要携带大量的纸质材料，非本地户籍学生需要提供的材料更为繁杂，甚至还需要多次往返户口所在地和居住地之间，且审批流程较长，给家长和学生带来了极大的不便。

（4）受制于传统教育的时空限制，终身教育提供难。终身教育存在泛在性、非正式性、社会性、情境性、适应性等特点，传统教育受制于时间和空间的限制，很难匹配这种学习需求。而个人或机构以盈利为目的的办学现象普遍存在，无师资、无场地、无设施，挂靠办学，专业、课程设置重复，教育教学质量缺乏保障。

2. "互联网+"教育服务的重点方向

（1）以互联网推进优质教育资源开放共享。破除陈旧落后观念、信息技术人才短缺、资金不足等障碍，着力提高欠发达地区的教育信息化程度。大力开设专题课堂、名师课堂、名校网络课堂，推进城市和农村共享优质教育资源。加强校际交流合作，建设优质数字化教育资源和成果共享平台，实现区域内优质教育资源开放共享。顺应世界范围内大规模在线开放课程发展新趋势，支持建设在线开放课程公共服务平台，鼓励公共服务平台之间实现课程资源和应用数据共享，营造开放合作的网络教学与学习空间，鼓励高校使用在线开放课程公共服务平台，鼓励公共服务平台与国家开放大学教学平台开展合作，为终身教育提供优质课程。鼓励平台建设方、高校协同建设和运用在线课程大数据，为高校师生和社会学习者提供优质高效的全方位或个性化服务。

（2）推动信息化与教育教学的深层次融合。面向各级各类教育教学需求，建设特色鲜明、内容丰富的优质数字化教育资源，开发深度融入学科教学的课件素材、制作工具，完善各种资源库。推动数字化教育教学，探索以教材数字化、资源网络化、教学个性化、学习自主化、环境虚拟化为特征的教育教学新模式。鼓励和支持有条件的中小学校依托互联网教育平台开展翻转学堂等新型教育方式。鼓励互联网企业充分对接教育机构，对接课堂，发展教育 O2O 的服务模式，一方面为学习者提供社会化的网络学习空间，为学习者创造良好的线上学习体验，另一方面借助网络学习空间的大数据诊断学习者的学习问题，并利用丰富的线下师资科学地解决学生的问题。

（3）加大教育信息公开力度，优化办事流程。一是充分利用教育网站、社会化媒体、移动终端应用等载体构建全方位的信息发布渠道，将与家长和学生息息相关的就学政策、收费明细、报名通知等权威信息公开，并建立高效的沟通机制，为家长和学生答疑解惑，一定程度缓解信息不对称的局面。二是推进全国中小学生学籍信息管理系统的全面应用，为每名中小学生建立全国唯一的、跟随一生的学籍编号，加强学生注册、学生信息维护、毕业升级、学籍异动的信息化管理。三是实现"双免""积分入学"申请等事项的一"网"式办理，申请人在网上填报身份、房产、社保、计生等信息，通过信息共享在网上完成各类证照信息的核验工作，无需提交相关纸质证明材料便可完成教育"双免""积分入学"网上申请，并通过与公安、计生、国土、工商、社保、房屋租赁等相关单位无缝对接，优化审批流程。

（4）推广在线开放课程学习新模式，为实现终身教育提供有效路径。顺应世界范围内大规模在线开放课程发展新趋势，支持具有学科专业优势和现代教育技术优势的高校建立一批优质在线开放课程。在国内已运行平台中选择基础较好、优质课程资源集聚、服务高效的平台认定为在线开放课程公共服务平台，并鼓励高校与公共服务平台开展合作，为终身教育提供优质课程，同时鼓励平台建设方、高校协同建设和运用在线课程大数据，为高校师生和社会学习者提供优质高效的全方位或个性化服务。鼓励高校制定在线开放课程教学质量认定标准，将通过本校认定的在线课程纳入培养方案和教学计划，并制定在线课程的教学效果评价办法和学生修读在线课程的学分认定办法。在保证教学质量的前提下，鼓励高校开展在线学习、在线学习与课堂教学相结合等多种方式的学分认定、学分转换和学习过程认定。

4.2.5 养老服务

1. 养老服务领域发展现状及问题

我国当前是世界上老年人口最多的国家，人口老龄化、高龄化、空巢化问题突出,面临着养老服务需求激增与传统家庭养老模式功能弱化的双重压力。基于此,《社会养老服务体系建设"十二五"规划》提出"建立以居家为基础、社区为依托、机构为支撑"的社会养老服务体系,各地市也纷纷提出"9073""9064"养老服务发展格局。但时至今日,养老服务体系仍不完善,居家养老服务内容缺乏、社区养老形式化、养老机构服务质量差等问题凸显。

(1)居家养老供需缺乏有效对接,基础定位尚未体现。近年来,在各地政府的高度重视下,居家养老服务模式及服务网络逐步形成,服务内容涵盖了生活照料、家政服务等多方面。但随着老年人经济状况的不断改善,受个人、家庭、健康特征等因素的影响,养老服务需求日趋多样化,而服务供给则无法同步跟上,供需矛盾突出。首先,当前居家养老服务内容缺乏多样性,以技术含量低、依靠日常照料经验即可提供的低层次服务为主,仅能满足老年人基本生存需求,缺少诸如医疗护理、精神慰藉等满足老年人发展性及价值性需求的服务内容。其次,当前居家养老服务提供缺乏针对性,未形成覆盖高、中、低收入老人群体的多层次内容服务体系,出现高收入老人群体得不到适合的高端服务、低收入群体找不到满意的中低端服务等问题,服务供给主体无法有效识别需求并主动提供差别化的养老服务。供需矛盾的背后显示了我国养老服务市场化运作机制尚不完善,涉老企业小、散、弱,直接导致居家养老服务内容供给水平低下。

(2)社区养老辐射能力薄弱,依托功能有待形成。当前,社区养老服务建设覆盖了城市、乡镇和农村地区,多数社区也建设了日间照料中心、老年人活动中心等服务设施。但受经济社会发展等诸多因素制约,社区养老总体建设水平依然不高,存在辐射广度和深度受限问题。从辐射广度来看,一是城乡发展不平衡,城市社区养老服务发展较快,覆盖率较高,而农村则严重滞后;二是社区服务覆盖老年人范围较小,老年人参与率较低,诸多服务或活动需通过逐一电话联系等传统被动方式开展。从辐射深度来看,服务提供形式化、缺乏专业性等问题突出。部分社区养老设施简单,服务内容单一，社区养老只流于形式；社区养老普遍缺乏专业服务人员，不具备医疗急救、专业护理等能力。这些问题折射出当前社区养老孤立建设运作，无法真正走入家庭，满足居家养老服务需求，另外，无法协同养老服务供给主体，广泛对接社会资源，提供丰富、专业的服务内容。社区养老与居家养老服务、社会供给资源的联动机制亟需建立。

（3）机构养老服务质量参差不齐，支撑能力依然不足。机构养老是养老服务体系的支撑，当居家与社区养老服务无法满足老年人需求时，由养老机构承担养老服务，面向对象多为有特殊困难的老年人群体。目前各地兴建了大量养老机构，一定程度上缓解了社会养老压力。但机构数量增加了，质量却未同步提升，出现优质资源紧缺、服务水平普遍落后等问题。首先，公办和民营二元体制存在，出现公办养老院"一床难求"，而民营养老院却"无人问津"现象。其次，机构养老方式多数处于单纯供养型阶段，不具备必要的医疗条件，导致老人病情延误等情况出现。最后，我国当前对养老机构设施标准、服务标准、法律关系等未制定明确规定，导致养老机构鱼龙混杂，服务质量良莠不齐。机构养老服务水平滞后，一是由于政府市场资源配置失衡及监管缺失；二是由于养老机构普遍缺乏现代化管理手段，信息化水平严重滞后，无法通过信息技术手段开展日常生活照料、动态跟踪、远程监护等服务，从而导致服务效率低下。

2. "互联网+"养老服务的重点方向

（1）利用互联网技术实现居家养老服务需求与市场供给高效对接。丰富居家养老智能终端，研发并推广老年人适用的智能居家照护设备、远程健康照护设备、个人可穿戴设备等，例如基于物联网技术实现对老年人的远程实时监控和个性化管理。以大数据为抓手，引导构建从老年人基础数据收集、存储、分析到应用的市场化养老服务体系。首先，广泛通过智能终端采集老年人健康、喜好等特征信息，鼓励政府、行业、社区等适度开放老年人基础数据，为个性化、多样化养老服务内容的提供奠定基础；其次，广泛依托社会资源，深度挖掘老年人数据信息，分层、分对象提供养老服务内容，需注重改善型、享受型的中高端养老服务的提供；另外，引导涉老企业利用大数据开展创新，开发丰富的养老服务产品，拓展新型服务形式，并探索与传统行业相结合，形成新兴养老业态，诸如老年人教育、老年人电子商务、老年人互联网金融等。

（2）基于信息平台推进社区养老服务主体协同联动。本着"就近、就便、实用"的原则，充分发挥社区作为居家养老服务的载体作用，为多元服务主体协同协作提供支撑。按照"政府引导、社会参与"思路，为社区搭建养老服务综合信息平台。通过信息平台建立社区老人信息数据库和服务档案，及时掌握老人基本情况和需求动态。在社区构筑由市场资源（营利性涉老企业）、社会资源（医疗卫生机构、家政服务行业等）、政府资源（民政、劳动保障等）参与的综合服务体系，引导各方资源接入社区服务信息平台，打造社区医疗护理服务网络、家政服务网络、水电气公用事业服务网络等。建立老年人呼叫服务中心，通过呼叫服务中心连接服务需求方与社区服务信息平台，形成街、居、楼、组纵向到底，社区、社会机构、政府部门横向到边，连锁互动的社区服务网络，全方位满足整个社区老人服务需求。

（3）借助互联网化管理手段提升机构养老服务水平。在养老机构中推广建立老年人基本信息电子档案和信息管理系统，通过物联网、互联网等多种手段实现对机构内老年人的定位服务、跌倒监测、夜间监测、老人行为智能分析、痴呆老人防走失、视频智能联动等服务。依托电子健康档案、电子病历和区域卫生信息平台等，建设并打通养老机构与卫生医疗服务机构信息管理系统，实现养老机构与医疗卫生机构的无缝对接，促进医养结合，向机构内老年人提供专业化的医疗卫生服务，有效提高养老机构的健康服务水平。政府层面应强化机构养老标准规范的建立和实施，建立机构服务质量绩效评估体系，制定评价指标，通过客户评议系统、电子比对等信息化手段，对服务质量进行动态考量，实现对养老机构的监管，逐步引导机构养老服务步入规范化、标准化轨道。

4.2.6　就业服务

1. 就业服务领域发展现状及问题

随着经济的不断增长，我国在解决就业问题上取得了巨大进步，但由于人口基数庞大，经济结构经历调整，重点群体的就业形势依然严峻。当前，高校毕业生求职问题突出、农村富余劳动力转移压力大、"用工荒"问题同时存在，城镇失业人员、残疾人等就业困难人员需要重点帮扶，就业服务任务繁重。而当前的劳动力市场供需对接不够，配套服务不足，公共就业服务模式滞后、质量不高，不能有效满足广大劳动者的就业需求。

（1）就业需求总量大，"就业难"问题长期存在。一方面，我国人口基数庞大，每年新增劳动力众多，2015 年高校应届毕业生数量达到 749 万，城镇新增就业人数 1300 万左右，外出农民工 1.68 亿人，产业转型过程中的下岗职工进一步增加，就业需求群体规模庞大，就业岗位供不应求。另一方面，当前我国劳动力市场结构性矛盾突出，表现为地区、行业之间的不匹配以及劳动者素质与岗位技能需求的不吻合。农民工的供给主要在农村和中西部地区，需求则在城镇和东部沿海发达地区，出现所谓"用工荒"。大学毕业生数量庞大，一些企业却面临招不到人才的尴尬局面，信息的不对称致使"职位空缺"与"失业"现象并存。

（2）就业服务模式滞后，服务质量有待提高。当前，广大求职者的诉求可概括为"海量式"的就业岗位信息发布、"菜单式"的职业指导服务、"互动式"的及时政策咨询以及"管家式"的就业跟踪服务，对就业服务机构的需求日益多样化、个性化。我国政府就业服务机构对信息的获取主要依靠相关部门或单位报送，以及失业人员主动登记，岗位信息一般在招聘会现场张贴和机构门户网站发布，信息采集时效性差，传播渠道相对单一。公共就业服务机构提供的就业指导通常是一次性的、单向度的，职业技能培训时间较短，存在针对性不强、内容不够、培训效果不佳的问题，不能适应当下快速多变的企业用工及个人求职需求。此外，就业服务机构与劳动者之间、劳动者与用人单位之间缺乏互动沟通和信息跟踪，不能满足就业困难群体的持续性需求。

（3）就业配套服务不足，不能满足劳动者实际需求。当前各类就业服务主体众多，除政府公共就业服务机构外，庞大的市场需求催生了大量社会就业服务机构和企业，各类招聘网站、猎头公司大量涌现，一定程度上解决了劳动力市场供需信息对接问题，但在用人单位情况核查、求职者就业后的相关服务上存在缺失。大量弱势群体未得到有效保护，我国劳动者失业保险的参保率不足 20%，相当大比例的失业人员无法享受失业保障和再就业帮扶。与雇主或单位签订劳动合同的农民工比重不足 40%，拖欠工资现象大量存在。此外，我国劳动保障统筹层次低，就业者保险费用转移接续问题突出，社会保障实行地方统筹和属地管理，参保人员跨地区身份难以转接，限制了流动就业人群参保和享受保险待遇。

2. "互联网+"就业服务的重点方向

（1）以互联网为依托，促进供需高效对接。利用互联网高集聚、广覆盖的优势，依托门户网站聚合各类岗位需求信息，充分发挥新媒体的信息整合与传播作用，拓展人们获取信息的渠道。积极引入社会资源，与各类就业服务网站、机构合作，建立面向招聘求职、创新创业、大学生见习、家政服务等不同类型的网络对接平台，有效满足企业和个人需求。建立跨区域就业服务信息汇集与共享平台，发展跨区域劳务合作，利用网络招聘平台在主要劳务输出地区引进企业各类急需人才。此外，可依托移动智能终端和就业服务 APP，提供就业相关信息推送，方便求职者实时获取岗位信息。

（2）创新就业服务模式，提高就业服务质量。首先，从传统的以现场服务为主的工作思路，转变为基于网络平台为主的服务模式，建立失业人员信息平台，提供失业登记、求职登记、就业援助等一站式服务，并与社会就业服务网站建立合作，免费为求职者发布求职简历。其次，从原来的被动适应到主动服务，基于就业服务网络平台，提供菜单式的职业指导、互动式的就业政策咨询以及持续性的职业技能培训，注重服务的引导性和专项性。再次，注重就业跟踪服务，对用人单位岗位标准、招聘人数的真实性和合理性进行追踪，对求职者网上应聘结果进行追踪，确保就业服务成效。此外，加强人才需求基础数据收集和整理，建立人才需求预测大数据共享与应用平台，整合需求结构、需求类型和需求人数，以及求职者的总人数、专业结构、学历结构、年龄结构等，提高就业引导的准确性。

（3）提高信息掌控力度，完善就业配套服务。加强对企业信息的掌握，建立用人单位信用档案及诚信评估体系，为求职者提供择业参考，同时监督企业用工行为。采集就业者的劳动时间、工资待遇等信息，了解不同地区、行业就业者的工作状况，为弱势群体提供更多帮助。加强人社部门不同业务系统之间的数据衔接和信息互通，保证城镇下岗失业人员顺利进入社会保障体系，使就业困难家庭和个人及时获得就业帮扶。建立扁平化的社会保障网络平台，提供权益记录查询、参保登记、缴费结算、待遇支付等服务，充分保障就业人员的合法权益。

4.2.7　公共安全

1. 公共安全领域发展现状及问题

近年来，社会安全事件、经济安全事件、群体性事件等公共安全问题多发，而传统的政府公共安全管理缺乏日常防范、事前预警和协调配合，已经无法满足新形势下的公共安全管理需求。与此同时，以公安视频监控系统为核心的信息化公共安全管理手段在社会治安管理、打击违法犯罪、服务民生等方面发挥的作用日渐突出，正逐步成为维护政府公共安全的重要力量，但也面临着视频监控覆盖不足、智慧化应用水平低、视频资源共享不足、社会化应用不足等问题。

（1）公共安全视频监控系统联网覆盖的范围不足，智能化应用水平低。近年来，各地公安机关自建了一定数量的视频监控系统。但是，公安机关视频监控系统建设仍以部门需求为目标，视频监控的范围主要集中在道路、重点要害部位等少数重点区域，监控摄像头总量相对较少，无法实现对城乡区域的广泛覆盖。同时，由于公安机关尚无法接入利用其他部门、行业或机构自建的大量的内部视频监控资源，使得公安机关的视频监控范围无法向这些区域进行深度覆盖。此外，公安机关视频监控应用模式仍然是以人工的方式去浏览、排查，工作方式费时、费力，效率低下，人像识别、特征检索、视频摘要等技术应用不足，视频监控系统的智能化应用水平较低。

（2）公共安全视频监控资源的整合和共享程度低。以公安机关为主的各单位已经积累了大量的视频资源，但由于各部门的视频监控系统业务需求不同、视频监控网络之间相互独立、视频编码和联网控制标准不统一等原因，导致视频资源缺乏有效的整合和共享，使得公共安全视频资源的跨区域、跨行业、跨领域、跨平台的联网与共享难度较大，一杆多头等重复建设现象严重。例如，公安机关的视频监控系统通常是运行于公安机关的政务内网上，而公安机关的视频资源有着严格的保密要求，尚没有明确的对外共享机制，此外，公安机关不同警种的监控系统由于建设之初对视频特点、功能、作用了解不够充分，尚不能实现多系统之间视频资源整合和共享。

（3）视频资源的对外开放不足，面向社会民生的惠民应用亟待加强。随着公共安全视频监控系统联网规模不断扩大，视频图像信息资源将呈现规模化。但是，由于各部门视频资源管理条块分割严重，面对如此多的视频图像资源，其应用却主要面向部门内部，且应用程度较低，视频资源面向电力、电信、商业等各行业的开发应用程度较低，无法满足民众生活便利需求。以公安机关视频监控系统来说，当前各级公安机关的公共安全视频监控系统采集的大量视频资源沉淀在公安内网，无法对非涉密视频资源进行开放，导致大量视频资源闲置浪费，视频资源的利用率较低。

2. "互联网+"公共安全的重点方向

（1）依托互联网扩大视频监控系统覆盖范围，提升视频监控系统智能化应用水平。促进各地公安机关、各行业、社会已建视频监控系统的标准化改造和升级，根据公共安全领域的有关标准规范，指导推进各部门、行业、领域内重要部位视频监控系统建设。依托公安机关视频监控系统网络，推动各部门、各行业以及其他社会机构建设的视频监控系统与公安机关视频监控系统联网接入，完成尚未覆盖地区、行业的公共安全视频监控系统扩网增点，逐步实现主要道路关键节点，人员密集区域，以及要害部位、重要涉外场所、案件高发区域、治安复杂场所主要出入口视频监控全覆盖。充分利用视频智能分析、视频质量诊断、视频浓缩、视频图像侦查、视频智能检索等技术，提升视频监控的智能化应用水平，实现对拍摄对象的全面分析和跟踪。

（2）加强视频资源整合，逐步推动视频资源联网共享应用。完善公安视频图像信息共享平台建设，整合公安机关自建的各类视频监控系统采集的视频图像信息，提升公安机关内部各部门之间视频资源的共享水平。依托公安机关视频图像传输网络等基础设施，建立完善社会视频图像信息共享平台，打通公安监控系统外网视频资源与社会视频监控资源的连接通道，推动各部门、行业、领域涉及公共区域自建的视频监控系统中涉及公共区域的视频图像信息汇聚，实现公共区域视频图像资源的联网共享。建立健全跨地区、跨部门视频图像信息共享应用机制、安全使用审核制度和技术标准体系，加强部门协作和业务协同，在法律允许的范围内，采取无偿实时调取、离线采集等多种方式实现视频资源的共享应用。

（3）推动视频资源面向社会开放，依托信息化技术实现视频信息资源的深度应用。建立公共视频图像信息数据库，以社会视频图像信息共享平台为基础，研究视频图像信息资源的社会化开放管理模式。逐步实现公共视频图像信息的全社会开放，建立和完善视频图像大数据分析挖掘应用、云计算应用等若干创新平台，解决视频信息资源领域的重大关键技术及应用难题，提升公共安全视频资源应用技术支撑能力。鼓励社会企事业单位等第三方机构探索视频图像信息资源新的应用领域，逐步开展视频图像信息在城乡社会治理、智能交通、民生服务、生态建设与保护等领域的应用，为社会和群众提供更多更好的服务。

4.2.8　食品安全

1. 食品安全领域发展现状及问题

随着环境污染加剧、企业诚信缺失等问题日益突出，致使镉大米、地沟油、毒奶粉等食品安全事件频发，人民群众对食品安全监管的需求日渐强烈，而食品行业产品种类多、生产流程长、企业分布广、物流运输环节烦琐，且食品采用"分段监管"体制，上述这些特点给食品监管造成很大困难。当前，食品安全监管能力已无法满足人民群众对食品安全监管的需求，急需借助互联网等新技术手段破解食品安全监管困局，保障人民群众饮食用药安全。

（1）监管难度大，监管手段落后。我国食品监管形势复杂，一方面监管对象点多面广线长，小型企业、小作坊、小摊贩、小餐饮大量存在，产业发展乱象丛生；另一方面，食品行业自律性不强，企业缺乏诚信，违法违规经营现象时有发生，这些都给食品安全监管造成很大困难。我国目前食品监管仍以人工为主，监管主体众多，而政府又无法在短时间内解决新增人员编制问题，监管力量严重不足，已无法应对纷繁复杂的食品监管局面，因此亟需创新监管方式，有效应对当前监管困局。

（2）政府"分段监管"，导致监管效能低下。食品行业产供销链条长、环节多，任意一个环节发生问题都容易导致严重的食品安全事件。在食品安全监管上，我国目前采用"分段监管"方式，涉及农业、工商、卫生、质监、商务、食药监等多个行政管理部门。部门之间各自为政，相互之间缺乏沟通和信息交流，上一个环节的监管信息不能有效传递到下一个环节，各环节的监管信息不畅。食品全流程监管能力严重缺失，容易造成监管盲区和空白，一旦出现问题各部门又相互推诿，导致监管效能低下。例如在沈阳"毒豆芽"事件中，工商、质监、农委等各职能部门均宣称该事件不属于本部门职权范围，最终不得不由沈阳市政府出面指派由农委负责牵头处理。

（3）信息缺乏公开透明，致使社会力量参与度偏低。我国食品安全监管信息主要掌握在政府手中，信息公开度较低。根据社科院发布的《中国政府透明度指数报告（2014）》，国家食品药品监督管理局信息公开透明度得分仅为 63.24，在 54 个国务院部门中位列第 22[①]。政府食品监管信息透明度偏低，一方面使得购买者缺乏足够的消费知情权，无法有效调动社会力量参与对食品行业的约束与监管；另一方面，也导致公众对食品安全信息获取的渠道受限，缺乏食品安全相关知识，使其在谣言发生时易受蛊惑，造成社会恐慌。

2. "互联网+"食品安全的重点方向

（1）推动食品安全监管方式创新。推动食品监管由以人工为主的传统方式向以信息化、网络化、自动化为主的现代化监管方式转变。加快推进食品安全电子监管系统建设，以云计算与大数据分析处理技术为手段，建立全环节、全流程、全覆盖的食品安全监管信息平台，并通过设置相应规则让系统自动提醒食品安全风险，实现食品安全管控的精细化、全程化、常态化。建立食品溯源系统，对食品的品种、批次、流向、库存等生产链条各环节信息进行全流程记录，建立食品来源可溯源、去向可追查、责任可追究的安全责任链条，实现食药问题产品快速定位追责。建立食品企业黑白名单，并基于信用管理的分级监管机制，使监管更有针对性和高效性，为食品动态监管提供快速方便手段。

[①] 中国社会科学院《法治蓝皮书：中国法治发展报告 No.13（2015）》。

（2）以信息资源共享推动食品安全监管协同高效。加快建立食品安全信息平台和公共数据中心，通过农业、畜牧、粮食、工商、质监、卫生等部门基础信息的集成交换和共享，加强部门之间的沟通交流，实现互联互通与业务协同，全面提升食品全流程监管能力。强化多部门信息共享、联合监管与协同服务，探索推动建立信息化条件下的"虚拟大部制"，进一步明确各部门职责，充分发挥各部门在各环节、各领域打击违法行为、保障食品市场秩序的作用。推动部门间协同监管体系建设，加大联合执法力度，构建协同作战、齐抓共管的食品安全监管新局面。构建食品安全责任监管网格化信息体系，以信息资源共享提升各部门协同监管水平，切实解决传统"分段监管"所造成的责任区分困难、问题相互推诿等弊病。

（3）以互联网推动食品监管社会参与、多元共治。加快食品安全监管专题网站建设，提高政府信息公开透明度。通过与企业信用信息管理系统和食品溯源系统等平台对接，面向大众提供实时、准确、一体化的企业信用信息查询和食品质量安全信息可追溯服务，保障公众积极参与食品监管，信息获取渠道畅通。基于网络平台建立电话、微博、微信、短信、邮件等多渠道监督有奖举报机制，充分调动社会力量参与监管的积极性，提高监管效率。例如消费者可使用文字、图片、语音、视频等方式，实时保存证据并上传到网站平台进行投诉举报。利用网络进一步加强对消费者进行食品生产相关知识的普及和对网络谣言的抵制，可以减少恐慌，减少网络谣言对商家利益、行业声誉带来的破坏。

4.3 互联网+公共服务的实践案例

4.3.1 广州荔湾区——打造"一窗式"政务服务改革示范区

1. 发展思路

2014 年，在进一步简政放权，深化行政审批制度改革的大背景下，广州市荔湾区正式启动"一窗式"政务服务改革,旨在以提高群众办事服务效率为导向,推动政府办事流程优化,促进依法行政,构建服务型政府。"一窗式"政务服务改革通过前端构建综合政务服务窗口和统一的公共服务信息系统,后端建设统一的信息共享平台,打造高效、便民的新型互联网+政务服务体系,实现"一窗受理、一平台共享、一站式服务"。经过近两年的建设,广州市荔湾区基本建成线上线下相结合的一窗式政务服务体系,教育、医疗、社保、养老、就业等一批涉及群众切身利益的公共服务事项已基本实现网上办理,一窗结办。

2. 主要经验

荔湾区在推动"一窗式"政务服务改革过程中,坚持在充分借鉴国内各省、市、地区先进做法和经验的基础之上,注重结合自身情况进行摸索式设计,创新提出"一站式受理、分类审批、统一出件"政务服务模式。

设立一站式政务服务大厅,推动公共服务集中受理和办理。区政务服务大厅分设前台综合受理区、后台审批区、综合出件区和业务咨询区。通过将原来分散在各委办局的公共服务办理事项集中入驻政务服务大厅,实现了公共服务办理从"传统摆摊式"受理模式向"集中一站式"统一受理模式的转变。以此为基础,推行"统一受理、分类审批、统一出件"模式,将各部门公共服务事项进行整合归并,按照"工程类、经营类、公民类"设置综合受理窗口,消除了传统部门窗口职能单一、种类繁多、承办事项和部门名称无法一一对应等弊端,实现"一站式服务"到"一窗式综合服务"的进一步转变。事项办理完结由综合出件区专窗统一出件,并提供预约领证或快递送证上门等服务。

推动审批权限向一个科室集中,建立后台即时审批和限时办结承诺制。推行科室审批负责制,由各行政审批部门将"业务受理权"委托给区政务服务中心具体审批科室并充分授权,对不需要现场勘察、集体讨论、专家论证、听证的一般性审批事项,在后台即时审批办结,从而实现受理权与审批权分离。向社会公开服务承诺，建立审批时限预警机制，实行分级预警提醒。审批事项无论是否获批，均须在法定期限内向申请人送达或出具书面决定，不予批准的及时告知办理人相关理由。

推行清单式受理和审批模式，促进服务流程标准化。将各入驻单位受理的审批事项及所需材料以清单形式列出，受理窗口以此为统一标准审查申请材料，符合规定要求的予以受理并出具受理单，不符合相关规定的书面告知办理人需要补正的全部内容。后台审批人员接到前台窗口人员推送的收件材料后，直接进入审批程序，在规定期限内完成审批并将办结结果反馈至窗口。政务服务中心通过受理清单的形式，实现了群众办事基本流程和提交材料的规范化、标准化，进一步规范了入驻部门行政审批权力。

建设区级统一行政审批平台，实现业务审批流程信息可查可管。荔湾区统一开发和建设了"荔湾区一站式行政审批系统"作为对外统一公共受理平台，要求各部门将服务事项的审批流程信息及时推送至该平台，平台主动将各环节办理情况以短信的形式推送至办理人移动终端，从而实现了"公共平台统一受理、专业审批平台分类审批、审批进度全程可查"。此外，统一公共受理平台与区公众外网、荔湾政务微信平台和区效能监察网联通，从而保证了中心的所有公共服务事项的审批全程阳光化运行。

构建多元化办事渠道，切实方便群众办事。建立了区级网上办事大厅，开通全天候政务审批在线服务。在街道、社区设置自助服务终端机，为市民群众提供 24 小时公民类审批服务。突破行政管辖限制，推出"广佛同城、服务先行""市民之窗"自助服务终端系统，为两地群众提供异地政务审批服务。在区政务中心服务大厅设置了可视互动系统，办事群众和企业可以通过远程视频业务咨询系统，直接连通所要咨询的部门，实现面对面的文件资料传输、问题咨询与解答。推动群众公共服务审批权限向街道下沉，同步在街道政务服务中心窗口推行"统一受理、综合办理"制度，对业务量大的公共服务审批事项，由区职能部门委托属地街道办理，实现群众日常个人审批事项的就近办理。

3. 取得成就

群众办事窗口大幅压缩。通过推行"一窗式综合服务"模式，区政务服务中心从原来 19 个部门 53 个窗口，大幅压缩为 9 个统一收件窗口和 2 个统一出件窗口，1 个窗口可以受理和办理所有部门的 977 项业务，有效解决了以往窗口种类繁多、职能单一、忙闲不均、业务量严重失衡的问题，使前台窗口资源得到了最大限度的利用。

审批环节明显减少。区政务服务大厅通过开展后台即时办结服务，大大减少了一般性审批事项的审批环节，群众办事效率得到显著提升。据统计，区政务中心后台即时办理业务已经占区属行政审批事项的四分之一以上，平均审批时间压缩率超过 70%，审批业务量持续快速递增，仅在 2014 年 4 月改革前后，当月群众办事业务受理量即从 432 项增加至 1133 项，增幅达到 162%。

业务受理渠道更加便捷高效。目前全区共有 356 项行政审批事项进驻网上办事大厅，其中服务类事项 158 项，网上办事率达到 96.8%，大部分审批服务事项不受时间限制，群众不出家门、不跑窗口就能办理。此外，街道、社区的自助服务终端机可以为广州荔湾与佛山全市的行政审批业务提供 24 小时通办，受理事项范围覆盖广州荔湾区 362 项业务和佛山地区的 530 项业务，并可实时查看进度，群众办事渠道更加畅通便利。

4.3.2　宁波市——探索医疗行业 O2O 服务模式

1. 发展思路

自 2009 年新一轮医改启动以来，宁波市就把构建智慧健康保障体系列入智慧城市建设的十大应用体系之一，持续推进医疗卫生"五个一"建设：建设统一的医疗卫生专网、统一的数字化集成平台、统一的数据中心、统一的居民健康档案和电子病历、统一的居民健康卡（社保卡）。以此为基础，2014年年底，宁波市政府通过政企合作的模式，正式启动宁波云医院建设筹备工作。项目建设坚持"政企合作、资源整合、开放多元、高效联动"的推进思路，以宁波市政府为主导，东软熙康健康科技有限公司全程参与，打造一个开放的在线诊疗平台，统筹接入和整合一批市级大型甲等医院、基层医疗机构的专科医生和社区医生，同时还引入药店、保险公司等第三方机构接入平台，实现基于平台的网上挂号就诊、处方流转和线下取药，逐步形成完备的医疗就诊服务体系。

2. 主要经验

以"五个统一"为抓手推进智慧健康保障体系建设。"十二五"期间，宁波市启动智慧健康保障体系建设，市级范围内全面推进统一医疗卫生专网、数字化集成平台、数据中心、居民健康档案和电子病历、居民健康卡（社保卡）等重点项目建设。到2014年，千兆带宽、双路备份的医疗卫生专网全面通达11个县（市）区，覆盖所有市级医疗卫生机构。建成智慧健康数据中心，为市级医疗卫生机构和海曙、江东、江北提供基础平台、服务托管和异地灾备等服务。建成市、县两级智慧健康区域卫生信息平台并打通数据资源交换共享通道，实现11个县（市）区与市区域卫生信息平台的医疗数据交换和共享，累计采集患者基本信息1450万条，建立686万份电子健康档案，为宁波云医院建设和规模化应用奠定了数据基础，并全面打通公共卫生、社区医疗、大型医院信息系统以及康复、养老服务等系统。

政企合作成立"宁波云医院"线下实体基层医疗机构。由宁波市卫计委牵头，联合市场专业团队，遵循"政府主导、多方参与、市场运作"的原则，搭建"宁波云医院"健康管理中心，中心属于一个独立的一级医疗机构，下设医学影像中心、临床检验中心、远程会诊中心、健康教育与培训中心等分支机构，配备了多种高端检验检测设备，如64层CT、彩超等。健康管理中心面向各接入的基层医疗机构、医生提供第三方大型医疗设备和服务平台等诊疗资源的共享。结合云医院的线上医疗资源，能够为患者提供从门诊到检验检测、远程会诊、健康管理、康复诊疗等全方位的医疗服务。

　　搭建基于互联网的医联体平台，推动网上分级诊疗。线上基于云平台搭建虚拟医院，允许有资质的医生通过申请、备案成为云医院的注册医生，在云平台开设相应的医疗专科线上诊室。打通云医院平台与电子健康档案协作平台、区域医疗服务平台的共享协同渠道，实现了居民电子健康档案的共享调阅、检验检查和远程诊断。以此为基础，目前云医院平台的基本功能定位包括以下三个方面：一是为市民提供门诊、住院、检查、体检等服务的预约服务；二是为注册用户提供定制化的健康管理、咨询、干预与指导服务；三是针对特定人群、特定病种实现规定范围内的诊疗活动，在风险可控范围内扩大线上医疗服务范围。

　　开通掌上云医院 APP，拓展在线医疗服务接入渠道。宁波市卫计委采取政企合作模式开发和上线了掌上云医院 APP，面向用户提供"家庭医生、健康档案、健康管理、医疗资源"等服务功能。家庭医生功能允许注册用户基于智能终端 APP 直接与家庭医生进行线上沟通和就诊咨询。健康档案功能能够将用户可穿戴设备感应的血压、血糖、心率、体脂、血氧、心电等健康指标数据实时上传至 APP，为用户建立和实时更新个人健康档案，详细记录生理指标的动态变化，为医生的准确诊断提供重要的历史参考数据。健康管理功能通过分析用户的日常生理指标历史数据，实时给出运动、饮食等健康管理的指导建议。医疗资源功能为用户提供平台签约医院知名专家的远程预约服务。

　　3. 取得成就

　　云医院科室建设不断完善。"宁波云医院"线上平台目前共开设高血压、糖尿病、心理咨询、全科医生、心脏康复、孕产妇服务、儿童保健等 13 个"云诊室"，线下在社区卫生服务中心建立了 4 个云诊室，患者可以在家庭医生的帮助支持下，连线市内和北京、上海、杭州的名医进行远程会诊，实现"不出社区看名医"。

医疗卫生服务体系持续壮大。截止到 2015 年 8 月，"宁波云医院"共签约专科医生、家庭医生千余名，其中签约家庭医生 175 名，已注册及在"云医院"参与关联服务的居民达到 6341 人。此外，平台共接入上百家医疗机构，并完成与宁波本地一批连锁药店的互联，实现了电子处方网上流转、连锁药店自动配药和药品配送上门等功能，居民可以根据实际情况就近取药或享受配送服务，极大地方便了群众就诊。

4.3.3　南京市——以技术创新为牵引打造综合智能交通体系

1.　发展思路

从 2000 年开始，南京市正式进入都市周边发展区规模化建设阶段，城市交通系统开始得到发展，随之而来的交通拥堵问题开始从交通节点向路段、路网蔓延，逐渐成为影响城市可持续发展的桎梏。2010 年，南京市人民政府发布《关于加快推进全市智能交通项目建设的意见》，正式启动南京市智慧交通体系建设。通过近几年的实践，逐渐形成"一个中心+三个应用平台"的发展思路：一是构建南京智慧交通运输综合数据中心，实现南京市交通行业静态和动态基础数据的集中采集和汇聚，包括车、路、人、车流量、出行数据、投诉举报、行政执法等。二是构建综合运行监测预警平台，用于行业日常的监管。三是公众服务平台，将公交车、地铁的换乘、出租车叫车、自驾车路况服务和长途班次、余票等交通服务信息统一纳入到平台上来，通过网站、移动终端、热线电话等渠道面向用户提供全方位信息服务。四是基于大数据的综合化交通管理平台，基于多维度交通数据分析，优化交通资源的配置，提升交通系统管理和服务效率。

2.　主要经验

加快市级交通运输综合数据中心和交通运行监测及预警平台建设。依托南京政务数据中心软硬件资源，搭建南京市交通运输综合数据中心，统筹接入和汇聚公交、出租、公路运输、路网、维管驾培等各管理服务主体行业业务数据，通过多种可视化工具开展交通行业宏观主题分析。以此为基础，建设交通运行监测及预警平台，以多元化交通信息为支撑，建立多种运行预警指标并预设指标阈值，通过实时数据采集和分析，监测交通体系动态发展态势，预警指标运行趋势达到阈值时自动发出预警警报，提醒管理部门启动应急预案。

加强道路物联感知网络建设。2012 年，南京市启动车辆智能卡项目。项目通过以环保标识的形式为车辆安装 RFID 电子标签，写入车辆的基本信息。同时结合公安、环保等部门需求，在全市各主要道路和治安卡口建设动态信息采集点，车辆运行信息将实时回传至市级交通运输综合数据中心，以此为基础搭建全市道路交通动态实时监测体系。此外，通过对河西区域重要交通路口的红绿灯进行联网控制，实现公交车优先通行。在公交车上加装车辆定位系统，当车辆抵达十字路口时，信号灯可根据路口车流量，为公交车延长或缩短信号灯变换时间，使其更快通过。

构建公众出行综合信息服务系统。一是推动全市公路客运售票服务网点联网售票，售票网络覆盖全市所有三级以上汽车客运站，面向用户提供联网售票、网络短信电话订购票和电子客票等多种售票方式，打造用户出行全流程服务体系，使旅客出行更加简单方便。二是以"资源整合、集中导入"为思路，构建集"公、铁、水、空"和城市交通为一体的"一站式"综合交通信息服务平台，将公交车、地铁换乘、出租车叫车、自驾车路况服务、长途汽车班次、余票查询、铁路、航空等多个业务系统的实时信息统一纳入到交通公共服务门户平台上，开通"96196"服务热线，持续推进城乡交通服务、跨区域交通运输服务一体化、便捷化发展。

打造移动端的智慧交通综合类信息服务平台。为切实方便市民出行，南京官方开发了基于智能终端的移动 APP "南京 e 交通"系统，为市民提供了多元化综合交通信息服务，包括公交换乘、实时公交、实时路况、长途查询、地铁查询、轮渡查询、路况截图、高速互通、火车查询、航班查询、公共自行车、交通办事等功能。而随着应用的不断推广，交通信息服务也在向更加精细化、人性化的方向发展。例如地铁查询服务不仅能提供地铁站点换乘、运营时间等基础信息，还能提供站点洗手间设置信息。公交车查询会提供所查公交车和站台之间的距离以及到站时间等信息。

3. 取得成就

智能交通监测网络建设规模不断扩大。截至 2014 年年底，全市已建交通信息采集基站 226 个，发放车辆智能卡 50 万张，安装电子公交显示站牌 230 块。基于手机端的"南京 e 交通"APP，实现南京主城区和江北的全部 300 多条线路、4000 个公交站台的公交线路实时查询信息服务。全市完成 269 个十字路口红绿灯的联网自动化控制，到 2015 年年底，江南 4 区 687 处的信号灯也将实现基于互联网管理平台的联网自动化控制。

居民出行便捷度得到有效提高。到 2015 年年底，南京主城区公交出行分担率达到 50%，公交车准点率达到 90% 以上，基本实现居民出行 5 分钟换乘。基于路灯自动化控制系统，公交车辆交叉口停车时间平均减少了 15%，公交车辆停车次数降低 30%。城市高峰拥堵指数从 2014 年一季度的全国第六位下降至 2015 年同期第 26 位，公共交通群众满意率达到 80% 以上。

4.3.4 温州市——以市民卡为载体积极推进公共服务整合

1. 发展思路

温州市以信息惠民试点城市建设为契机，以提升政府公共服务效率，方便市民生活为目标，从 2011 年开始，在全市范围内组织推进市级社会保障·市民卡（以下简称市民卡）工程建设。考虑到工程建设综合性、系统运营长期性等特点，确定了"政府主推、统一规划、资源整合、市场运作"的推进模式。项目规划阶段先期由人力资源和社会保障局牵头统一规划，明确系统功能架构和实施路径。建设阶段分头实施，由人力资源和社会保障局负责系统建设、运行和维护，各业务领域相关部门分头推进已有系统的改造工作。运营阶段专门成立了温州市民卡服务有限公司，以确保系统运营的长效性、开放性和稳定性，分步骤、有计划地推进市民卡项目运转。

2. 主要经验

发布市民卡工程实施意见及管理办法，加强市级统筹力度。2011 年，温州市政府办公室发布《关于社会保障卡市民卡工程建设的实施意见》及《温州市社会保障·市民卡管理暂行办法》，从市级层面进行统筹规划，打造全市统一的市民卡平台，通过整合改造相关部门业务信息系统，实现与市民卡平台的对接，逐步支持公积金、民政、电子病历、图书馆、校讯通、水电煤气缴费、社保待遇领取、社保缴费、失业就业登记、医疗费结算、社保关系转移接续、异地医疗费委托结报、就业服务、劳动保障信息查询等功能。通过统筹规划，统一标准，避免了各业务领域部门智能卡建设项目盲目上马、各自为政、重复建设、互不兼顾等问题。

以市民卡为载体，加快推进政府公共服务整合。由市政府牵头，联合市发改、财政、信息、劳动保障、公安、卫生、民政、交通、旅游、教育、文广新、人行等部门及各县（市、区）政府，分头开展各部门已有信息系统的改造升级，推动社保、公交、加油、出租、图书租赁、公共自行车等各项政府公共服务业务向市民卡的集成整合，拓展应用服务种类。进一步增加市民卡充值和商业消费网点的规模，提高市民卡居民覆盖率。

设立温州市民卡服务大厅，构建市民卡一站式服务平台。温州市以推进市民卡业务市场化运营为目标，采取特许经营的模式，组建成立了温州市民卡服务有限公司，由其负责具体业务系统的经营和维护。以此为基础，建立和对外开放了温州社会保障·市民卡服务大厅，共设置了 15 个业务柜台，可为市民提供市民卡申领、挂失解挂、注销、建议咨询、信息查询等服务，以及市民卡账户、市民卡电子钱包和车改补贴专用账户等的开通和充值、商盟签约等。大厅服务实行窗口办事无休日制度，服务时间涵盖周一至周日，午休时段开放值班窗口，不断提高服务效率，尽可能减少服务资源浪费。

加强业务合作与资源整合，拓展服务渠道。在市民卡服务大厅内设置银行服务窗口，推动中国工商银行、中国农业银行、中国银行、中国建设银行、交通银行、温州银行、中国邮政储蓄银行、瓯海农村合作银行等一批银行入驻服务大厅。允许市民自行选择任一合作银行，通过现场填写申领资料，即可直接办理市民卡并完成与银行卡的绑定。此外，加快推动市民卡业务与银行服务网点的多渠道整合，通过在各大银行市区服务网点同步受理市民卡账户的开通服务，逐步形成以自有厅站为主、银行自助设备为辅的多层次服务体系，最大限度地方便群众办理市民卡业务。

3. 取得成就

市民卡业务规模快速扩大。截至 2014 年年底，全市市民卡累计发放达到 575.4 万张，其中 2015 年新增 140.8 万张；年新增市民卡充值、商业消费网点 322 个。平台共签约消费商铺 562 家，涵盖汽车服务、汽车加油、保险、医疗门诊、美容休闲、礼仪策划、家电维修、超市、零售、餐饮、文体活动、电信服务、休闲旅游等服务行业。

集成医保结算功能，逐步取代社保卡。目前温州市民卡在整合政府公共管理、身份识别、电子凭证、信息查询等基本功能基础之上，还集成了市民卡诊间结算、银行卡等功能。通过对医保系统、市民卡系统和市区首批 9 家医院 HIS 系统进行改造对接。截止到 2014 年年底，市民卡共发生约 5830 笔结算业务，结算金额 193190 元，极大地方便了病人就医，免去了排队结算的麻烦。到 2016 年年底，温州市区将停止使用原社保卡，全面启用温州市民卡。

第 5 章

互联网+助推政务信息共享与开放

　　2015 年 3 月 5 日十二届全国人大三次会议上，李克强总理在政府工作报告中首次提出"互联网+"行动计划。"互联网+"代表一种新的经济形态，即充分发挥互联网在生产要素配置中的优化和集成作用，将互联网的创新成果深度融合于经济社会各领域之中，提升实体经济的创新力和生产力，形成更广泛的以互联网为基础设施和实现工具的经济发展新形态。国务院《关于积极推进"互联网+"行动的指导意见》（以下简称《意见》）在坚持开放共享的基本原则中指出，将互联网作为生产生活要素共享的重要平台，最大限度优化资源配置，加快形成以开放、共享为特征的经济社会运行新模式。

　　政务信息的共享与开放是经济社会运行新模式的重要组成部分，将对推动经济社会运行新模式的形成具有重要作用。政务信息是我国政务机关针对经济社会运行过程中出现的新情况、新问题，进行实情掌握、科学决策、制度安排、工作指导的重要信息。基于互联网平台的政务信息共享与开放，一方面实行与经济社会运行过程中的新情况、新问题的信息互动，有利于重塑创新体系、激发创新活力、培育新兴业态和创新公共服务模式，对于打造大众创业、万众创新和增加公共产品、公共服务"双引擎"，主动适应和引领经济发展新常态，形成经济发展新动能，实现中国经济提质增效升级具有重要意义。另一方面，充分运用互联网的政务信息开放和共享，是保障人民知情权、参与权、表达权、监督权的民主参政的重要举措，是强化民主政治建设的重要保障，也是确保决策权、执行权、监督权既相互制约又相互协调，确保国家机关按照法定权限和程序行使权力的重要保障。

实施互联网+政务信息的开放共享，一是要坚持并有效落实政务信息开放共享的目标、任务、路径和时间表。二是要构建政务信息资源开放共享的目录体系。三是坚持民主政治建设目标，强化政务信息开放利用的应对策略，包括推进政务信息开放的公共服务，积极应对网络舆情，勇于接受网络监督，运用互联网惩治腐败等。通过政务信息资源的开放共享，进一步促进人民知情权、参与权、表达权、监督权的民主参政，进一步促进政府决策权、执行权、监督权相互制约和协调共治的民主政治建设。

5.1　政务信息共享与开放

国务院《促进大数据发展行动纲要》（国发〔2015〕50 号，以下简称《纲要》）对政务信息的共享与开放的内涵和外延做出了明确的界定，即：政府信息开放是通过国家政府数据统一开放平台将涉及公共服务的相关信息向社会开放；政府共享信息是通过国家政府数据统一共享交换平台将涉及政务管理与决策的相关信息在政府部门间实现跨部门共享和交换。《纲要》明确了政务信息共享与开放的目标、任务、路径和时间表。

5.1.1　政务信息的开放

《纲要》提出政务信息开放的目标、路径和时间表是，2018 年年底前建成国家政府数据统一开放平台，中央层面构建形成统一的互联网政务数据服务平台；依托现有平台资源，在地市级以上（含地市级）政府集中构建统一的互联网政务数据服务平台和信息惠民服务平台，在基层街道、社区统一应用，并逐步向农村特别是农村社区延伸。提出政务信息开放的任务是，率先在信用、交通、医疗、卫生、就业、社保、地理、文化、教育、科技、资源、农业、环境、安监、金融、质量、统计、气象、海洋、企业登记监管等重要领域实现公共数据资源合理适度向社会开放；推动建立政府部门和事业单位等公共机构数据资源清单，按照"增量先行"的方式，在公用事业、市政管理、城乡环境、农村生活、健康医疗、减灾救灾、社会救助、养老服务、劳动就业、社会保障、文化教育、交通旅游、质量安全、消费维权、社区服务等领域，全面推广公共数据资源统一开放和大数据应用，利用大数据洞察民生需求，优化资源配置，丰富服务内容，拓展服务渠道，扩大服务范围，提高服务质量，提升城市辐射能力，推动公共服务向基层延伸，缩小城乡、区域差距，促进形成公平普惠、便捷高效的民生服务体系，不断满足人民群众日益增长的个性化、多样化需求；国家信息惠民试点城市实现基础信息集中采集、多方利用，实现公共服务和社会信息服务的全人群覆盖、全天候受理和"一站式"办理；加快建立公民、法人和其他组织统一社会信用代码制度，依托全国统一的信用信息共享交换平台，建设企业信用信息公示系统和"信用中国"网站，共享整合各地区、各领域信用信息，为社会公众提供查询注册登记、行政许可、行政处罚等各类信用信息的一站式服务。在全面实行工商营业执照、组织机构代码证和税务登记证"三证合一""一照一码"登记制度改革中，积极运用大数据手段，简化办理程序。建立项目并联审批平台，形成网上审批大数据资源库，实现跨部门、跨层级项目审批、核准、备案的统一受理、同步审查、信息共享、透明公开。鼓励政府部门高效采集、有效整合并充分运用政府数据和社会数据，掌握企业需求，推动行政管理流程优化再造，在注册登记、市场准入等商事服务中提供更加便捷有效、更有针对性的服务；推动有关政府部门和企事业单位将市场监管、检验检测、违法失信、企业生产经营、销售物流、投诉举报、消费维权等数据进行汇聚整合和关联分析，统一公示企业信用信息，预警企业不正当行为，提升政府决策和风险防范能力，支持加强事中事后监管和服务，提高监管和服务的针对性、有效性。

2007 年发布的《中华人民共和国政府信息公开条例》（以下简称《条

例》），从法律层面上确定了政府信息公开工作机构、工作职责、工作制度等。《条例》规定，行政机关应当遵循公正、公平、便民的原则，及时、准确地公开政府信息。对于发现影响或者可能影响社会稳定、扰乱社会管理秩序的虚假或者不完整信息的，应当在其职责范围内发布准确的政府信息予以澄清；对于发布政府信息涉及其他行政机关的，应当与有关行政机关进行沟通、确认，保证行政机关发布的政府信息准确一致；行政机关公开政府信息，不得危及国家安全、公共安全、经济安全和社会稳定。

5.1.2　政务信息的共享

《纲要》提出政务信息共享的目标、路径和时间表是，到 2017 年年底前，基本形成政府部门间数据资源共享共用格局；到 2018 年，中央政府层面实现数据统一共享交换平台的全覆盖；跨部门共享校核的国家人口基础信息库、法人单位信息资源库、自然资源和空间地理基础信息库等国家基础信息资源体系基本建成，实现与各领域信息资源的汇聚整合和关联应用。提出政务信息共享的任务是，实现金税、金关、金财、金审、金盾、金宏、金保、金土、金农、金水、金质等信息系统通过统一平台进行数据共享和交换；加快建设完善国家人口基础信息库、法人单位信息资源库、自然资源和空间地理基础信息库等基础信息资源；建立国家宏观调控数据体系，及时发布有关统计指标和数据，强化互联网数据资源利用和信息服务，加强与政务数据资源的关联分析和融合利用，为政府开展金融、税收、审计、统计、农业、规划、消费、投资、进出口、城乡建设、劳动就业、收入分配、电力及产业运行、质量安全、节能减排等领域动态监测、产业安全预测预警以及转变发展方式分析决策提供信息支持，提高宏观调控的科学性、预见性和有效性。

5.2　政务信息资源目录体系

政务信息资源目录体系是实现政务信息开放和共享的重要基础性建

设。该目录体系以实现政务信息的开放和共享为目标，以政务信息的分类目录和元数据为基础，以信息库系统、目录内容服务系统和共享交换平台为技术支撑，提供政务信息开放和共享的管理与服务体系。

政务信息资源目录体系的组成部分包括：政务信息资源目录、政务信息资源服务系统两大部分。为便于政务信息资源目录表述的逻辑性，将政务信息资源目录分为政务信息资源目录分类、政务信息资源目录、政务信息资源元数据和政务信息资源代码、开放共享服务系统五个部分。

5.2.1　政务信息资源目录分类

政务信息资源目录分类主要包括服务分类和资源分类。

政务信息资源目录的服务分类是按政务信息资源目录的服务对象进行分类，主要分为开放目录、共享目录。

政务信息资源目录的资源分类是按目录中信息的资源结构进行分类，即政务信息资源目录结构，详见 5.2.2 "政务信息资源目录"。

1.　政务信息资源开放目录

政务信息资源开放目录顾名思义，就是政务信息向社会提供开放服务的资源目录。政务信息开放目录是对政务部门和事业单位等公共机构的信息资源目录和数据资源清单编目体系，并通过政务信息的开放利用，引导企业、行业协会、科研机构、社会组织等全社会公共组织的信息资源目录和数据资源清单，按照一定的分类和次序编排而成，并基于互联网的社会公共组织的信息开放和利用。

《纲要》提出，为了开启大众创业、万众创新的创新驱动新格局，应当形成公共数据资源合理适度开放共享的法规制度和政策体系，率先在信用、交通、医疗、卫生、就业、社保、地理、文化、教育、科技、资源、农业、环境、安监、金融、质量、统计、气象、海洋、企业登记监管等重要领域实现公共数据资源合理适度向社会开放，带动社会公众开展大数据增值性、公益性开发和创新应用。《条例》从法律层面提出了政府信息的公开范围，即：涉及公民、法人或者其他组织切身利益的；需要社会公众广泛知晓或者参与的；反映本行政机关机构设置、职能、办事程序等情况的；其他依照法律、法规和国家有关规定应当主动公开的。

政务信息资源开放目录从开放主体的层级、开放主体的机构和主题角度，还可以分为政务信息资源开放目录的层级分级目录、领域信息和主题信息目录。

政务信息资源开放的层级分级目录。该目录是指不同层级的政务部门和事业单位等公共机构的公共数据分类服务。《条例》规定了县级以上、县级、乡镇级政府的不同层级的公共数据分类（见表 5.1）。

表 5.1　政务开放信息的分级目录

序号	政府开放信息的分级	重点公开的政府信息
1	县级以上各级人民政府及其部门	行政法规、规章和规范性文件； 国民经济和社会发展规划、专项规划、区域规划及相关政策； 国民经济和社会发展统计信息； 行政事业性收费的项目、依据、标准； 政府集中采购项目的目录、标准及实施情况； 行政许可的事项、依据、条件、数量、程序、期限以及申请行政许可需要提交的全部材料目录及办理情况； 重大建设项目的批准和实施情况； 扶贫、教育、医疗、社会保障、促进就业等方面的政策、措施及其实施情况； 突发公共事件的应急预案、预警信息及应对情况； 环境保护、公共卫生、安全生产、食品药品、产品质量的监督检查情况。

续表

序号	政府开放信息的分级	重点公开的政府信息
2	设区的市级人民政府、县级人民政府及其部门	城乡建设和管理的重大事项； 社会公益事业建设情况； 征收或者征用土地、房屋拆迁及其补偿、补助费用的发放、使用情况； 抢险救灾、优抚、救济、社会捐助等款物的管理、使用和分配情况。
3	乡（镇）人民政府	贯彻落实国家关于农村工作政策的情况； 财政收支、各类专项资金的管理和使用情况； 乡（镇）土地利用总体规划、宅基地使用的审核情况； 征收或者征用土地、房屋拆迁及其补偿、补助费用的发放、使用情况； 乡（镇）的债权债务、筹资筹劳情况； 抢险救灾、优抚、救济、社会捐助等款物的发放情况； 乡镇集体企业及其他乡镇经济实体承包、租赁、拍卖等情况；执行计划生育政策的情况。
4	公众申请获取其他信息	公民、法人或者其他组织还可以根据自身生产、生活、科研等特殊需要，向国务院部门、地方各级人民政府及县级以上地方人民政府部门申请获取相关政府信息。

政务信息资源开放的领域信息目录。该目录是基于政务领域或政务部门机构的信息分类。下面我们以科技部政府信息公开为例，对此加以介绍：科技部网站的政府信息公开目录的机构分类为科技部内设机构目录（见图 5.1）。

信息公开目录

机构分类
- 办公厅
- 政策司
- 创发司
- 资管司
- 重大办
- 基础司
- 高新司
- 农村司
- 社发司
- 合作司
- 人事司
- 机关党委
- 离退休干部局
- 驻部监察局
- 奖励办
- 火炬中心

当前位置：办公厅

序号	名　称	发布日期
1	2014年度科技部政府信息公开年报	2015年03月31日
2	科技部2014年政府信息公开工作进展情况	2014年12月19日
3	住房城乡建设部办公厅　科学技术部办公厅关于开展国家智慧城市2014年试点申报工作的通知	2014年08月22日
4	科技部关于印发厉行节约反对铺张浪费实施细则的通知	2014年06月11日
5	科技部政府信息公开年报（2013）	2014年03月31日
6	科技部办公厅关于报送2010、2011年度国家软科学研究计划重大项目成果的通知	2013年07月19日
7	科技部政府信息公开年报（2012）	2013年03月29日
8	关于协助开展汶川地震灾区重建情况调查的函	2011年06月13日
9	关于印发中共中央政治局委员国务委员刘延东同志在2011年全国科技工作会议上的讲话的通知	2011年04月12日
10	关于报送十一五国家软科学研究计划重大项目成果的通知	2011年02月23日
11	关于实施2007年度报刊核验及换发出版许可证工作的通知	2008年03月18日
12	关于推荐第十八届中国新闻奖科技新闻专项奖评作品的通知	2008年03月11日
13	关于印发《科技部工作人员差旅费报销规定（试行）》的通知	2008年01月07日

图 5.1

政务信息资源开放的主题信息目录。该目录是基于政务信息服务主题的信息分类。例：科技部网站的政府信息公开目录的主题分类为机构设置与职能、法规政策、科技统计与发展报告等（见图5.2）。

信息公开目录

- 机构分类
- 主题分类
  - 机构设置与职能
  - 法规政策
    - 法律
    - 行政法规
    - 部门规章
    - 规范性文件
  - 国家科技规划
  - 国家科技计划
  - 科技统计与发展报告
    - 科技统计
    - 发展报告
  - 部门预算
  - 政府采购
  - 行政审批
  - 人事工作
  - 国家科技奖励
- 依申请公开
- 信息公开年报

当前位置：国家科技计划

序号	名　称	发布日期
1	国家科技计划（专项）经费巡视检查工作手册	2014年09月28日
2	国家科技计划年度报告2013	2014年04月22日
3	国家科技计划年度报告2012	2013年03月15日
4	财政部科技部关于印发《科技惠民计划专项经费管理办法》的通知	2012年11月30日
5	关于印发《关于进一步加强国家科技计划项目（课题）承担单位法人责任的若干意见》的通知	2012年02月06日
6	科学技术部、财政部关于印发国家重点基础研究发展计划管理办法的通知	2011年11月21日
7	关于印发国家科技支撑计划管理办法的通知	2011年09月02日
8	关于印发《国家国际科技合作专项管理办法》的通知	2011年08月28日
9	关于印发《国家高技术研究发展计划（863计划）管理办法》的通知	2011年08月11日
10	关于印发《国家科技重大专项项目（课题）验收暂行管理办法》的通知	2011年07月23日
11	关于973计划结题项目财务验收工作支撑的通知	2010年03月12日
12	关于请组织企业参加国家863计划每年技术成果推广产品推介对接会谈的通知	2010年03月10日
13	关于对国家重点基础研究发展计划（973计划）2008年度立项项目进行中期财务检查的通知	2010年03月03日
14	关于编报2009年度国家重点基础研究发展计划（973计划）项目（课题）经费年度财务决算的通知	2010年03月01日
15	关于组织编报2009年度国家科技支撑计划项目（课题）财务决算报告的通知	2010年01月28日
16	关于编报2009年度国家科技支撑计划课题预算书的通知	2009年12月26日
17	关于下达2010年度国家重点实验室评估计划的通知	2009年10月29日
18	关于组织申报2010年度国家星火计划、火炬计划和重点新产品计划备选项目的通知	2009年09月27日
19	关于组织申报2010年度国家软科学研究计划项目的通知	2009年04月27日
20	关于征集国际科技合作计划项目评价专家的通知	2009年04月15日

图 5.2

政务信息资源开放目录的运行环境为国家数据开放平台。《纲要》提出，加强顶层设计和统筹协调，大力推动政府信息系统和公共数据互联开放共享，加快政府信息平台整合；推动信用信息共享机制和信用信息系统建设，依托全国统一的信用信息共享交换平台，建设企业信用信息公示系统，实现覆盖各级政府、各类别信用主体的基础信用信息共享，初步建成社会信用体系，为经济高效运行提供全面准确的基础信用信息服务。《意见》提出，鼓励政府和互联网企业合作建立信用信息共享平台，探索开展一批社会治理互联网应用试点，打通政府部门、企事业单位之间的数据壁垒，利用大数据分析手段，提升各级政府的社会治理能力。目前，正在编制的"十三五"政务信息化规划中提出构建国家数据开放平台，为政务信息开放提供基础设施的重要支撑，为推进《纲要》和《意见》提出的目标提供有效支持。

2. 政务信息资源共享目录

政务信息资源共享目录是指为提升政务部门的信息共享和业务协同能力，对其履职所采集和形成的信息资源进行元数据描述，并按照一定的分类方法进行排序，便于信息资源的检索、定位与获取的信息资源编目体系。

政务信息资源共享目录按其服务对象、服务内容和服务条件，可以分为如下不同的共享目录：

一是从服务对象层级分，可以分为国家政务信息共享目录和部门政务信息共享目录。国家政务信息共享目录是为包括党委、人大、政府、政协、高法、高检等各类各级政务部门提供信息资源共享的信息资源编目体系。部门政务信息共享目录是各类政务部门为其本级和所属单位、该政务领域的地方政务部门和所属单位提供信息资源共享的信息资源编目体系。

二是从服务内容的涉密程度和运行环境分，可以分为政务内网共享目录和政务外网共享目录。政务内网共享目录适用于在国家电子政务内网和内网共享交换平台中运行和共享的政务信息资源编目体系。政务外网共享目录适用于在国家电子政务外网和内网共享交换平台中运行和共享的政务信息资源编目体系。

三是从服务条件分，可以分为无条件共享目录和有条件共享目录。无条件共享目录适用于政务内网或政务外网的共享交换平台的所有合法用户均可无条件地获取和利用政务共享信息的信息资源编目体系。有条件共享目录适用于需经平台内信息需求方申请并经信息提供方同意，或由信息提供方主动向某些用户提供的有条件获取和利用政务共享信息的信息资源编目体系。

5.2.2　政务信息资源目录

政务信息资源目录是指对政务履职所采集和形成的信息资源进行元数据描述，并按照一定的分类方法进行分类排序编目，便于信息资源的检索、定位与获取，并基于互联网和政务网络实施政务信息开放、共享和利用的信息资源编目体系。简而言之，政务信息资源目录由政务信息资源的分类编目和数据清单两部分组成。

政务信息资源目录按资源属性分为基础信息资源目录、主题信息资源目录、部门信息资源目录3种类型：

1.　基础信息资源目录

基础信息资源目录是对国家基础信息资源库的分类目录。包括人口基础信息资源、法人单位基础信息资源、自然资源和空间地理信息资源、社会信用体系信息资源、电子证照信息资源等的信息资源编目。其中，法人单位信息资源目录包括行政事业法人、企业法人、社团组织法人和其他法人。

基础信息资源目录包括4级分类编目+数据清单。其中，前三级可由国家政务信息资源目录规划部门统一规划编制，后一级+数据清单可由政务信息资源提供部门依据规则自行编制和提供。基础信息资源目录如下：

一级：基础信息资源目录。

二级：基础信息资源目录具体包括：人口基础信息资源、法人单位基础信息资源、自然资源和空间地理信息资源、社会信用体系信息资源、电子证照信息资源等。

三级：基础信息资源细目。如法人单位基础信息资源包括：行政事业法人基础信息资源、企业法人基础信息资源、社团组织基础信息资源、其他组织基础信息资源。

四级：国家基础信息资源承建部门的信息资源目录分类。如，企业法人基础信息资源的承建部门为国家工商总局，可将企业按法人与非法人分为非公司企业法人、有限责任公司、股份有限责任公司、个体工商户、私营独资企业、私营合伙企业；按企业经济类型分为国有、集体、股份制、私营、中外合资（外资）；按企业规模分为特大型企业、大型企业、中型企业、小型企业；按企业行业业务分为航空运输、石油化工、电力工业、冶金工业、机械工业、煤炭业、电子工业、建材工业、化学工业、医药工业、烟草行业、铁路运输业、水上运输业、通信业、科研设计业、服务业、军工业、投资业、地勘业、旅游业、农林牧渔业、仓储业、商贸业、房地产业、建筑业、境外业和其他行业等。

数据清单：即国家基础信息资源提供方提供开放共享的具体数据资料。按目前国家法人单位基础信息资源库规划，法人单位基础信息包括 8 项，即：统一社会信用代码、法人名称、法人设立的批准或核准机关、法人设立的批准或核准时间、法定代表人（负责人）、法人类型、处所、状态。

2. 主题信息资源目录

主题信息资源目录指围绕经济社会发展的某一主题领域，多个部门有业务协同需求的信息资源以及由多部门共建项目形成的信息资源编目。主题信息资源目录主要是指国家政务信息化工程规划的共建主题工程，包括全民健康保障、全民住房保障、全民社会保障、药品安全监管、食品安全监管、安全生产监管、市场价格监管、金融监管、能源安全保障、信用体系建设、生态环境保护、应急维稳保障、行政执法监督、民主法治建设、执政能力建设等。主题信息资源目录也可按国家启动的智慧城市、信息惠民等行动计划的主题工程规划。

主题信息资源目录包括 4 级分类编目+数据清单。主题信息资源目录如下：

一级：主题信息资源。

二级：主题信息资源具体包括：全民健康保障、全民住房保障、全民社会保障、药品安全监管、食品安全监管、安全生产监管等。

三级：主题信息资源细目。如全民社会保障主题信息资源包括：社会保险的养老保险、医疗保险、失业保险、工伤保险、生育保险；社会救助的最低生活保障、特困人员供养、受灾人员救助、医疗救助、教育救助、住房救助、就业救助和临时救助等；社会福利的公共福利和职业福利等；社会优抚的对军人、军属和见义勇为先进分子的优抚等。

四级：主题信息资源承建部门的信息资源目录分类。如，城镇企业职工基本养老保险、城乡居民基本养老保险、新型农村社会养老保险，养老保险基金的个人账户、统筹账户，养老保险基金的征缴、发放、结余等。

数据清单：即主题信息资源提供方提供开放共享的具体数据资料。按目前养老保险主题信息资源库规划，养老保险的服务对象基础信息包括：自然属性信息（社会保障号码、姓名、民族、性别、出生日期、出生地、户籍所在地、照片）、就业社会保障基本状态信息（如就业状态、参保地、参保状态、离退休状态、生存状态等）；服务对象业务信息包括：社会保险参保关系信息（单位社会保险登记信息、个人社会保险登记信息、社会保险业务档案信息）、社会保险基金征缴信息（社会保险费缴纳信息、养老保险个人账户信息）、社会保险待遇审批与核定信息（退休审批信息、养老保险待遇核定信息）、社会保险待遇支付信息、社会保险基金财务信息等。

3. 部门信息资源目录

部门信息资源目录是对政务部门履职形成的信息资源的分类编目。政务部门包括中央和地方各级党委、人大、政府、政协、高法、高检等领域。

部门信息资源目录包括 4 级分类编目+数据清单。部门信息资源目录如下：

一级：部门信息资源。

二级：部门信息资源具体包括：中央和地方党委、人大、政府、政协、高法、高检。

三级：部门信息资源细目。如国务院部门包括：国务院办公厅、外交部、国家发展改革委、教育部、科技部、国防科工委、国家民委、公安部、安全部、监察部、民政部、司法部、财政部、人力资源与劳动保障部、国土资源部、住房和城乡建设部、铁道部、交通运输部、工业和信息化部、水利部、农业部、商务部、文化部、卫生和计划生育委员会、人民银行、审计署等。

四级：部门信息资源承建部门的信息资源目录分类。政府部门信息资源目录可按照履行经济社会管理的基本职能划分为经济调节、市场监管、社会管理、公共服务四类信息资源；也可根据部门权力和责任事项、实际履职情况，划分为行政许可、行政处罚、行政强制、行政征收、行政给付、行政检查、行政确认、行政奖励、行政裁决，以及规划制定等宏观管理职责、标准拟定等权责事项等分类信息资源。

数据清单：即部门信息资源提供方提供开放共享的具体数据资料。如，审计署提供开放共享的具体数据清单包括：历年审计工作报告、审计专题报告、审计结果公告、已结案审计署移送的部分典型案件报告、审计意见书、审计决定书等。

5.2.3　政务信息元数据

1.　政务信息元数据概念

元数据是关于数据的组织、数据域及其关系的描述信息，简而言之，元数据就是关于数据的数据。政务信息的元数据是对政务信息各要素的描述。

参考国家标准 GB/T 21063.3—2007《政务信息资源目录体系 第 3 部分：核心元数据》的规范，结合政务信息资源目录的需要，政务信息资源的元数据包括 9 个必选和 3 个可选的元数据。9 个必选的元数据为：信息资源分类、信息资源名称、信息资源代码、信息资源提供方、信息资源提供方代码、信息资源摘要、信息资源格式、共享类型与共享条件（共享类型、共享条件）、发布日期；3 个可选的元数据为：信息项信息（信息项名称、数据类型、更新周期）、开放资源与开放条件（是否向社会开放、开放条件）、关联分类及类目名称。

2.　政务信息目录元数据

政务信息资源的各类元数据描述如下：

（1）信息资源分类

定　　义：说明政务信息资源分类的类目信息。信息资源分类参照国标规定的基本原则和方法，采用混合分类法。具体分类详见（一）政务信息资源目录分类。

数据类型：字符串。

注　　解：必选项；最大出现次数为1。

（2）信息资源名称

定　　义：缩略描述政务信息资源内容的标题。

数据类型：字符串。

注　　解：必选项；最大出现次数为 1。

（3）信息资源代码

定　　义：政务信息资源的唯一不变的标识代码。信息资源代码详见（四）政务信息资源代码。

数据类型：字符串。

注　　解：必选项；最大出现次数为 1。

（4）信息资源提供方

定　　义：提供政务信息资源的政务部门（包括政务部门所属行政事业单位）。中央政务部门原则上细化到司局，其他单位可细化到处室。

数据类型：字符串。

注　　解：必选项；最大出现次数为 1。

（5）信息资源提供方代码

定　　义：提供政务信息资源的政务部门（包括政务部门所属行政事业单位）的代码。代码采用《国务院关于批转发展改革委等部门法人和其他组织统一社会信用代码制度建设总体方案的通知》的法人和其他组织统一社会信用代码结构。信息资源提供方代码详见样例表 5.2。

数据类型：字符串。

注　　解：必选项；最大出现次数为 1。

（6）信息资源摘要

定　　义：对资源内容的概要说明及主要信息项（或关键字段）的描述。

数据类型：字符串。

注　　解：必选项；最大出现次数为 1。

（7）信息资源格式

定　　义：信息资源的存在方式，包括电子格式（推荐）、纸质介质。电子格式的信息资源，格式要求如下：电子文件的存储格式为 xml、txt、 doc、docx、html、pdf、ppt 等；电子表格的存储格式为 xls、xlsx 等；数据库类的存储格式为 Dm、KingbaseES、access、dbf、dbase、sysbase、oracle、sql server、db2 等，同时需明确具体的数据库表结构定义；图形图像类的存储格式为 jpg、gif、bmp 等；流媒体类的存储格式为 swf、rm、mpg 等。

数据类型：字符串。

注　　解：必选项；最大出现次数为 1。

（8）信息项信息

本元数据是对信息资源格式元数据的细化描述，包括信息项名称、数据类型、更新周期 3 类数据元素。其中，信息资源格式为数据库类的，需要对数据库表的数据项（即数据库字段）逐一进行信息项名称、数据类型、更新周期的数据元素描述；信息资源格式为电子表格的，需要对电子表格的数据项进行信息项名称的数据元素描述，并对电子表格的更新周期进行描述；信息资源格式为电子文件、图形图像、流媒体类的，仅对更新周期进行描述。

① 信息项名称

定　　义：描述信息资源中具体数据项的标题。适用于信息资源格式为数据库、电子表格类。

数据类型：字符串。

注　　解：可选项；最大出现次数为 1。

② 数据类型

定　　义：标明该信息项的数据类型。其中，属于文本类信息的，应标明所采用的字符集和编码方式，推荐使 GB 13000—2010 及其后续版本字符集和 UTF-8 或 UTF-16 方式编码；属于结构化数据的，应标明数据类型及位数，包括：字符型 C、数值型 N、货币型 Y、日期型 D、日期时间型 T、逻辑型 L、备注型 M、通用型 G、双精度型 B、整型 I、浮动型 F。同时，应在涉及信息项的"备注"列中标注出所遵循的标准或值域范围，

如"公民身份号码"应遵循 GB 11643—1999《公民身份号码》国家标准、
"性别"应遵循 GB/T 2261.1—2003《个人基本信息分类与代码　第 1 部分：
人的性别代码》国家标准等。

　　数据类型：字符串

　　注　　解：必选项；最大出现次数为 1。

　　③ 更新周期

　　定　　义：信息资源更新的频度。分为实时、每日、每周、每月、每
季度、每年等。

　　数据类型：字符串。

　　注　　解：必选项；最大出现次数为 1。

　　（9）共享类型与共享条件

　　本元数据是对政务信息资源共享类型和条件的描述，包括共享类型、
共享条件 2 个元数据。

　　① 共享类型

　　定　　义：根据《政务信息资源共享管理办法》的规定，政务信息资
源的共享类型包括：无条件共享、有条件共享、不宜共享 3 类。值域范围
对应共享类型排序分别为 1、2、3。

　　数据类型：数值型。

　　注　　解：必选项；最大出现次数为 1。

　　② 共享条件

　　定　　义：不同共享类型的政务信息资源的共享条件。无条件共享类
和有条件共享类应标明使用要求，包括作为行政依据、作为工作参考、
用于数据校核、用于业务协同等；有条件共享类还应注明共享条件和共
享范围；不予共享类须注明相关的法律、行政法规和党中央、国务院政
策依据。

　　数据类型：字符串。

　　注　　解：必选项；最大出现次数为 1。

（10）开放资源与开放条件

本元数据是对政务信息资源向社会开放，以及开放条件的描述。包括是否向社会开放、开放条件 2 个数据元素。

① 是否向社会开放

定　　义：信息资源面向社会开放的属性，包括"是"或"否"，值域范围分别为 1、0。

数据类型：数值型。

注　　解：必选项；最大出现次数为 1。

② 开放条件

定　　义：对向社会开放资源的条件描述。当"是否向社会开放"取值为 1 时，描述开放条件。

数据类型：字符串。

注　　解：可选项；最大出现次数为 1。

（11）发布日期

定　　义：政务信息资源提供方发布共享政务信息资源的日期。

数据类型：日期型。按 GB/T 7408—2005 执行，格式为 CCYY-MM-DD

注　　解：必选项；最大出现次数为 1。

（12）关联分类及类目名称

定　　义：如该信息资源同属于其他资源分类，需标明具体分类和类目名称。

数据类型：字符串。

注　　解：可选项；最大出现次数为 1。

目录编制时可根据实际情况和需要添加扩展元数据项。

根据政务信息资源目录和元数据规划，形成的政务信息资源目录见样例表 5.2。

表 5.2　政务信息资源目录（基础类）样例表

信息资源分类	信息资源名称	信息资源目录代码	信息资源提供方	资源提供方代码	信息资源摘要	信息资源格式	信息项信息			共享类型与共享条件		社会开放与开放条件		发布日期	关联及类目名称
							信息项名称	数据类型	更新周期	共享类型	共享条件	是否开放	开放条件		
人口信息资源库							公民身份号码、姓名、性别、出生日期、民族、出生地、照片、户籍地址、实际居住地址、服务处所、婚姻状况、学历、死亡标识								
法人基础信息库							统一社会信用代码、法人名称、法人设立的批准或核准机关、法人设立的批准或核准时间、法定代表人（负责人）、法人类型、处所、状态								

续表

信息资源分类	信息资源名称	信息资源目录代码	信息资源提供方	资源提供方代码	信息资源摘要	信息资源格式	信息项信息										发布日期	关联及类目名称
							信息项名称	数据类型	更新周期	共享类型	与共享条件	共享类型	是否共享条件	社会开放	与开放条件	是否开放条件	开放条件		
空间地理信息库																			
信用体系信息																			

5.2.4　政务信息资源代码

政务信息资源作为国家大数据的重要组成部分，已经成为国家宏观管理和公共服务的重要基础资源。代码所具有的技术经济属性及其作用特点，亦成为政务信息资源目录的重要组成部分。

所谓赋码标准化是指按照科学合理的编码方法对所要标识的对象进行统一赋码。目前，比较常见的编码方法主要有 3 种：一是有含义代码，是指代码在标识某种信息时，本身也具有某种实际意义，既不仅可以作为其代表事物的标识，而且可以直接提供该事物的相关信息。二是无含义代码，即代码本身无实际含义，只作为其代表事物的唯一标识。三是混合码，即有含义和无含义的混合。政务信息资源代码采用混合型代码，即只是对政务信息资源分类的唯一标识。

根据政务信息资源分类规划和元数据规划的需要，政务信息资源代码包括政务信息资源代码结构、政务信息资源提供方法人代码两类。

1．政务信息资源代码结构

根据政务信息资源目录的 4 级分类编目+数据清单的规划，参照 GB/T 21063.4—2007《政务信息资源目录体系　第 4 部分：政务信息资源分类》的代码结构规则，政务信息资源代码结构采用 4 级分类+数据清单的代码规划。

政务信息资源代码结构规则包括：

（1）规划政务信息资源代码的 4 级分类+数据清单为：类、项、目、细目、数据清单。

（2）规划类、项、目为前段码，由国家政务信息资源规划部门确定；细目、数据清单为后段码，由政务信息资源提供的政务部门依据规范规划确定。

（3）政务信息资源代码结构规则如下：

a）信息资源"类"，用 1 位大写罗马字符表示。根据 4.1.1 政务信息资源目录的资源属性分类，其中"J"代表基础信息资源类，"Z"代表主题信息资源类，"B"代表部门信息资源类。

b）信息资源"项"，用 2 位大写罗马字符表示。如，部门信息资源类后设置的"项"包括党委、人大、政府、政协、高法、高检等。"项"级代码设置 2 位是考虑中央、地方政务行业的分类规划。

c）信息资源"目"，用 2 位大写罗马字符表示。如，政府"项"后设置的"目"包括国务院办公厅、外交部、国家发改委等。"目"级代码设置 2 位是考虑中央、地方各级政务部门的分类规划。

d）信息资源"细目"，用 2 位大写罗马字符表示。如，国家发改委依据履职设置的经济调节、市场监管、社会管理、公共服务等信息资源。其中，经济调节信息资源可细化为经济运行调节法律法规、经济运行态势监测分析信息等。

e）数据清单码，用 4 位阿拉伯数字表示。如，国家发改委的经济运行态势监测分析信息的数据清单。

政务信息资源代码结构见图 5.3。

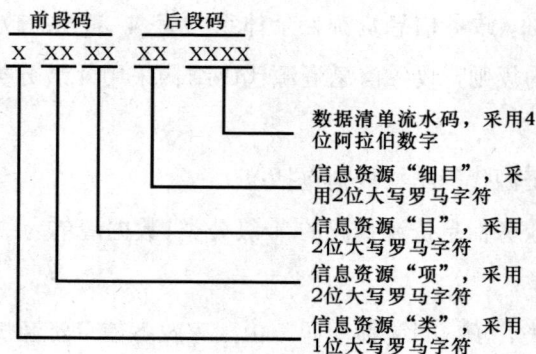

图 5.3

政务信息资源目录与代码见表 5.3。

表 5.3　政务信息资源目录与代码表

前段码	资源名称	后段码	资源名称
J	基础信息资源		
JAA	人口基础信息资源		
JAB	法人基础信息资源		
JABAA	行政事业单位法人		
JABAB	企业法人		
JABAC	社团组织		
JABAD	其他法人		
…			
JAC	自然资源和空间地理信息资源		
JAD	电子证照		
…			
Z	主题信息资源		
ZAA	全民健康保障		
ZAB	全民住房保障		
ZAC	全民社会保障		
ZACAA	社会保险——养老保险	AA0001	城镇企业职工基本养老保险——数据清单 1
		AA0002	城镇企业职工基本养老保险——数据清单 2
		AA000n	城镇企业职工基本养老保险——数据清单 n
		AB0002	城乡居民基本养老保险——数据清单

续表

前段码	资源名称	后段码	资源名称
			新型农村社会养老保险——数据清单
ZACBA	社会救助——最低生活保障		
ZACBB	社会救助——特困人员供养		
ZACBC	社会救助——受灾人员救助		
ZACBD	社会救助——医疗救助		
ZACBE	社会救助——教育救助		
ZACBF	社会救助——住房救助		
ZACBG	社会救助——就业救助		
ZACBH	社会救助——临时救助		
ZACCA	社会福利——公共福利		
ZACCB	社会福利——职业福利		
ZACDA	社会优抚——军人优抚		
ZACDB	社会优抚——军属优抚		
ZACDC	社会优抚——见义勇为先进分子优抚	AC0003	
ZAD	药品安全监管		
ZAE	食品安全监管		
ZAF	安全生产监管		
ZAG	市场价格建设		
ZAH	金融监管		

续表

前段码	资源名称	后段码	资源名称
ZAI	能源安全监管		
ZAJ	信用体系建设		
ZAK	生态环境保护		
ZAL	应急维稳保障		
ZAM	行政执法监督		
ZAO	民主法治建设		
ZAP	执政能力建设		
…			
B	部门信息系资源		
BAA	党委		
BAAAA	中央纪律检查委员会机关		
BAAAB	中央办公厅		
BAAAC	中央组织部		
BAAAD	中央宣传部		
BAAAE	中央统战部		
BAAAF	中央对外联络部		
BAAAG	中央政法委员会机关		
BAAAH	中央政策研究室		
BAAAI	中央台湾工作办公室		
BAAAJ	中央财经领导小组办公室		
	中央外事工作领导小组办公室		

前段码	资源名称	后段码	资源名称
BAAAK	中央机构编制委员会办公室		
BAAAL	中央直属机关工作委员会		
...			
BAB	人大		
BAC	政府（国务院）		
BACAA	办公厅		
BACAB	外交部		
BACAC	发展改革委	AAA0001	经济调节、市场监管、社会管理、公共服务四类信息资源分类。 其中，经济调节——经济运行监测——数据清单
BACAD	教育部		
BACAE	科技部		
BACAF	国防科工委		
BACAG	国家民委		
BACAH	公安部		
BACAI	安全部		
BACAJ	监察部		
BACAK	民政部		
BACAL	司法部		
BACAM	财政部		

续表

前段码	资源名称	后段码	资源名称
BACAO	人力资源和社会保障部		
BACAP	国土资源部		
BACAQ	建设部		
BACAI	铁道部		
BACAS	交通运输部		
BACAT	工业和信息化部		
BACAU	水利部		
BACAV	农业部		
BACAW	商务部		
BACAX	文化部		
BACAW	卫生和计划生育委员会		
BACAZ	人民银行		
BACBA	审计署		
…			
BAD	政协		
BAE	高法		
BAF	高检		
…			

2. 政务信息资源提供方法人代码

信息资源提供方的法人单位代码，采用《国务院关于批转发展改革委等部门法人和其他组织统一社会信用代码制度建设总体方案的通知》的法人和其他组织统一社会信用代码结构。

信息资源提供方法人代码结构见图 5.4。

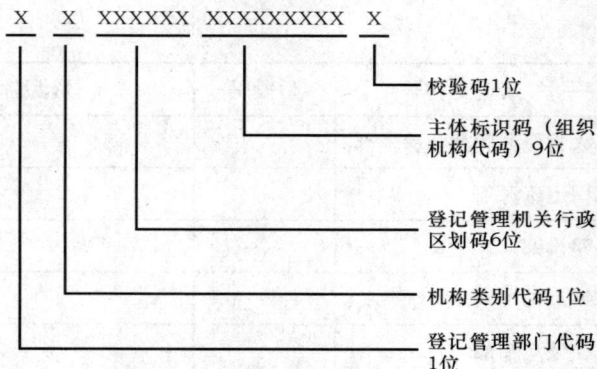

X　X　XXXXXX　XXXXXXXXX　X

校验码1位

主体标识码（组织
机构代码）9位

登记管理机关行政
区划码6位

机构类别代码1位

登记管理部门代码
1位

图 5.4

5.2.5　政务信息开放共享服务系统

政务信息开放和共享的技术实现，根据《政务信息资源目录体系 第 1 部分：总体框架》（GB/T 21063.1—2007）国家标准的规范，是采用元数据对政务开放信息特征进行描述形成规范的目录内容，通过信息库系统、目录内容服务系统和开放/共享交换平台的技术支撑，提供政务信息开放和共享的信息服务。

GB/T 21063.1—2007 提出，政务信息资源目录体系技术总体架构由信息库系统和目录内容服务系统两部分组成，并实现目录内容服务形成与提供、开放/共享信息资源定位与发现的流程服务。其中，开放/共享是指该技术总体架构适用于政务信息开放、政务信息共享的技术实现。

政务信息资源目录体系技术总体架构见图 5.5。

1.　信息库系统

信息库系统由政务部门的开放/共享信息库、目录内容信息库和目录服务中心的目录内容管理信息库、服务信息库组成。

部门开放/共享信息库存储本部门用于向社会开放/部门间共享的信息资源，包括数据集、文本、图片、音频、视频等多种类型的电子化信息资源。

部门目录内容信息库存储由编目系统提取部门向社会开放/部门间共享信息资源的基本特征而形成的目录内容。

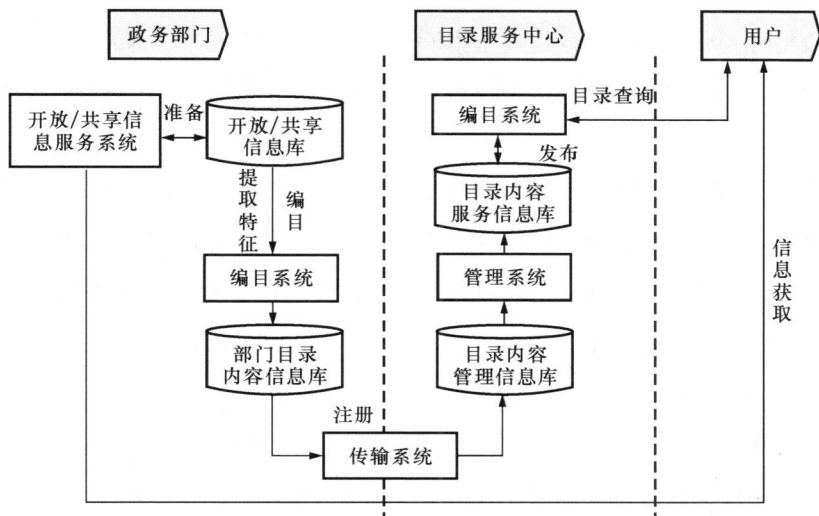

图 5.5

目录服务中心的目录内容管理信息库存储各政务部门注册到目录服务中心的目录内容。目录服务中心使用目录内容管理信息库实现对所汇集目录内容的管理。

目录服务中心的目录内容服务信息库存储用于发布的目录内容。目录服务中心使用目录内容服务信息库提供目录查询检索服务。

2. 目录内容服务系统

目录内容服务系统由开放/共享信息服务系统、编目系统、目录传输系统、目录管理系统、目录服务系统组成。

开放/共享信息服务系统由各政务部门基于统一的互联网/电子政务网络进行建设、管理和维护，其信息资源由各政务部门自身的业务信息系统提供、产生、发布并进行运行管理。开放/共享信息服务系统基于部门开放/共享信息库，提供信息访问服务。用户使用目录服务系统发现并定位到相应的政务信息资源后，可通过开放/共享信息服务系统获取所定位的开放/共享信息资源。

编目系统根据部门共享信息资源的内容，提取其基本特征，按照 GB/T

21063.3—2007（核心元数据）、GB/T 21063.4—2007（分类标准）和 GB/T 21063.5—2007（政务信息资源标识符编码方案）实现元数据赋值，形成目录内容。

按照 GB/T 21063.2—2007（技术要求），目录传输系统实现目录内容在部门目录内容信息库与目录服务中心的目录内容管理信息库之间的传输。

目录管理系统实现对目录服务中心的目录内容和目录服务运行的管理，应提供目录内容形式审核、标识符前段码管理、目录管理信息库和目录服务信息库的基本维护等功能。

目录服务系统基于目录内容服务信息库，向用户提供目录内容查询检索服务。目录服务系统应提供两种方式的服务：一是按照 GB/T 21063.2—2007（技术要求）中的要求发布目录内容，提供目录服务接口；二是基于目录服务接口向用户提供人机交互界面，按照多种查询方式进行目录内容查询。

3. 目录内容服务形成与提供流程

图 5.5 的目录内容服务形成与提供流程包括 4 个环节：

（1）准备：首先由各政务部门建立开放/共享信息库，并建立开放/共享信息服务系统，提供开放/共享信息的浏览、查询和下载等服务；

（2）编目：各政务部门对开放/共享信息的内容提取特征，通过编目系统形成目录内容库；

（3）注册：由政务部门通过目录传输系统将目录内容传送到目录服务中心；

（4）发布：由目录服务中心对各政务部门的目录内容进行审核发布。

图 5.6 的共享政务资源定位与发现流程包括 2 个环节：

（1）目录查询：用户基于浏览器等客户端查询目录服务中心目录内容，通过目录查询可以定位开放/共享信息；

（2）信息获取：用户根据目录查询得到的定位信息，通过各政务部门的开放/共享信息服务系统获得信息。用户可以通过网络浏览、查询、下载等各种方式从开放/共享信息服务系统获取开放/共享政务信息资源。

4.　开放和共享中的信息交换技术实现

在政务信息开放和共享服务中，存在依申请提供信息开放、信息共享的一对一、一对多之间的信息交换服务。信息需求方申请获取其他信息，属于政务信息开放中的信息交换服务；政务信息共享目录中的"有条件共享"类，同样属于政务信息共享中的信息交换服务。信息交换是信息开放/共享中的特殊形态。

政务信息开放和共享服务中的信息交换服务见图 5.6。

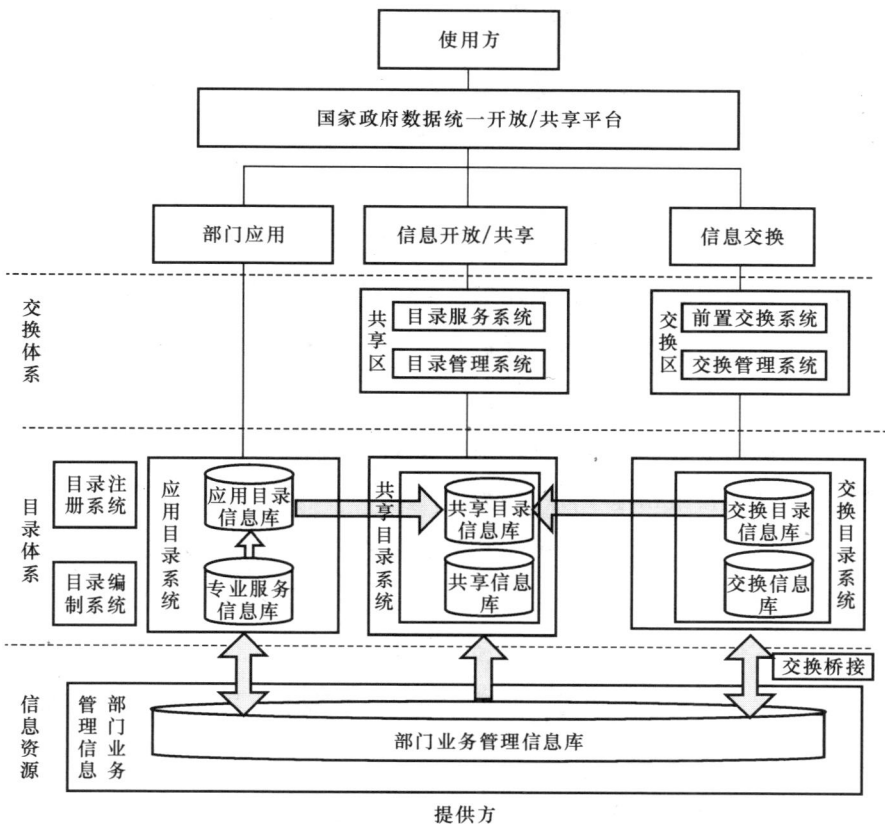

图 5.6

在图 5.6 中，设计了"信息开放/共享"和"信息交换"两个域。

在"信息开放/共享"中，将需要开放/共享的信息进入开放/共享信息库，并注册到开放/共享目录中，合法用户通过可视化的目录服务可以清晰地看到各类开放/共享信息，并获取所需的开放/共享信息。

在"信息交换"中，信息需求方通过国家政府数据统一开放/共享平台、"前置交换系统"向信息提供方提出申请，信息提供方受理审核同意，则通过"交换桥接"到部门业务管理信息库中提取相关信息，提交到"交换信息库""交换目录信息库"，推送到前台为信息需求方提供信息交换服务。

5.3　互联网+民主政治建设

政务信息开放利用的重要目标是推进民主政治建设。中国特色社会主义民主政治制度的本质是人民当家做主。《中华人民共和国宪法》规定：中华人民共和国的一切权力属于人民。人民行使国家权力的机关是全国人民代表大会和地方各级人民代表大会。人民依照法律规定，通过各种途径和形式，管理国家事务，管理经济和文化事业，管理社会事务。党的十八大报告指出，建立健全权力运行制约和监督体系，坚持用制度管权管事管人，保障人民知情权、参与权、表达权、监督权，是权力正确运行的重要保证；要确保决策权、执行权、监督权既相互制约又相互协调，确保国家机关按照法定权限和程序行使权力。

坚持《宪法》规定的人民当家做主的民主政治制度，落实党的十八大提出的上述重要任务，在互联网+政务信息开放共享条件下，一方面要积极推进政务信息开放的政府治理和公共服务；另一方面积极应对社会公众参与的网络舆情和网络监督；同时，当前尤其要加大互联网惩治腐败的建设力度，这是当前人心所向、百姓所需、民生所驱，是当前互联网环境下强化民主政治建设的重要任务。

5.3.1　推进政务信息开放政府治理

党的十八届三中全会做出的《中共中央关于全面深化改革若干重大问题的决定》（以下简称《决定》）指出，科学的宏观调控，有效的政府治理，是发挥社会主义市场经济体制优势的内在要求。

互联网+政府治理是构建有效的政府治理的重要方面。互联网+政府治理的基本特征是开放性、共享性。

1．政府治理的开放性

一是政府管理模式的开放性。在互联网+条件下，正在由以政府为管理主体的单向度管理模式，或由政府部门、事业单位和相关组织共同作为管理主体的单向度管理模式，向由管理主体主导、公众广泛参与的多元互动共治模式转变。《决定》指出，坚持系统治理，加强党委领导，发挥政府主导作用，鼓励和支持社会各方面参与，实现政府治理和社会自我调节、居民自治良性互动；正确处理政府和社会关系，加快实施政社分开，推进社会组织明确权责、依法自治、发挥作用；适合由社会组织提供的公共服务和解决的事项，交由社会组织承担。

二是政府治理信息的开放性。一方面，国家目前正在推行政府部门权力清单制度，包括政府部门的权力清单、责任清单、负面清单。2015 年 3 月，中共中央办公厅、国务院办公厅印发的《关于推行地方各级政府工作部门权力清单制度的指导意见》指出，权力清单制度的工作目标是，将地方各级政府工作部门行使的各项行政职权及其依据、行使主体、运行流程、对应的责任等，以清单形式明确列示出来，向社会公布，接受社会监督。政府工作部门的权力清单内容包括行政许可、行政处罚、行政强制、行政征收、行政给付、行政检查、行政确认、行政奖励、行政裁决等。另一方面，依据政府权力清单，梳理政府开放信息清单，同样以清单形式明确列示出来，向社会公布，实现政府开放信息与社会公众的互动和利用。

2. 政府治理的共享性

强化国家治理的决策权、执行权、监督权的权力运行制衡机制，必须实行政务部门之间的信息共享和业务协同。政府权力运行的基本原理是，执行机构依据决策确定的方针政策和制度要求实施经济社会各领域的组织运行，监督机构依据方针政策和制度要求对执行机构的组织实施和工作绩效进行检查监督，并将偏离行为和纠偏建议报告决策机构，决策机构在审定执行情况和监督意见基础上，做出调整决策，确保经济社会的健康安全运行。这里的信息共享和业务协同表现为：一是执行机构之间的信息共享和业务协同。例如，保障食品药品的有效、安全供给，需要科研、生产、销售、供应等相关部门机构的合作，需要建立有效的质量安全追溯机制。二是监督机构之间的信息共享和业务协同。例如，保障食品药品的有效、安全供给，需要主管部门、质检和工商部门、社会公众和媒体等多方面的合作。三是决策、执行、监督三者之间的信息共享和业务协同。如果三者之间的信息有偏离、不及时，将会影响决策的科学性、及时性和有效性，对经济社会的健康安全运行带来极大的伤害，同样会对政府治理的科学性、及时性和有效性带来极大的影响。为此，国家发展改革委《关于加强和完善国家电子政务工程建设管理的意见》关于加强电子政务项目跨部门统筹协调中要求，确定部门间的业务协同关系和信息共享需求，落实共建部门的建设范围和责任义务；项目建成后，应进一步完善跨部门的共享共用机制，保障部门间的业务协同和信息共享；在中央和地方共建项目中要求，中央有关部门要加强对中央和地方共建电子政务项目的总体规划，统筹制定信息共享和业务协同的标准规范，做好对地方建设部分的指导工作。

5.3.2　推进政务信息开放公共服务

积极推进以民主参政重要机制为基本点，以互联网+政务信息开放为重要保障的公共服务模式构建，是当前推进政务开放公共服务的重要任务。这是因为：坚持人民当家做主的基本点，保障充分的民主参政机制建设，方能促进政务信息开放和公共服务;坚持政务信息开放的目的是尊重人民群众的知情权、参与权、表达权和监督权，通过政务信息的开放和互动，方能调动广大社会公众的聪明才智，促进公共服务的健康发展。

为此，可以构建以民主参政为基本点，政务信息开放与互动的互联网+公共服务发展模式（见图 5.7）。

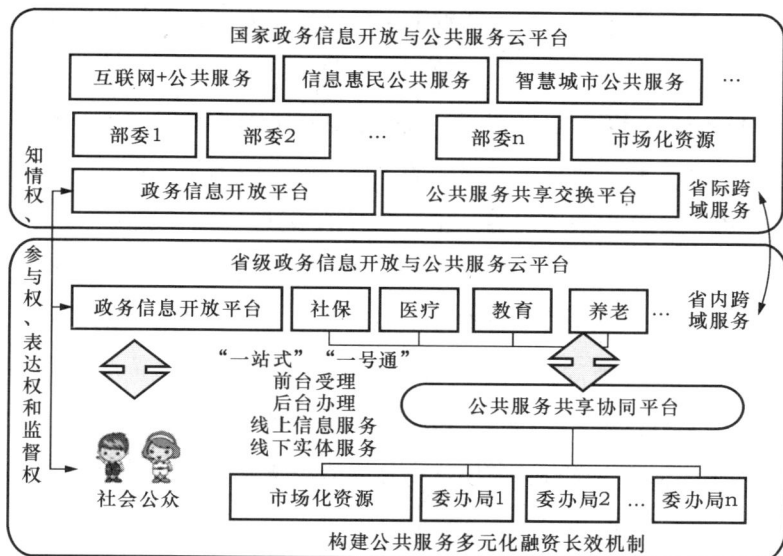

图 5.7

互联网+公共服务模式的基本内涵是六大融合发展：

1．以保障人民知情权、参与权、表达权和监督权的民主参政机制为核心，促进政务信息开放和公共服务的融合发展。形成政务信息开放和互动、公共服务富有成效的民主政治局面。

2．政务信息开放与公共服务的融合发展。充分利用政务信息开放与互动的机制，在充分听取公众意见基础上，推进社保、医疗等各类公共服务事业的发展。

3．国家级平台省际跨域服务与省级平台省内跨域服务的融合发展。

这是针对如何解决中央和地方"条块结合"的问题，明确中央重点关注什么、地方重点关注什么。

4．促进城市公共服务逐步走向省级公共服务的融合发展。发改高技[2014]46 号文件提出，率先启动信息惠民国家示范城市创建工作，在认真总结和评估示范城市创建经验的基础上，条件成熟后，再行启动信息惠民国家示范省创建工作。这说明，智慧城市、信息惠民城市等公共服务建设，还是要走向省级服务平台，否则若干年后以城市为单位的信息化建设将成为新的"孤岛"。

5．政府引导和市场主导的公共服务多元化融合发展。公共服务的多样性、多元化发展，要求公共服务的"供给侧"改革从政府单一的供给方式、供给结构，走向政府引导、市场主导的多元化融合发展。

6．促进公共服务与云平台、大数据、移动互联网、物联网等新一代技术的高度融合。依托云平台充分保障政务信息的开放与互动、公共服务信息资源的共享与协同，不断提升公共服务的民主参政和协同作业含量；依托大数据充分挖掘社会公众日益增长的公共服务需求，不断提升公共服务的业务拓展和质量创新；依托移动互联网和物联网等新技术，充分扩展多渠道、多终端的服务方式，不断提升公共服务的便利性、便捷性，不断提升社会公众的惠民利民获得感和满意度。

5.3.3　积极应对网络舆情

网络舆情是指通过互联网传播的社会公众对现实生活中某些热点、焦点问题所持的有较强影响力、倾向性的言论和观点。互联网改变着人们的生活方式，也对政治生活和社会生活产生深刻影响。网络改变了我国社会舆论的生态环境，形成了崭新的网络舆论场，在新的舆论格局中具有不可替代的重要地位，对政府管理方式正产生着一系列冲击和深刻影响。

在网络舆情面前，政府只有采取积极应对、主动迎接的态势，通过政府网络舆情搜索渠道获取社会公众对政府重要工作的关注舆情，了解民意，汇集民智，科学应对，善于运用，主动把网络舆情作为填补政府工作"盲区"、增强政府工作主动权的重要渠道，同时也才能更好地增强社会公众的参与权和表达权，保障公众有序政治参与，强化民主政治建设。例如，国家审计署按照《国务院关于加强审计工作的意见》中关于对稳增长、促改革、调结构、惠民生、防风险等政策措施的落实情况，以及公共资金、国有资产、国有资源、领导干部经济责任履行情况进行审计，实现审计监督全覆盖，促进国家治理现代化和国民经济健康发展的要求，主动通过网络舆情搜索系统获取社会公众对宏观政策落实、公共资金、国有资产、国有资源、领导干部经济责任履行情况等"热点"问题的关注舆论，从网络舆情的视角发现重要领域、重要环节、重要问题、重要资金和资源运行中存在的突出矛盾和潜在风险，从而调整、完善审计工作计划或加大对网络舆情关注问题的审计力度，进一步发挥国家审计保障经济社会健康安全运行的作用。

同时，在网络舆情面前，政府要努力加强正面舆论引导，用正面声音占领网络阵地，用正确舆论引导广大网民，充分发挥重点新闻网站舆论引导"主力军"、主要商业网站正面言论"放大器"和政府网站权威信息"资源库"的作用，构建大范围、宽领域、多层次网上舆论引导平台。例如，全国"扫黄打非"工作小组办公室、国家互联网信息办公室、工业和信息化部、公安部等部门在全国范围内统一开展"扫黄打非 净网2014"专项行动，并通过各级政府网站、新闻网站和商业网站的齐抓共管，对近年来网络淫秽色情信息屡禁不止、屡打不绝，不仅严重危害未成年人身心健康，而且严重败坏社会风气、诱发违法犯罪的现象，积极回应社会重大关切，协调行动、态度鲜明，依法打击、措施有力，公布了 2014 年"扫黄打非"的十大数据、十大案件，得到人民群众的大力支持和广大网民的坚决拥护，与社会各界和广大网友一起共同推动网络环境治理，共同营造清朗网络天空。

5.3.4　勇于接受网络监督

　　网络监督是社会公众通过互联网对某一件事的了解、关注、研究，并提供信息或介入支持，促使政府在公开、公正、公平的条件下完善社会治理。网民通过互联网了解国家事务，发表意见建议，提供信息线索，行使民主监督权利，推动网络舆论的形成，使虚拟的网络变成现实监督的平台。

　　党的十八届四中全会通过的《中共中央关于全面推进依法治国若干重大问题的决定》指出，加强党内监督、人大监督、民主监督、行政监督、司法监督、审计监督、社会监督、舆论监督制度建设，努力形成科学有效的权力运行制约和监督体系，增强监督合力和实效。通过政府信息资源的开放共享，主动、勇于接受网络监督，是让人民监督权力、构建科学有效的权力运行制约和监督体系的重要武器。国家审计署在 2002 年制定并发布《审计结果公告试行办法》，建立向社会公开有关审计报告、审计意见书、审计决定书等审计结论性文书所反映内容的制度，自 2003 年以来，公开审计署每年向全国人大常委会做的审计工作报告，发布对中央部门预算执行和其他财政收支审计、重大专项审计，以及重大案件查处的审计结果公告，尤其是 2008 年以来，增加了对涉及全国范围的政府性债务、社会保障、土地出让金等重要资金审计结果公告，对中央部门和中央企业落实"稳增长、促改革、调结构、惠民生、防风险"宏观政策情况的跟踪审计公告，2009 年开始向全国人大常委会做的审计工作报告，增加了单项审计结果、中央部门单位年度预算执行审计结果、已结案审计署移送的部分典型案件的报告附件，搭建起以审计工作报告制度为核心，单项审计结果公告、已结案的审计署移送的部分典型案件和事项报告做补充和配套的预算执行审计报告体系。审计结果公告制度的实施，一方面，强化了政府预算执行的公开和透明，向纳税人交一份明白账，接受人民群众的监督，促进构建科学有效的权力运行制约和监督体系。另一方面，强化了审计工作的公开和透明，接受人民群众对审计工作的监督，促进构建科学有效的审计工作体系。

5.3.5　运用互联网惩治腐败

《中共中央关于全面推进依法治国若干重大问题的决定》指出，加快推进反腐败国家立法，完善惩治和预防腐败体系，形成不敢腐、不能腐、不想腐的有效机制，坚决遏制和预防腐败现象。深入开展党风廉政建设和反腐败斗争，严格落实党风廉政建设党委主体责任和纪委监督责任，对任何腐败行为和腐败分子，必须依纪依法予以坚决惩处，决不手软。

互联网+以基础设施和创新要素为成果，不仅推动了经济社会发展的新形态，而且也是惩治腐败的重要武器。一方面，人民群众利用移动互联网和智能终端，将深藏各类会所、内部场所的吃喝嫖赌腐败现象暴露于互联网的光天化日之下，通过广聚五湖四海网友力量的关联搜索引擎将权钱交易、关联交易等腐败现象揭秘于大庭广众之中。例如，2012 年 8 月 26 日凌晨陕西延安境内发生重大车祸致 36 人死亡 2 人重伤，现场视察的陕西省安监局局长杨达才的不雅表现，引起网民的关联搜索，结果发现杨的严重违纪问题，杨被撤销其陕西省第十二届纪委委员、省安监局党组书记和局长职务。另一方面，利用互联网曝光腐败现象，成为运用互联网惩治腐败的新举措。中纪委监察部通过门户网站、举行新闻发布会通报正风反腐情况，2014 年 68 名中管干部已结案处理或正在立案审查，周永康、蒋洁敏、李东生、李崇禧、申维辰等涉嫌犯罪已被移送司法机关依法处理；令计划、苏荣等案件正在立案审查；各级纪检监察机关共查处违反中央八项规定精神问题 53085 起，处理 71748 人，其中给予党纪政纪处分 23646人。2015 年，中央纪委监察部在进一步加大反腐力度的同时，开展“天网”行动，首次对外逃党员和国家工作人员情况进行大起底，集中公开曝光 100 名外逃党员和国家工作人员，截至 11 月底，“天网”行动共从 68 个国家和地区，追回 863 人。

5.4 小结

　　基于互联网+推进政府数据共享与开放，是深入推进依法行政，推进行政决策公开、执行公开、管理公开、服务公开和结果公开的重要支撑，是实现简政放权、放管结合、优化服务改革，激发市场活力和社会创造力，打造法治政府、创新政府、廉洁政府和服务型政府的主要依托，是支持鼓励社会力量充分开发利用政府数据资源，推动开展众创、众包、众扶、众筹，为大众创业、万众创新提供的重要保障，更是让政府更加透明，将权力关在数据的牢笼，让腐败无处藏身，让暗箱操作无处遁的反腐倡廉利器。因此必须加快实施通过互联网+推进政务信息共享和积极稳步推进公共信息资源开放的大政方针和计划，推进实施政府数据资源清单管理，加快建设国家政府数据统一开放平台，制定开放目录和数据采集标准，稳步推进政府数据共享开放。优先推动民生保障、公共服务和市场监管等领域的政府数据向社会有序开放，从而有效促使政府负面清单、权力清单和责任清单的透明化管理，实现社会管理公平公正、和谐高效。

第 6 章
Chapter 6

互联网+大数据助力新型政府创新

李克强总理在两会政府工作报告中明确提出打造大众创业、万众创新和增加公共产品、公共服务"双引擎",强调站在"互联网+"的风口上顺势而为,推动大数据应用发展,依靠可信赖的大数据为公共产品、公共服务提供参考依据,助力政府在未来推动公共服务领域实现创新发展。所以完全有理由相信,互联网+大数据正逐步呈现出公共服务大数据显著价值,成为政府公共服务部门不可或缺的决策依据。可以相信,未来大数据影响的政府公共服务前景一片光明,互联网+大数据一定能够秉承"创新改变世界"的理念,助力政府公共服务创新。

本章通过深圳"织网工程"、信息惠民建设等应用范例,生动地展示了互联网+大数据的应用成果和发展前景。

6.1 织网工程

"织网工程"是在"互联网+"、工业 4.0、"信息惠民"时代背景下,深圳市委、市政府精细化治理社会、精细化服务市民的一个创新模式,是深圳市信息惠民国家试点城市建设重点项目之一,以数据共享为基础,以业务协同为重点,以三码关联(身份证号码、组织机构代码、房屋编码)为抓手,以三统一(统一采集、统一受理、统一分拨)为原则,以三跨越

（跨部门、跨区域、跨层级）为突破，构建以人为本、职责清晰、职能科学、流程合理、高效便捷、评价准确的整体性社会服务和社会治理新体系。"织网工程"从理念和行动上都告别以管控为主的社会管理方式，向真正意义上的公共服务、源头创稳看齐，并在我国首次实现特大型城市政府数据的大集中和大共享。

6.1.1 "织网工程"实施背景

目前我国社会转型规模大、速度快和程度深，社会变革日新月异，阶层分化，利益多元，新老矛盾叠加交织，社会建设和社会管理的任务重、挑战大、难度高。政府管理通常有路径依赖、方法依赖，传统的政府管理模式和服务方式，对信息的掌握、人口的变动、社会动员等方面，已无法适应信息化时代的要求。因此，政府部门需要面对具体个体时，往往找不到服务和管理的对象，需要处理具体事件时，无法知道是孤立的个案还是普遍的现象，结果往往导致决策失误。

深圳经过 30 多年的快速工业化、城市化，从原来的小渔村变为现在 1800 多万人口的特大型城市，其中非户籍的流动人口占了 4/5，土地、资源、人口、环境等问题和矛盾非常突出，严重倒挂的人口和迅速膨胀的城市，给政府的服务和管理带来了沉重的压力（见图 6.1）。深圳市委、市政府在问题面前主动变招，创造性地通过实施"织网工程"，将大数据的手段和方法引入社会治理领域，在党委领导、政府负责、社会协同、公众参与、法治保障"五位一体"的社会管理体制下，鼓励社会的多元共治、多元参与，推动政府从以行政主导的管理型政府到以人为本的服务型政府转型，从粗放化管理向精细化管理转型，从单兵作战型管理向协作共享型管理转型，从柜台式管理向自助式全天候管理转型，从被动响应型管理向主动推送型服务转型，从拍脑袋决策向基于大数据的科学决策转型。

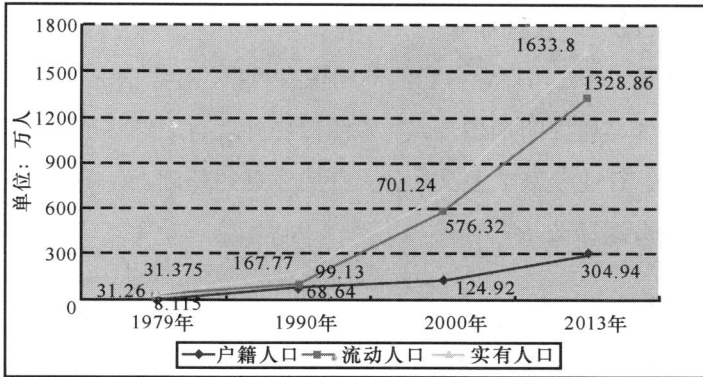

图 6.1

6.1.2　"织网工程"基本做法

建设市公共信息资源库，为各区、各部门建设一个共建共享的大数据库。

打破"信息壁垒"，强力推动各区、各部门通过市政务信息共享交换平台实现横向联通和纵向贯通，建立全市公共信息资源库，并为各区提供经过数据关联比对后的基础信息镜像库，确保全市基础信息"一数一源、权威发布"，为各级政府信息资源共享，特别是办理行政审批和服务事项实现无纸化奠定基础（见图 6.2）。

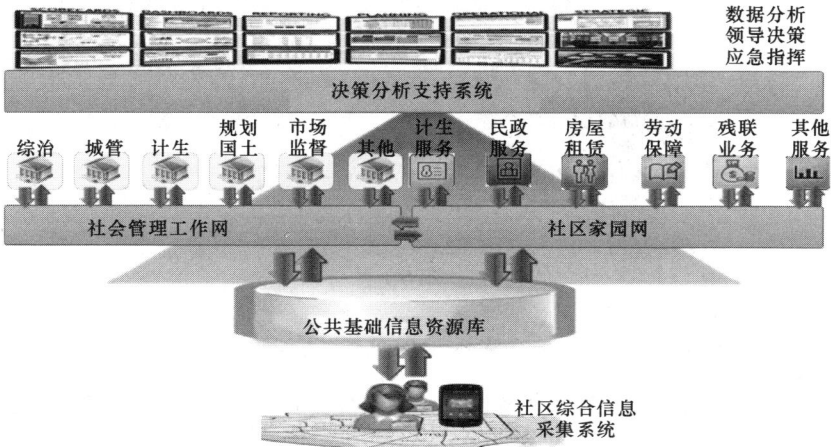

图 6.2

1. 建立统一的数据标准

通过收集、整理和筛选各职能部门现有数据，对数据进行抽象和组织，调整数据实体与属性的描述方式，参照国内外现有成熟标准，在广泛征求各行政机关、行业专家学者及社会大众的意见的基础上，制定了公共基础信息资源库数据标准。

2. 存量数据入库

对分散在各职能部门的人口、法人（机构）、房屋（城市部件）等信息进行数据汇总、清洗及关联比对，统一存入市公共基础信息资源库。以房屋（城市部件）为载体，关联人口、法人（机构）信息，结合电子地图，实现"人入户、户入楼、楼入网、网入图"的目的（见图6.3）。

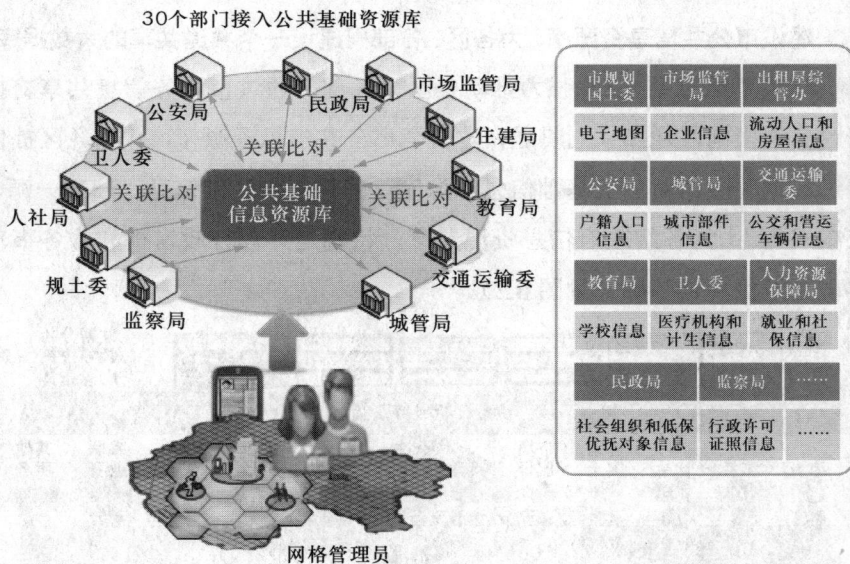

图 6.3

3. 信息互通机制确立

制定长效的信息共享交换机制，各职能部门通过数据交换平台与公共基础信息资源库对接，实时对相关基础数据进行关联比对；同时，利用网格信息员"眼见为实"的上门采集方式，对基层数据进行全口径采集并及时上传采集库，与公共基础信息资源库进行关联对比，实现对资源库的信息核实与信息补充。各部门间业务数据也通过数据交换平台实现动态更新与共享，实现数据的大汇聚、大整合（见图6.4）。

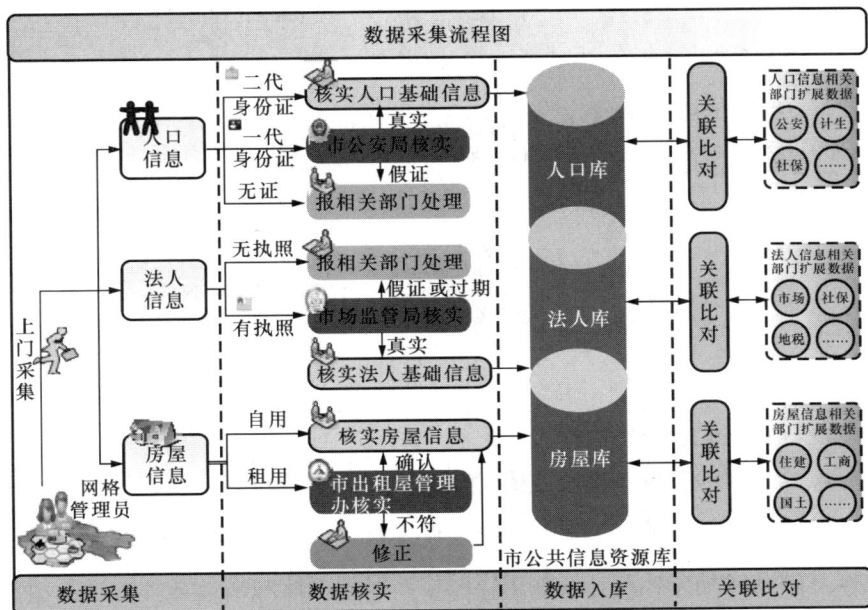

图 6.4

4. 完善数据安全体系

市公共基础信息资源库涵盖人口、法人（机构）、房屋（城市部件）等信息，信息的保密系数极高，信息安全关乎整个社会的和谐稳定，制定了严谨科学的数据安全保障体系，确保数据的采集、存储、利用等数据全生命周期的可管、可控。

整合网格信息员队伍，完善社区网格化服务管理模式。

科学划分社区基础网格，以原流动人口和出租屋管理员队伍为基础，整合现有各部门在基层的信息采集队伍，统一组建网格管理机构和成立一支统一管理、统一考核、统一采集的网格信息员队伍，建立"一格一员、定格定责、采办分离、无缝对接、全面覆盖"的网格化工作模式，通过综合信息采集系统实现信息采集标准化、规范化，实现数据一次采集多方共享，减少反复扰民和信息不准确问题（见图6.5）。

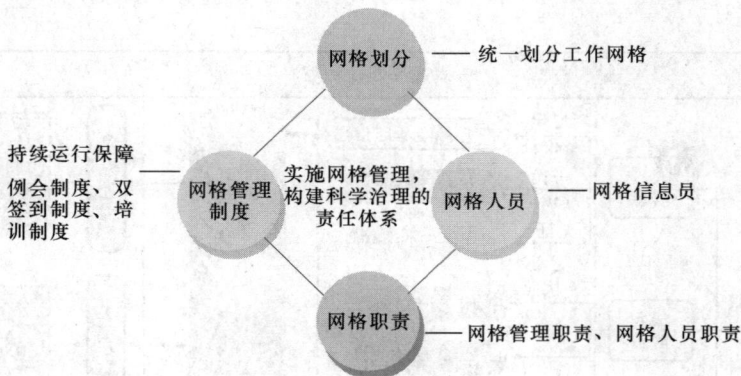

图 6.5

1. 网格统一科学划分

按照"属地管理、街巷定界、规模适度、无缝覆盖、动态调整"的原则，以行政区划为基础，科学划分基础网格。同时，积极推动各职能部门根据基础网格划分标准，调整工作网格，保证工作网格与基础网格互相包容、互不交叉（见图6.6）。

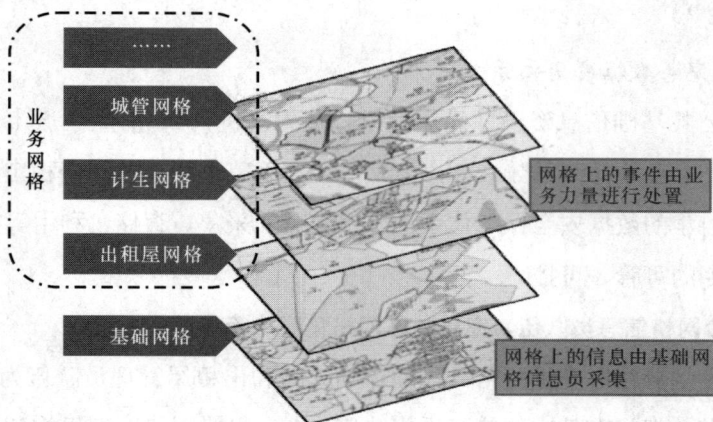

图 6.6

2．依托网格开展管理和服务

整合各职能部门在基层从事基础信息采集工作的相关力量，组建网格信息员队伍。在此基础上对网格信息员队伍成员实行统一招聘、统一薪酬、统一管理、统一考核。

（1）实行"一格一员"，定人、定岗、定责，由网格信息员统一开展全口径、全覆盖采集，既有效限制了基层对人员的无序扩充要求，又避免各部门分头采集信息、重复扰民等问题。

（2）网格信息员只负责采集和发现问题，实行"六定"：定采集要求、定工作标准、定采集内容、定上报路径、定采集纪律、定考核办法。

（3）网格信息员队伍直接受网格管理机构管理和指导，确保网格管理员及时、准确采集信息和发现问题，不受其他因素影响。

深化社会管理工作网的建设，及时响应公众诉求。

按照"及时发现、联动化解、限时办结、反馈评价、监督考核"的要求，发挥社会管理工作网作为全市矛盾纠纷和问题隐患事件受理、分流、调处、整治、指挥、监督、考核的业务系统作用。进一步完善事件分类和分级处置机制，规范各级各部门之间矛盾纠纷和问题隐患处置的联动和协作；基于市公共基础信息资源库，实现纵向、横向联通，全方位掌握基层的矛盾纠纷和问题隐患信息，及时发现和处置各类社会事件；完善社会管理综合治理的及时响应机制，切实维护社会和谐稳定。

1．事项分级分类管理

通过全面归纳分析各职能部门业务事项，参照政府相关指导文件，实现对现有社会服务管理事项进行分级分类，便于事件分拨引擎根据采集系统或社区家园网中服务管理事件的不同分类进行抽取，并根据事件定义的分级分类与分配原则传递至各职能单位，接到任务的单位可登录指定系统完成处置动作，实现事项的多级分拨、协同处理（见图6.7）。

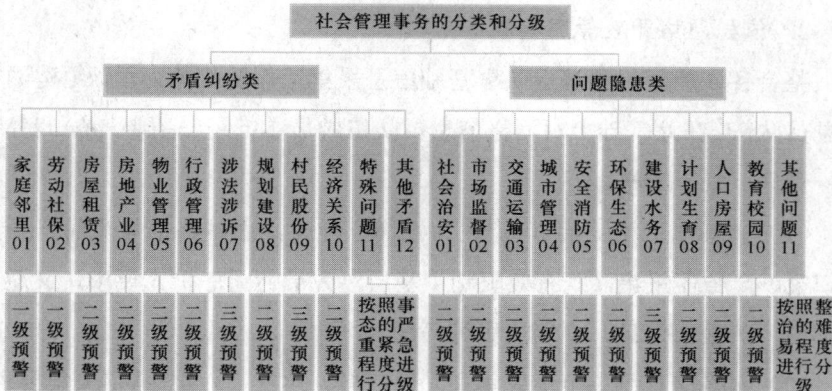

图 6.7

2. 业务流程梳理再造

深入研究各职能部门权责划分情况，按照事项分级分类标准，明确各事项的责任单位，建立事件自动分拨机制，同时按照事件预警级别设定处理时限，实现业务流程再造（见图 6.8）。

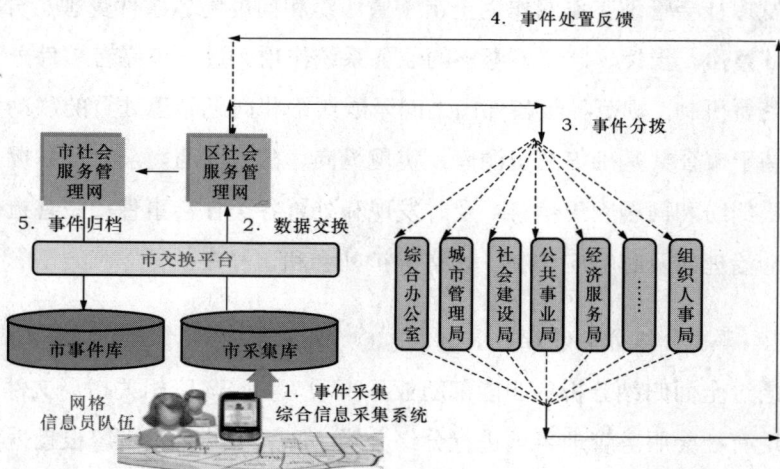

图 6.8

3. 系统运行保障体系

社会管理工作网运行的四大保障体系包括：评价体系、质量体系、运作体系、责任体系（见图 6.9）。

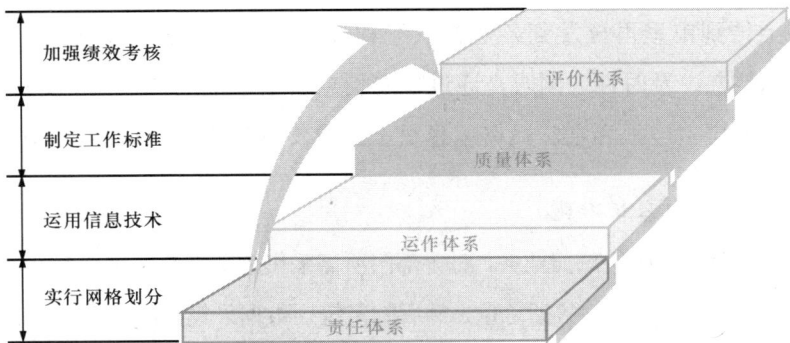

图 6.9

建设和完善社区家园网，为社区居民提供一站式的信息惠民公共服务平台。

按照"政府主导、社会运作，统一规划、体现个性，贴近居民、实用方便"的要求，在统一管理平台的基础上，整合政府各类公共服务信息资源，为每个社区开发建设内容丰富、特点鲜明、贴近居民生活的社区家园网子网站，社区居民可以通过社区家园网参与社区事务、办理个人事项、享受公共服务，将社区家园网打造成居民信得过、日常生活离不开的得力助手（见图 6.10）。

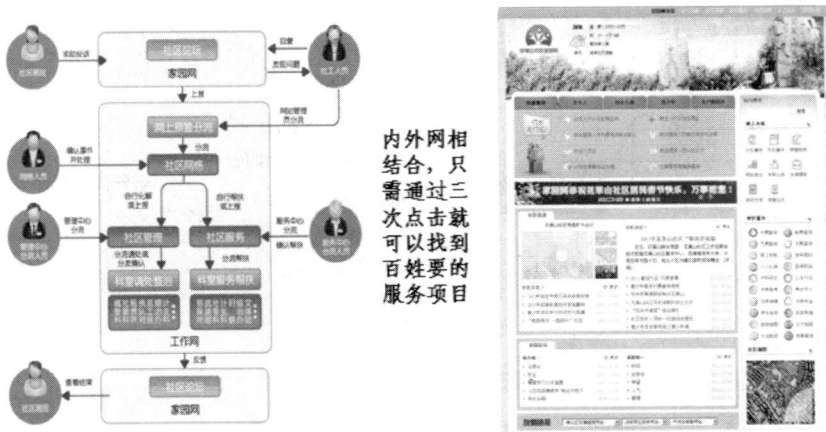

图 6.10

构建社区综合信息采集系统，统一信息采集和传输路径。

按照"统一采集、集中分发"的原则，在全市部署统一的社区综合信息采集系统，规范信息采集内容，统一信息采集路径，明确将采集的数据直接上传到市里再分发到各业务系统和各区，从源头上确保数据的真实性、完整性、及时性。同时，通过建立信息自主申报机制，逐步实现以单位和居民自主申报为主，网格信息员上门核实登记为辅的信息采集模式。

1. 采集内容标准化

通过梳理各职能部门业务，对各部门所需采集的基础数据进行分类，归纳出网格信息员需采集的数据总量，然后制定统一数据采集标准，列出各项基础数据信息采集表单，由"一支队伍"（网格信息员队伍）统一采集（见图6.11）。

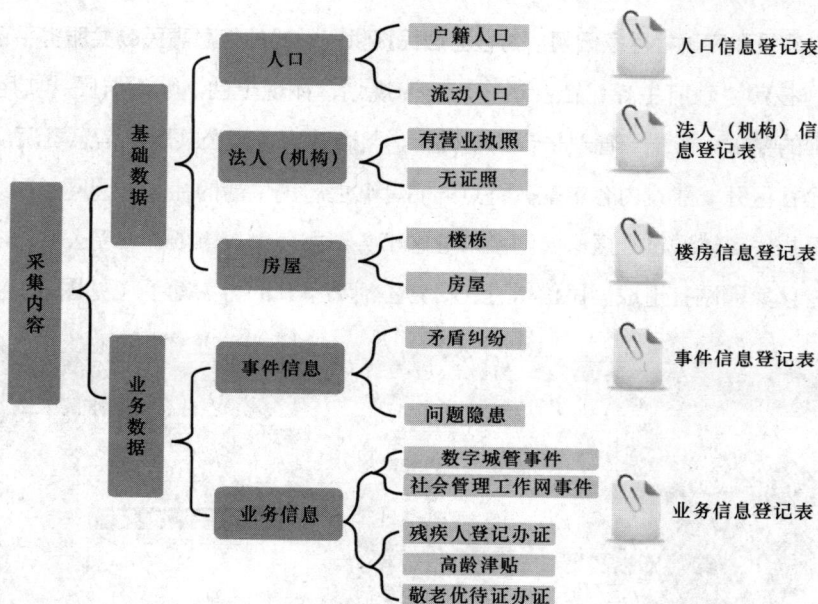

图 6.11

基础信息采集实现六个统一：

➢ 统一工作网格：建立统一的网格分类标准；

➢ 统一事件分类：建立事件标准分类；

➢ 统一采集规范：以国标为基础，统一数据采集规范；

➢ 统一组织分类：以国标为基础，统一组织管理的分类标准；

➢ 统一部件分类：以国标为基础，统一部件管理的分类标准；

> 统一接口服务：统一制定数据共享接口发布与服务标准。

2. 采集流程规范化

通过业务梳理、流程再造，统一制定信息采集动作，将信息采集与信息处理相分离，利用信息化手段固化信息流通路径。

3. 采集方式多样化

采用移动智能终端设备，既可离线上门采集数据，又可联机将采集的数据上传到系统中，网格工作人员通过移动智能终端设备采集和核实基础信息。此外，采集库也同时接收居民、法人自主申报信息以及居民来访来电信息和在社区家园网上提交的事件信息等。

建设决策分析支持系统，为科学决策提供准确、科学的数据支撑。

依托市基础信息资源库统一开发市级决策分析支持系统，为市直各部门提供基于电子地图的人口、法人（机构）、房屋、城市部件、公共基础设施、事件、网格等基础信息关联及分布情况的查询、统计、分析服务。同时也明确了各部门基于基础信息资源库开展主题应用的方式方法（见图 6.12）。

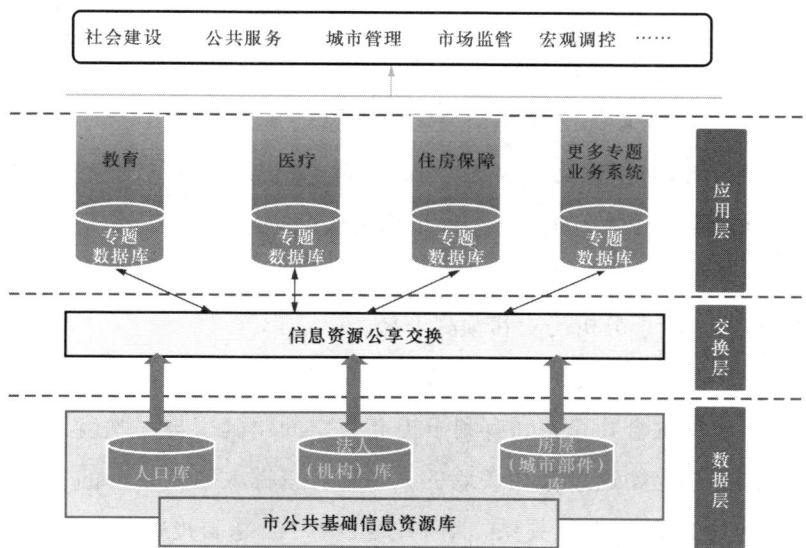

图 6.12

6.1.3　主要创新点及特色

建设大数据中心，实现数据的共享与科学的决策。

1. 集中管理数据，确保数据的全面与实时

一是全市已有 23 家主要的市直单位数据接入公共信息资源库，除法律法规有明确规定外，各单位均无条件为公共信息资源库提供了存量数据，并按照"谁提供、谁负责"的原则及时更新数据，形成全市唯一的动态更新的完整公共信息资源库。二是全市有 33 家市直单位和 10 个区统一通过市交换平台进行信息共享交换，不再另行建设部门之间点对点的数据交换。三是各区通过镜像库实现本区信息资源的共享，并在此基础上建立区公共信息资源库，不仅让基层首次共享到市级职能部门的业务数据，而且确保了市、区两级基础数据的同步性与唯一性。

2. 发挥大数据优势，提高政府科学管理水平

基于全市统一的公共信息资源库，利用大数据技术对数据进行挖掘分析，实现政府服务反应从滞后到敏捷，管理从初级量化到准确量化，决策从经验化到智能化，提升政府科学管理水平。

（1）数据分析。以公共信息资源库内的人口、法人、房屋、城市部件等信息为基础，对存量及新增数据进行分析，并以此为依据制定公共政策，改变了以往仅凭经验的做法。如通过历史人口库，对历年的人口数量、年龄、性别、行业等变化情况进行分析，以获知不同区域的人口增长潜力、压力等信息，用于分析历史和预测未来。

（2）数据共享。打通各业务部门之间的信息壁垒，通过数据交换平台，实现信息融合共享，既有利于提高数据的精确度与关联度，又能方便老百姓办事。如通过互相关联的人口库，挖掘人与人之间的关系，分析各类群体之间的纽带关系，对科学维稳、应急防疫等工作具有重要意义。

建立四级综合信息平台,确保标准规范的统一。

以"织网工程"建设为契机,在全市建立覆盖市、区、街道、社区四级统一的综合信息平台,实现"统一采集、统一受理、统一分拨、统一考核"。

1. 统一信息采集

信息的全面、真实、准确、鲜活是"织网工程"应用的基础。为此,深圳市建立了基础信息与各类事件信息多元采集的渠道,大力推行"1+N"的信息采集方式,并将多种方式采集的信息,通过交换平台统一汇集到市公共信息资源库(见图6.13)。

(1)业务部门采集。市民到业务部门办理事项时,提交的申报信息和证明材料真实性和可靠性最高,是企业和个人信息的重要来源。通过建立公共信息资源库核心字段表,进一步明确了各业务部门需要认领和维护的业务字段,并通过交换平台统一实时上传至市公共信息资源库。

(2)网格信息员上门采集。通过整合出租屋、计生、城管等现有信息采集系统,建立全市统一的社区综合信息采集系统。网格信息员通过移动智能采集终端动态采集网格内的实有人口、法人(机构)、房屋、事件等信息,采集的信息统一上传到市社区综合信息采集系统(库)。

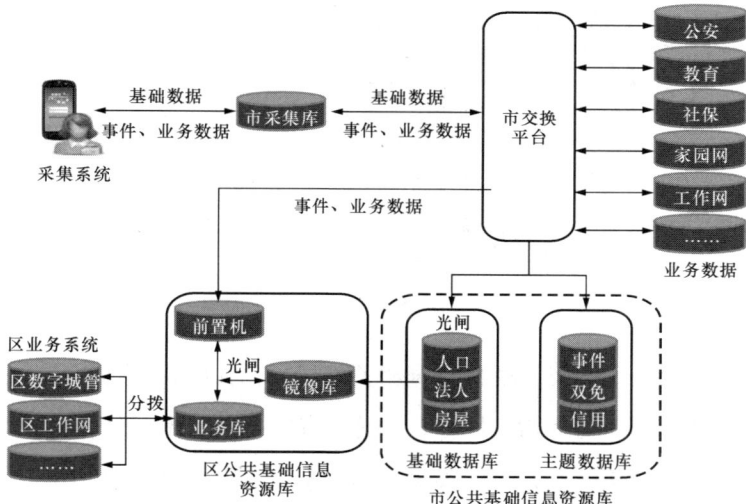

图 6.13

（3）自主申报。根据自我管理、自我申报的理念，结合深圳市外来人口严重倒挂的主要特点，构建自主申报系统。通过让自主申报的企业和个人获得更多的办事便利和个性化服务，鼓励企业和个人自主申报信息。

另外，还可以通过社区家园网论坛、12345 热线电话以及微信随手拍等渠道收集社区居民反映的问题，并作为信息采集的重要补充。

2. 统一事件分拨

在区级层面，统筹规划综治、城管、信访、安监等部门的事件分拨指挥系统，统一对综治、城管、信访、安监等事件进行分级分类，并建立责任体系和考核标准，搭建统一的事件分拨平台。通过统一平台将基层采集的事件信息分拨至相关部门处理，形成全市跨部门、跨层级的业务协同处理机制（见图6.14）。

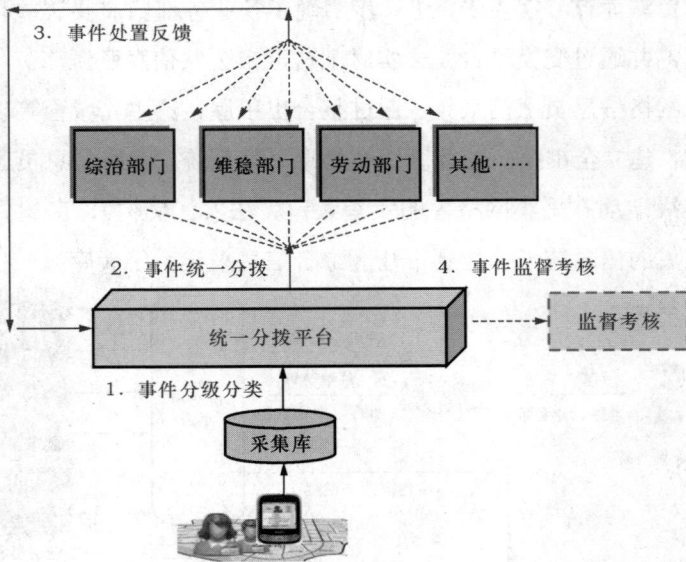

图 6.14

（1）事件分级分类。根据政府相关指导文件，结合管理类事件的业务性质和具体情形，对综治、城管、信访、安监等业务部门信息系统涉及的事件重新进行分级分类，每一类事件明确唯一的牵头处理部门，有效避免了事件重复分拨、交叉分拨，解决了部门之间互相推诿的问题。

（2）事件统一分拨。按照事件分级分类标准和处理责任主体，事件信息上报后，首先由统一平台进行自动分拨；如处理部门有异议，则由分拨中心协调后进行人工分拨。对于无法明确责任单位或涉及跨部门协调处理的事件则通过召开高规格联席会议明确处理责任主体后再行分拨。

（3）事件处置反馈。各责任单位通过统一分拨平台，及时反馈事件的处理过程和处理结果，并对已办结的事件信息进行自动汇总、分类和归档，用于日后进行电子绩效考核。

3. 统一服务事项受理

基于全市统一的公共服务信息平台，建设面向社区居民的一站式窗口服务、移动 APP 服务和网上办事服务等形式的公共服务应用，实现服务事项的统一受理，为居民提供"全天候、一站式、智能化、自助式"的公共服务模式（见图 6.15）。

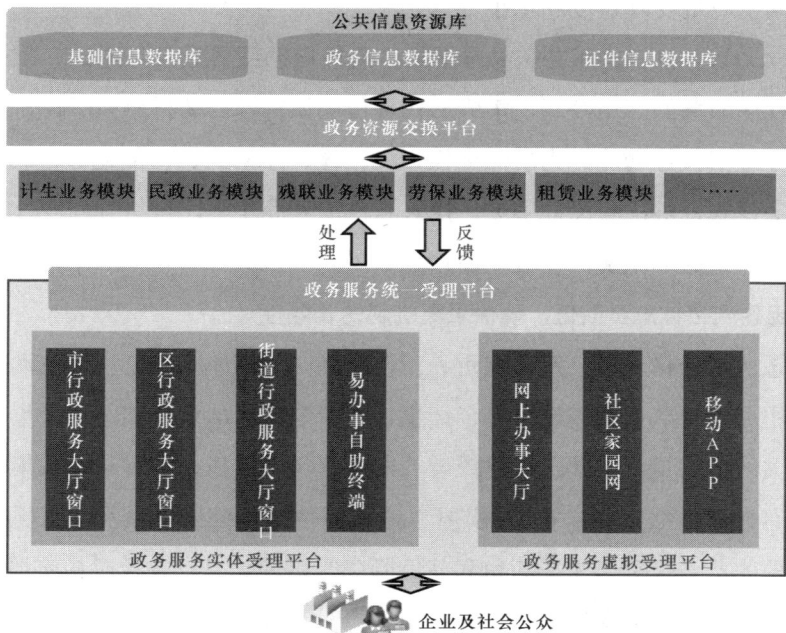

图 6.15

（1）一站式窗口受理。一站式窗口受理主要是在区、街道和社区等基层政务服务实体大厅（窗口）实现居民办事服务的统一登记受理、上报处理、绩效考核评估等功能。依托"织网工程"综合信息平台，整合劳动就业、社区医疗、居家养老、文体教育、计划生育等服务资源，建立事项办理"前台一口受理、后台分工协同"的运行模式。

（2）网上办事服务。以全省统一建设网上办事大厅为契机，梳理区、街道、社区办事业务，整合政府在线、社区家园网的网上办事功能，以及区、街道、社区的行政服务大厅业务系统，建立统一的服务事项受理平台，打造集信息公开、网上办理、便民服务、效能监察、政民互动于一体的网上办事大厅。

（3）移动 APP 应用。移动 APP 应用是基于移动终端和移动互联网的开发应用，是将一站式窗口受理、网上办事等公共服务应用迁移到手持终端，借助移动互联网的资源，居民只要下载移动 APP 应用，即可提交服务申请，查询受理进度和结果。

（4）易办事自助服务。易办事是为居民自助服务量身打造的一款能够提供社区服务的专用终端，集成二代身份证识别、自动材料电子化、自动打印办理回执等功能，为居民提供"全天候、一站式、智能化、自助式"的服务模式，解决居民办事难、找人难、重复提交申请材料等问题，切实做到"让数据多跑腿，让群众少往返"。

组建网格信息员队伍，确保采集机制的长效性。

按照"一格一员、定格定责、工作量均衡"的原则，以现有流动人口和出租屋综管队伍为基础，整合计生、城管等其他从事基础信息采集工作的相关队伍力量，在基层组建统一的网格信息员队伍，负责动态采集网格内实有人口、法人（机构）、房屋、城市部件等基础信息以及市（区）相关单位的业务信息、矛盾纠纷和问题隐患等事件信息，并及时核实居民、法人（机构）主动申报的信息，保证"织网工程"公共信息资源库数据的动态鲜活。同时，在做好信息采集和核实工作之外，网格信息员将为社区居民提供力所能及的便民服务，通过主动服务和贴心服务搭建政府和社区居民之间的沟通桥梁，营造融洽的社区环境。

6.1.4　应用成效

政务信息资源共享初具成效，政府效能显著提升。

目前市公共信息资源库已联通 10 个区以及公安、教育、卫生计生、劳动社保、民政、住建、统计等 23 个市直部门的业务数据。通过自动清洗比对，已关联 1800 多万人口（含流动人口）、180 多万法人、120 多万间房屋的信息，并在电子地图上实现可视化呈现。同时，公共信息资源库的标准体系、安全体系和应用体系已经建成，为加快推进信息融合与共享提供了保障。

1.　找齐找准服务对象，服务群众贴心及时

按照政务"大数据"的发展需求，深圳市对全市人口、法人、房屋等基础信息进行整合，形成了全市统一动态更新的数据仓库，使政府职能部门能够全面清晰地了解基层服务管理对象，改变了过去找准找齐服务对象须层层上报、层层核实的冗长过程，实现了精细化管理和快捷高效的服务，群众反响良好。如 2013 年冬天，天气异常寒冷，坪山新区民政部门通过"织网工程"公共基础信息资源库搜寻到 237 位 85 岁以上的高龄老人，为帮助高龄老人顺利度过寒冬，决定向每位 85 岁以上的高龄老人赠送暖风机，每台暖风机约 550 元，共需花费 13 万元。经报新区党工委、管委会同意后，社区工作人员利用"织网工程"综合信息平台查询高龄老人住址等相关信息，并通过快递服务的方式准确快捷地把慰问品暖风机从商家直接送到老人家中。

2.　基层问题快速上报，事件处理全程跟踪

以坪山新区为例，通过推进"织网工程"，在坪山新区实现了事件信息的统一分拨、统一处理，"线上线下"的居民诉求汇集到"织网工程"平台转为事件分派相关单位处理，由具体经办人办理后将处理结果反馈给

提出诉求的居民。"织网工程"明确了事件处理电子监察点设置、事件"案结事了"确认规则、48类矛盾纠纷和136类问题隐患调处的责任部门，推动了各类事件的及时处置和反馈，居民可以通过多种渠道（社区家园网、易办事服务器、网上办事大厅等）及时了解事件信息处理的整个流程。

同时，网格信息员手持移动智能采集终端（PDA）全时段、全地域动态采集信息，成为社会管理的"千里眼"和"流动哨"，第一时间采集社区居民需求，并迅速转交网格业务处置力量处理。

3. 管理决策更加科学，政府资源合理调配

以"人"为核心，实施有针对性的服务和管理是"织网工程"的重要理念。为政府部门在社保、医疗、教育、就业、残疾人服务等民生领域进行科学规划、管理决策、资源配置、运行分析、效果评估等方面提供了有力支撑。

（1）以残疾人设施建设为例。残疾人设施建设作为一项惠民工程，是社会建设中帮扶弱势群体、维护社会和谐安定的重要举措。由于社会资源有限，不可能做到无障碍设施全覆盖，因此优先在残疾人分布比较密集的区域建设无障碍设施，可以使设施利用最大化，在最大的范围内提高残疾人的幸福指数，促进社会公平和谐。

（2）以高龄津贴发放为例。高龄津贴是深圳市针对高龄老人的一种福利政策，通过"织网工程"公共信息资源库建设，政府相关部门能够快速查询享受高龄津贴的人员所住位置，并根据人员分布的密集情况有针对性调配人力物力，做到按需管理。

4. 信息资源多方融合，社会事件提前介入

依托"织网工程"综合信息平台，对某一类事件可能涉及的不同部门的业务信息融合到统一的平台进行综合管理，根据对各类信息分析的结果，设计管理流程并定义预警标准，系统自动根据不同的数值发出相应的预警，责任部门在事件未发生以前提前介入处理，改变了以往事件发生后

被动处理的情况。

以欠薪引发的劳资纠纷预警为例。坪山新区大型工厂较多，近两年因欠薪引发的劳资纠纷信访处于高发态势，占本区信访总量的 45%。保护劳动者的合法权益不受侵犯，减少群众上访是政府部门亟需解决的问题之一。为加强此类事件的预先管理，根据前期案例分析，总结归纳出两方面的原因，一是企业经营不善；二是淘汰落后产能企业的结果。其中，判断企业经营不善的数据依据主要包括企业近两个月工资的发放情况、一个月内劳动者的投诉量、企业每月用水用电下降情况、纳税额减少情况、是否存在大幅裁员情况以及企业的社保缴纳情况等六大指标，而落后产能的企业主要包括低产能企业、高消耗企业以及污染企业三类。通过在图层上对计划列为落后产能企业的名单进行特殊标记并对其他指标项按照事先划定标准进行预警管理，相关部门对"上榜"企业进行密切关注并根据预警情况提前采取措施，督促企业按时足额发放工资。该预警系统上线运行以后，坪山新区因欠薪引发的劳资纠纷事件数量骤减。

公共服务持续改善，居民办事简单便捷。

1. 一个窗口"包办百事"，网上办事足不出户

过去，每个社区工作站都设有多个办事窗口，每个窗口有一名或多名工作人员"坐岗"，并只办理一项业务。如果居民要办理多项业务就要到不同的窗口多次排队办理。传统的办事窗口设置既造成了人力资源的浪费，也给居民办事带来极大不便。通过设立可"包办百事"的"一窗式"服务窗口，每个窗口工作人员成了多面手和社区通，剩余的人力被解放出来安排到其他亟需的岗位，同时也极大方便了办事居民。深圳市南山区招商街道是最早探索"一窗式"服务的试点街道，这种创新的服务模式受到了广大居民的一致好评。

2. 自助终端简单易懂，上门服务贴心暖心

目前，在信息惠民工作试点社区设置了类似银行柜员机的自助终端设

备，为社区居民提供全天候 24 小时的业务受理服务，解决了社区服务中心正常服务时间与居民上班时间的冲突。目前设置的自助终端设备包括社区易办事自助服务终端以及社区家园网网上办事服务终端两大类，可受理的事项涉及计生、民政、法律援助、劳动保障等多个领域，社区居民借助服务终端可以完成大部分涉及公共服务和社区事务等事项的查询和申报。

3. 政府引导服务群众，社会力量积极参与

目前，通过"织网工程"平台已经将全市党员志愿者、义工、社工等社会力量进行入库登记管理和上图标注，并在决策分析支持系统中开发了社会服务自动匹配管理的专题应用，实现了居民需求和志愿者义工服务的自动对接，既有效利用了社区服务资源，又满足了居民不同的需要。在扩大社区服务资源方面，通过整合各类社会资源进社区、进网格，使社区服务从原来政府单一供给转变为社会多元参与，更好地满足了居民多层次、多样化的服务需求，弥补目前公共服务存在的不足。通过这一应用，可以有侧重地对社区特殊群体、困难群体、失业人员等不同人群提供医疗保健、法律咨询、就业咨询等便民服务。

以坪山新区沙湖社区实际应用为例，网格员在社区了解到高龄老人健康咨询需求以后，通过该系统自动匹配了提供相应服务的志愿者，并预约了上门服务时间。还有一个例子，网格员了解到大多儿童有学习书法绘画的需求，通过服务匹配就迅速获取了相关社会组织和社区教师志愿者等信息，并组织开展了"墨香荟"文化项目，满足了社区儿童的需要，受到儿童及家长的普遍欢迎。

4. 业务信息后台共享，办事办证高效便捷

深圳通过加强政府各部门业务系统后台信息的交换共享，为优化部门的办事流程提供了条件，可以有效解决居民奔波于多个部门办理证明材料的问题。深圳市以教育积分入学和中考报名作为示范，推进了相关部门的信息共享，实现了申报信息的网上比对核验。下一步，将推广应用到积分

入户和积分租售房等领域。

以教育中考报名为例，为免除学生家长"跑证照"之苦，深圳利用"织网工程"平台，仅用 20 天就完成了中考报名系统基于公共信息资源库的升级改造。中考报名校核系统用 4 个小时就完成了对全市 7 万名考生信息的校验工作，这一工作用传统办法需要 3 个职能部门用 5 天时间进行校验。同时，深圳还将电子数据的校验应用在 11.2 万名在园儿童成长补贴以及 2 万多名民办学校义务教育阶段学生学位补贴的发放工作。"织网工程"免除了学生家长往返公安局、规划国土委、流动人口与出租屋综管办、卫生与计划生育委、市场监督管理局、社保局等多个部门出具纸质证明材料的环节，大大缩短报名资格审查时间，提高了办事效率，让居民切实享受到信息惠民带来的便利，同时有效避免报名信息虚假和寻租行为。

6.2 互联网+大数据助力

2014 年 6 月，国家发改委等十二部委下达了《关于同意深圳市等 80 个城市建设信息惠民国家试点城市的通知》（发改高技〔2014〕1274 号），正式在全国范围内推进信息惠民国家试点城市建设。按照通知要求，信息惠民重点是围绕消除民生领域管理服务存在的突出矛盾和制约因素，以解决当前体制机制和传统环境下民生服务的突出难题为核心，改变以往技术导向、项目驱动的信息化建设模式，更加注重体制机制和政策制度创新。要以推动跨层级、跨部门信息共享和业务协同为抓手，有效整合孤立、分散的公共服务资源，强化多部门联合监管和协同服务，促进公共服务的多方协同合作、资源共享、制度对接，构建方便快捷、公平普惠、优质高效的公共服务信息体系，全面提升各级政府公共服务水平和社会管理能力。在已有资源基础上集中构建统一的城市信息惠民公共服务平台，在地市层级建设部署，在街道社区统一应用，实现基础信息集中采集、多方利用。基于统一的信息惠民公共服务平台实现部门间的业务协同和信息共享，逐步实现公共服务事项和社会信息服务的全人群覆盖、全天候受理和"一站式"办理。

　　深圳市按照国家有关部委的要求,成立了信息惠民领导小组、专家组,并在组织架构上创新,由市发改委联合经贸信息委、社工委共同成立了信息惠民推进工作小组,并下设办公室,由市电子政务资源中心和电子政务云计算应用技术国家工程实验室承担日常推进工作。近期,深圳市完成了信息惠民国家试点城市建设工作方案,并由市政府正式印发。以下是笔者亲历参与深圳市信息惠民工程以及城市基本公共服务管理平台建设,总结的部分做法和经验。

6.2.1　以信息化手段助推基本公共服务体系与服务能力现代化建设的重要意义

　　党的十八大报告首次提出 2020 年要总体实现基本公共服务均等化的目标。2012 年 7 月,《国家基本公共服务体系"十二五"规划》(以下简称《国家规划》)提出在公共教育、劳动就业服务、基本医疗卫生、人口和计划生育、基本住房保障、公共文化教育和残疾人基本公共服务等九大领域共 80 项基本公共服务项目。《国家规划》既重视"人"的均等,又重视"区域"的均等,同时还强调不同领域基本公共服务的均衡发展。要实现这一目标,各级政府就应以"人"为核心,从时间、空间上把握基本公共服务的供应与需求的特征和趋势;从资源配置上把握不同领域基本公共服务覆盖的深度和广度,及时根据可支配、可持续财力,按需准确配置和调整基本公共服务在人力、财力、物力等方面的资源投入。

　　传统上,基本公共服务分由政府多个部门履行保障,缺乏统一的协调机构对整体基本公共服务进行统筹规划,对基本公共服务的绩效也缺乏统一的评估,对扩大基本公共服务范围和项目也缺乏明确的跨部门的科学评估和批准的法定流程。要实现党的十八大提出的"加快形成政府主导、覆盖城乡、可持续的基本公共服务体系",就要求我们在公共服务体系和能力建设上加快实现现代化,通过信息化手段,带动基本公共服务能力和水平提升,从而进一步触发相关体制机制改革,促进公共服务体系与流程的优化完善，成为一个值得研究的重要的路径。

深圳市信息惠民公共服务平台是以信息化手段为依托，以大数据理念为引领，以丰富的内外部数据资源为基础，通过数据挖掘和处理分析等技术，为深圳市基础公共服务的决策、规划和管理提供智能分析、评价和比对的一项信息化工程。推进这一信息化工程建设，对于实现基本公共服务均等化和提升社会治理能力具有重要的意义。

针对基本公共服务体系范围广、内容多的特点，通过基本公共服务管理平台实现跨部门协调管理。

从统筹协调社会建设角度考虑，《国家规划》的范围主要涉及教育、劳动就业、社会保险、社会服务、医疗卫生、人口和计划生育、住房保障、残疾人服务等九个方面。因此整个基本公共服务体系的规划、建设、评估等工作涉及到市发展改革委、市民政局、市财政局、市人力资源社会保障局、市卫生人口计生委、市残联、市教育局、市文体旅游局、市住房建设局、市药监局等十几个业务部门，以及区、街道等。要统筹协调、管理监督众多部门体系，是对当前政府社会管理和公共服务职能的重大考验。因此，从顶层设计部门角度考虑，需要对各级政府和管理部门进行统筹规划，采取恰当的举措，落实《国家规划》。从各个业务线规划者自身角度出发，需要立足业务特色，对自身业务线的相关公共服务内容作出精准规划和个性服务，从而落实《国家规划》。

针对基本公共服务覆盖广、类型多的特点，通过基本公共服务管理平台实现政策评估。

按照《国家规划》的要求，基本公共服务体系覆盖行政区划范围内的全部居民，服务对象从户籍人口转变为实有人口，突破了传统以户籍制度为基础的基本公共服务配置基础，服务标准、工作的方式方法发生了重大变化。原有的公共服务资源配置方法和服务理念已经与新时期的社会发展形势不相适应。尤其是原有公共服务没有从实有人口的各个角度进行规划，导致资源配置管理有一定的盲目性。主要体现在两个方面，一方面公共服务配置资源与人口结构不相符合，例如年龄结构、性别结构、文化结构、行业结构等。以社康中心医疗设施配置为例，当某个社区的老龄化比较严重的时候，没有直观的平台来反映这类问题，从而能够让资源规划者配备相对应的适应老人的医疗器械。另一方面，公共资源的配置对未来人口考虑较少。由于以前更多是从户籍人口考虑，因此人口变动较小，相应的公共服务资源配置也比较简单，但新形势下需要对《国家规划》中的户籍人口、特定人群、实有人口统筹考虑。新形势下的人口预测需要基于时间维度跨度较大的参考数据作为数据预测的重要输入，而且需要结合先进的人口预测模型，但在实际业务决策中并没有很好地把两者结合起来。通过基本公共服务管理平台的数据分析及预测功能，可以在一定程度上解决这一问题。

针对基本公共服务对象广、需求多的特点，通过基本公共服务管理平台反映百姓需求。

对于除了《国家规划》之外的公共服务内容，由于传统公共服务中缺乏有效的手段来提取、归纳老百姓的需求，公共服务规划更多是基于现有财政资源和管理方便的角度，很难按照契合老百姓需求的角度来规划公共服务资源，从而难以形成真正贴合老百姓的政策。而且由于传统政策制定中，百姓的需求很难以合适的方式传递给政策制定者。随着移动互联网、云计算、大数据技术的发展，百姓的声音越来越容易传递到政策制定者和资源规划者的耳中，因此构建公共服务平台，汇聚百姓的需求，在公共服务政策提案、制定、执行、评估等环节引入公众评议，鼓励市民参与，能进一步提升服务政策的科学性。

针对基本公共服务涉面广、体系杂的特点，通过基本公共服务管理平台实现效果评估。

由于人文、政治、历史等因素的差别，加上公共服务本身类型多样，对公共服务的评估很难用某一单一的指标来衡量。而现有的评价更多是基于自我评价以及书面台账检查的方式，并不知道老百姓的真实反馈和服务实施效果，从而不能根据老百姓的反馈调整公共服务的资源规划。构建公共服务平台，让老百姓来评价公共服务的资源规划，有助于提高老百姓政府信任指数，优化资源配置，提高政府执政效率，并使得公共服务体系形成正向循环，构建完整公共服务生态圈。

6.2.2　以公共服务管理平台助推基本公共服务能力提升的可行性

市政府最高决策层高度重视。

深圳市委、市政府敏锐把握信息时代背景下社会建设以及政府职能转变的新契机，提出了以信息共享为核心的"织网工程"，将政务信息共享作为提升政府履职水平，加快建设服务型政府，促进经济社会有质量发展的重要抓手，将"织网工程"放在"事关全市社会建设工作全局的基础性工程，事关全市民生保障改善的实践性工程，事关全市社会服务管理创新的奠基性工程"的战略高度予以强力推进。由市委书记、市长任双组长，其他各委办局的主要负责人为成员专门成立领导小组负责推进。2012 年 8 月，经市委常委会审议通过，出台了《深圳市社会建设"织网工程"综合信息系统建设工作方案》（深办字[2012] 28 号）等"织网工程"1+3 文件。政府决策层的高度重视为公共服务平台建设提供了坚实基础和良好契机。从 2013 年 4 月起，在坪山新区开展区一级综合试点工作。2013 年 12 月 16 日，中共深圳市委办公厅、深圳市人民政府办公厅印发了《关于全面推进社会建设"织网工程"的实施方案（试行）》的通知。

2015 年 4 月 28 日下午，全市 "织网工程"并网运行现场会在龙华新区召开，深圳市委书记马兴瑞、市长许勤等领导参加。目前，全市已基于"织网工程"大数据库，建成了统一的决策分析应用支撑平台，为政府制定公共政策和开展便民服务提供支撑。基于这一平台，教育、卫生、民政、住建等部门，已在积分入学、老年证办理、保障房轮候等方面逐步开展便民服务。老百姓在新生入学、老年证办理等方面将不用再提交各类证件，省去办证之苦，实现"让数据多跑路，让老百姓少跑腿"。此外，大数据库权威准确的人口、法人等统计信息，为党委部门制定"十三五"规划和公共政策提供了有力的数据支撑。

基于"织网工程"大数据平台，全市十个区在创新社会治理方面百花齐放、亮点纷呈。例如，福田区将"织网工程"与"智慧福田"紧密结合，以信息化为依托开展基层治理的架构、流程、方式的改革创新。罗湖区探索建立统一事件分拨平台，实现各类事件调处的全流程管理。盐田区建立了社会组织综合服务管理系统，助力打造"新品质，新盐田"。宝安区探索建立服务事项统一受理平台，实现所有事项"一窗办、一网办、一次办"。龙岗区在龙城街道试点建设"一体化"智慧社区，为居民提供各类信息咨询和便民服务。光明新区积极打造集咨询服务和网上办事为一体的指尖上的社区家园网，为社区居民提供多项政务服务。坪山新区通过"织网工程"打造政府循数管理的大数据应用支撑平台和面向企业、社会和群众的便民服务平台。龙华新区强力推动基层采集力量"五员合一"，探索"一证走龙华"，打造"织网工程"龙华模式。大鹏新区将"织网工程"与旅游型社区治理结合互动，打造西涌社区、较场尾社区治理创新示范点，开启旅游服务新体验。

国家相关部委充分认可并大力推广。

2013年8月，深圳市正式向国家发改委提出创建政务信息共享国家示范市的申请。国家发改委等中央七部委将深圳批复为全国唯一的一个政务信息共享示范市。2014年1月，国家发改委、中央编办、工业和信息化部、财政部等十二部委下发了《关于加快实施信息惠民工程有关工作的通知》（发改高技[2014]46号），正式在全国范围内推进信息惠民工程。基于深圳在政务信息共享示范市建设上的成果，2014年6月，国家发改委等十二部委下达了《关于同意深圳市等80个城市建设信息惠民国家试点城市的通知》（发改高技[2014] 1274号），将深圳市列为全国80个信息惠民试点城市首位。深圳市创建信息惠民国家试点城市工作方案中，将"织网工程"作为整个信息惠民的龙头和抓手。以服务公众为中心，大力推进跨部门信息共享和业务协同，推动政府管理方式和服务模式创新，探索利用信息化手段解决人口庞大、复杂性高、流动性强的城市管理和发展所面临的问题，大幅提升深圳全市社会管理和公共服务水平，全面落实信息惠民国家试点城市的工作要求和建设目标。

具备充分的实践经验和过硬的技术支持。

长期以来，各个职能部门在公共服务领域开展了很多卓有成效的工作，但是，由于各部门之间的信息交换的渠道、机制不通畅，使得各部门在日常工作中获得的信息都只能片面地、静态地反映社会状况，一定程度上形成了"信息孤岛"的问题，影响了党委、政府服务管理工作的针对性和科学性。因此，建立一套全面的、动态的公共服务应用系统，成为当务之急。在这方面深圳市以"织网工程"为依托，在市级层面已建成全市统一的公共信息资源库，可以方便地获取经过清洗比对，关联社保、教育、就业等业务信息的实有人口、法人、房屋、城市部件等公共基础信息，还可通过市政务信息资源交换平台共享市级部门开放的其他业务信息。同时，已经建成了一支横到边、纵到底、全覆盖的网格信息员队伍，能够及时了解公众的服务需求。通过网格信息员眼见为实的信息采集和业务部门信息采集，能够动态掌握实有人口、法人的基本信息以及分布情况。就已有的信息化条件来看，深圳已经具备良好的技术支撑和实践经验，为下一步公共服务平台的推出奠定了良好的基础。

6.2.3　公共服务管理平台的目标、内容和框架设计

明确公共服务平台设计的根本目标。

1. 精准测度公共服务资源配置合理性

政府在城市化过程中应更多采取精准规划的措施，调整和创新公共资源配置方案，实现公共资源的公平合理配置。在公正视角下配置公共资源，优先保证的是在公共资源分配和享受的机会上平等，然后再通过各种制度

去照顾社会上的弱势群体或最不利者，解决社会各领域基本价值资源的公平分配问题。这样就是对《国家基本公共服务体系"十二五"规划》"政府主导，坚持公益；统筹城乡，强化基层；改革创新，提高效率"的基本要求的切实落实。

基于"织网工程"构建的动态公共信息基础资源库，对公共服务相关的各种基础信息能及时准确地掌握；结合基本公共服务的各项政策要求，运用信息化的手段来精确测度公共服务资源配置的合理性。从而更好地坚持以人为本，合理规划公共服务基础设施资源，从而达到实现公共服务资源的精准配置，提高人民群众的满意度、幸福感的目标。

2. 提供契合百姓需求的公共服务规划

随着经济、社会发展和公众公共需求的不断增长，公共服务需求呈现日益精细化的特性。一方面，一项公共服务单靠一个政府部门或服务组织根本无法完成，这就越来越要求服务组织之间进行分工与协同，实现资源共享与服务协作；另一方面，群众受文化程度、信息渠道等原因制约，可能无法充分了解到相关政策。为了解决这种矛盾，就需要进一步完善政府信息化建设，用信息化手段辅助政府提供更契合老百姓需求的服务规划——即由信息化系统进行民众需求的分析，结合人口历史变迁数据，归纳整理出百姓需求清单。

与传统的公共服务模式相比较，新型的百姓需求挖掘方式依托大数据技术，对海量的各类来源的百姓需求进行归纳分析，结合动态的公共信息基础资源库，归纳产生最终的百姓需求单，从而帮助施政者解决做什么公共服务的问题， 从而将信息化技术与政府公共服务相融合，改变了传统政府部门的官本位思路，帮助政府部门提供真正契合百姓需求的公共服务规划。

3. 提高评估和监管效率

对于基本公共服务均等化的评估体系，需要在对基本公共服务进行分类的基础上，明确各类基本公共服务的投入、产出以及效果等要素，建立多元的衡量指标。需明确细化各级政府公共服务职责，建立健全公共服务的评估监管机制。

以基本公共服务为导向的评估监管体系，不单是一套指标体系，还包括目标制定、执行、评估等环节，涉及评估主体、评估方法、沟通反馈等过程。综合性评估监管体系发挥作用，必须有相应的制度规范，引入多元化的评估机制，健全完善公共服务效果跟踪反馈制度，加大对基本公共服务均等化的监督力度。

公共服务平台建设的主要内容。

本项目作为深圳市基本公共服务体系的重要信息化支撑手段，依托织网工程已经形成的"一库一队伍两网两系统"框架体系和已有的公共服务业务应用系统，针对《深圳市推进基本公共服务均等化三年行动计划（2013—2015）》所规划的 9 个领域 83 个项目的基本公共服务，提供基本公共服务决策者、规划者、服务对象和服务提供者所需要的功能内容，服务决策者、服务规划者是平台直接用户，服务提供者和服务对象是平台间接用户，平台为这两类用户提供平台应用支撑。

服务决策者是指深圳市委和市政府有关领导、市社会工作委员会、市发展改革委员会、市财政委员会领导和部门；服务规划者是指九大基本公共服务相关管理委局的管理规划部门，包括：市教育局、市人力资源社会保障局、市民政局、市卫生人口计生委、市住房建设局、市文体旅游局等；服务提供者是指具体提供九大基本公共服务相关的职能操作部门以及社会组织；服务对象是指深圳市民。针对每个角色的主要建设内容如下：

一是为公共服务决策者建立综合分析、管理、评价、对比所需要的基本公共服务管理与评估系统，实现公共服务资源配置、公共服务资源评估、公共服务预算、公共服务对比等，达到深圳市各级主管部门全面了解所辖范围公共服务资源、及时洞察民生需求。满足服务决策者基于深圳公共服务九大领域的需求以及政府供给能力测算基础上，结合多维数据分析、对比能力以及趋势预测能力，实现建设资金统筹、区域规划调整、人口布局调整和服务供应与储备能力之间的双向协调。

二是为公共服务规划者制定专项服务分析、规划、评价、对比所需的专题服务管理与评估系统。具体来讲，平台服务规划者针对某一个具体的基本公共服务领域，在把握基于公众的需求以及政府财政经费测算的基础上，结合深圳市横向/纵向定位对比，及时准确地对某项基本公共服务进行规划。

三是为公共服务提供者提供平台应用支撑。平台为服务提供者提供基于大数据分析的应用支撑，使其精准掌握公众的需求，更好地提供主动、精准的服务。平台把用户的需求归类，然后根据用户需求的类别和服务提供者的实际服务项目联系起来，服务提供者在提供服务的时候，能够根据用户需求的类别情况有针对性地提供相关的服务，从而避免资源浪费，有效提升资源配置效率。

四是为公共服务对象提供个性化服务。建立针对深圳市全体市民的基本公共服务门户所需要的个性化需求，实现个性化服务发布、个性化服务推荐，形成每个市民专属的政府基本公共服务空间，实现本门户与相应公共服务业务系统或业务流程的集成调用机制和公共服务预约机制，并实现市民对相应公共服务的评价，为领导了解公共服务总体状况和舆情分析提供真实依据。

公共服务平台的特点。

科学决策是社会治理能力现代化的核心目标之一。为实现这一目标，需要依托大数据处理分析等信息化技术手段。为实现和达到国家公共服务"十二五"规划和广东省的相关要求，深圳必须强化提升基本公共服务的统一决策规划能力，强化提升面向个体的基本公共服务个性化、主动性能力，强化提升面向特定群体的基本公共服务针对性、预测性能力，实现基本公共服务决策规划的"对标准、察民意、明资源、达平衡"效果。

"对标准"即能够对照国家、省、市制定的基本公共服务标准，找出差距，另外还可以对照国外发达国家和地区以及国内重要的省市基本公共服务标准和实际情况，进行纵横对比，发现差距；

"察民意"即对深圳市服务对象的基本公共服务需求进行主动观察，及时掌握用户需求情况，发现个性需求和特定群体需求，实现为民所想；

"明资源"即对深圳市的基本公共服务资源（包括设施设备、人员组织、资金预算、技能资质等）做到底数清，情况明，发现基本公共服务资源的总量和结构情况，做到用最合适的资源最大程度满足服务要求；

"促平衡"即通过对标准、需求和资源的总体掌握，争取达到标准和需求之间、标准和资源之间、资源和需求之间的最大程度的平衡；并实现对深圳市市民的个性标签处理分析和基本公共服务有关群体的标签处理分析，为 9 大领域 83 个项目基本公共服务的服务对象（社会）和提供者提供业务应用支撑。

公共服务平台建设的原则。

一是统一标准，共建共享。根据国家、省、市数据规范、服务规范、应用规范，结合深圳市实际，形成全市统一的基本公共服务系统建设技术标准，并与业务部门实现共建共享。

二是需求牵引，突出重点。紧密结合市政府重大决策和电子政务等方面的需求，重点建设需求迫切、效果明显的基本公共服务内容，发挥示范应用的带动作用，促进基本公共服务配置和供给管理平台的整体建设。

三是互联互通，保障安全。制定相关信息保密制度和规定，采取相应安全技术措施，强化网络与信息安全管理，在确保信息安全的前提下，提供信息资源的共享服务。

四是稳定可靠，伸缩自如。考虑系统组网时选用高可靠性的产品和技术，充分考虑现有业务的实际情况和系统可能出现的情况，提高整个系统的应变能力和容错能力。基本公共服务平台的建设是一个长期的逐渐发展的过程，因此要求系统具有良好的可伸缩性。

公共服务平台的系统定位。

公共服务平台在深圳市电子公共服务体系中，处于电子公共服务系统的上层位置，通过三大基础库为主的公共服务资源信息库的公共服务全景数据视图分析、对比和效能评价，为深圳市公共服务提供动态管理和评估机制。

深圳市基本公共服务配置和供给管理平台以数据支撑层、功能支撑层、应用集成层、应用主题层为主要实现内容。

通过数据支撑层形成本平台所需要的数据基础，包括公共信息基础资源库内容、公共服务资源数据、市民评价数据以及通过社交网络爬取的舆情数据等。

功能支撑层将提供针对公共服务管理相关的方法功能，包括服务监管效果评价、服务规则管理、服务资源规划、服务需求预测方法、政策管理、主动服务实施机制、舆情分析方法、大数据分析方法等。应用集成层提供开发、发布、运营接口。应用主题层面向服务决策者、服务规划者、服务提供者和服务对象提供全方位的基础公共服务管理功能和决策支持功能。使服务决策者针对服务配置、服务供给、服务需求、服务预测、服务评价发现找出问题和差距，通过专题分析、综合分析、需求预测分析、反馈舆情分析等手段发现问题产生的根源和原因，为解决这些问题提供解决方案；为服务规划者提供服务发布、导航机制；为服务提供者提供准确的服务人群、服务对象需求；为服务对象提供个性化和针对性的公共服务提醒、系统导入以及服务反馈评价。

另外，公共服务管理平台还要引入 12345 服务和社会工作网的服务反馈数据，以及从外部网络环境社交网络的舆情数据，此外，其他国家地区的相关公共服务统计数据和国内其他省市自治区的相关公共服务统计数据也将导入系统，以便进行相关比较分析。

6.2.4 公共服务管理平台的价值思考

公共服务管理平台是利用大数据、云计算等新的技术，提升政府对公共资源的配置能力和决策水平，让数据说话，减少主观盲目的决策，为市民群众提供均等化、普惠化基本公共服务的手段。在实际建设过程中，需要注意几点：一是要领导重视，最好是市委书记或者市长作为"一把手"牵头，才能撬动沉睡在各部门的数据和资源；二是要加强顶层设计和制度保障，要与城市现有的各业务部门系统衔接，避免重复建设，要建立统一接入标准；三是基础信息要实现统一集中采集，通过与业务部门的数据进行清洗、对比，形成城市级的大数据库，这是公共服务管理平台建设的前提，只有数据是准确的，动态更新的，才能基于基础资源库开展大数据应用；四是要围绕市民群众广泛关注，与市民切身利益相关的领域开展应用，使市民群众能切实感受到新技术、新应用带来的好处。总之，公共服务管理平台是属于信息惠民的典型应用，是有效转变政府服务方式，提升政府履职能力和公共服务水平的具体举措，具备广泛推广的价值。

6.3　深圳市南山区"e 事通"

深圳市南山区以信息化手段让"数据多跑路、群众少跑腿"，把麻烦留给自己，方便让给群众，让社区居民"足不出户"在有网络的地方就可以随时随地申办政务服务事项，实现"e 网办理、全区通办"，开创了政府政务服务的新机制、新模式。"e 事通"依托 "互联网+思维"和政府掌握的"大数据"，借助于行政资源的整合，实现办事服务的便捷化。通过信息化技术改变的不仅是生活，也改变了政府的行政工作效能，更改变了政府的服务思维。

6.3.1　当前政务服务现状

我国的政务服务是伴随着电子政务的发展而起步的，在过去的十多年，各地政府积极探索建立服务型政府，在政务服务方面取得了一定的进展，主要表现在：一是政府门户网站已从单一的信息发布阶段逐步发展到简单交互阶段，在向服务供给阶段过渡；二是一些政府职能部门不同程度地开展了各自的政务服务事项；三是建立起政务服务大厅，多个部门集中，提供"一站式"服务，并建立网上服务大厅，提供在线办事服务；四是建立便民热线、呼叫中心，为公众和企业提供咨询、投诉等服务。但是随着时代的变化，智能手机的普及，以及移动互联网、大数据、云计算等新技术的快速发展，当前政务服务离市民群众的期望值还存在一定的差距。

政府掌握着居民的大量信息资源，在大数据时代下，政府是个人、企业信息最大的持有者。比如公安的户籍信息、教育部门的学生信息、民政部门的婚姻信息、计生部门的生育信息、出租屋管理部门的流动人口信息、国土部门的住房信息等。这些信息划归为不同的部门，形成了部门间的信息垄断。尽管在系统内不少部门也采取了网上办事的各种举措，但都是为了自家方便。其他部门的信息仍旧需要提供复印件，通过验证来寻求"自我保护"。

当下互联网公司都在强调"用户体验"，就是在信息化时代争夺客户，赢得客户的认同。而政府的服务要想跟上时代的需求，就必须注重"客户体验"，真正站在群众需求的角度提供服务。这样才能拉近与群众的距离，也是践行群众路线活动的意义所在。但是，由于政府部门的部分系统是由市统一建设，使用范围涉及到各区，部分系统又由市相关职能局建设，各自为政的封闭系统，成为居民抱怨的对象，政府部门之间也颇有意见，政府部门之间信息共享的不畅，导致全区各系统的有效运作、信息共享和跨部门协作还存在如下一些问题：

信息孤岛问题严重。

据统计，南山区与政府管理有关的单位或部门有：街道办事处、民政、计生、公安、社保、劳动、综治办、卫生、残联等，部分部门从本单位的管理需要出发，开发了针对自己业务本身的行政审批系统，将很多行政业务事项实现了网上申请、网上办理。不过这种服务多是在系统内部进行，与其他系统兼容性差、信息共享不畅，跨部门之间的合作一直难以推进，形成了事实上的信息孤岛。

政府部门间各自为政的封闭系统，成为居民抱怨的对象，政府部门之间也颇有意见。目前，不少事项的办理需要各部门协同配合，一个流程走下来，少则涉及到一两个部门，多则十几个，甚至几十个部门，信息孤岛现象还在继续。

缺乏统一办事入口。

目前，政府构建的网络服务窗口比较多，几乎每个部门都有自己的网站，建有自己的网上办事服务平台。在南山区层面，不仅有南山区政府网站，还有广东省网上办事大厅南山分厅。造成老百姓有诉求却不能及时找到申请办事的准确入口，往往要在几个行政部门之间来回询问了解后才能清楚自己要办理的事项在哪个窗口办理，浪费了大量的时间和精力。

行政审批人员负担重。

虽然目前已经实现了行政审批事项网上审批，大量的行政审批事项形成了电子化文档，大大减少了行政审批人员手工录入，手工整理资料环节，但面对繁杂的审批事项，尤其是各种证件和复印件的审核比对工作仍显得有心无力，由于没有即时有效的数据共享机制，数据往往只能在一个部门的相关系统中得到更新和比对，数据不一致问题比较严重，从不同部门得出的统计数据又有较大出入，甚至是互相矛盾，工作人员不得不进行二次核实比对，难以有效减少工作人员的负担，也不能有效提升工作效率和准确性。

群众办事难、办证多。

由于政府部门之间信息共享不畅，造成申请人或者申办人不得不跑断腿开具各种证明材料。不少申办事项，少则三五个材料，多则十多种甚至几十种。比如户籍、计生等证明，每个经历过的人都会有一番感慨。

目前群众办事难体现在以下几个方面。

办理事项时间长：各个部门、业务系统之间的协作难，群众往往要耗费很多时间和精力也不一定能办成事项；

群众办事跑腿多：群众办事往往要在多个部门之间来回跑，本来行政部门一个简单的网络审核却要群众自己一个部门一个部门纸质盖章、签字，出现纰漏还需要再次跑一遍；

重复提交复印件：不少申办事项，少则三五个材料，多的有十多项甚至几十份材料，而有的材料每办理一次都要求留存复印件，为群众办事带来一定的负担；

办理事项多源头：不少事项办理需要提供的材料和数据来源不统一、不规范，造成群众办事的时候理不清事项到底在哪个部门办理，让群众办事"难"字当头；

另外，群众办事无法从源头上限制审批时间，无法统一获取行政审批状态，往往事情报上去了，结果是遥遥无期，甚至是为了一点小事花了很多宝贵的时间和精力，群众对于这种情况是怨声载道，明显体现出群众对政府部门的信心不足。

6.3.2 "e事通"服务模式创新思路

信息化时代，政府的服务与居民的需求有机会大大缩短距离，如果能够实现网上申请或者办理，居民在有网络的地方就可以随时随地地申办，这就是信息惠民。

深圳南山"e事通"政务服务模式的创新就是利用市公共信息资源库的建设成果，在大数据的背景下，使用互联网思维提升政府政务服务和社会治理能力，优化政府办事模式、工作方式和业务流程，实现政务服务网上申报、网上办理、电子证照比对，推进多部门资源共建、信息共享、服务共赢，打造基于电子证照的全流程电子化管理、网络化资源共享及协同应用服务，使政府办事模式和工作方式从"自我保护"为主向"便民利民"为主转变，为居民提供便捷的行政服务。把麻烦留给自己，将方便让给百姓，实现居民办事由实地办理、多部门办理向网上办理、一次性办理和就近办理转变。"让数据多跑路，让群众少跑腿"，实现居民简易办事、方便办事，提升居民办事良好体验，实现南山区信息惠民新突破（见图6.16、图6.17）。

南山服务模式的创新思路。

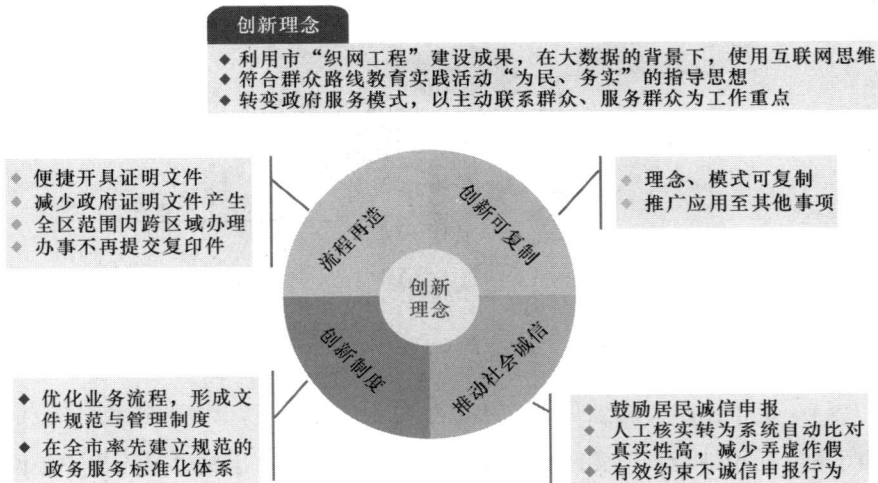

图 6.16

（1）创新理念：利用市"织网工程"建设成果，在大数据的背景下，使用互联网思维，加强政务信息共享，再造行政流程，提高工作效率，实现信息惠民新突破；以群众路线教育实践活动"为民、务实"为指导思想，从服务对象角度出发，将服务对象、政府部门角色互相结合，转变政府办事模式和工作方式，实现便民利民；转变政府服务模式，加强主动服务，使政府部门不仅仅限于办理业务等固定工作模式，而是以主动联系群众、服务群众为工作重点。

（2）创新可复制：具体特色流程虽不同，但相同理念、共享数据模式进行复制，可推广应用至其他服务事项。

（3）创新制度：各部门梳理业务流程，以 e 事通理念，优化行政业务流程，形成相应的文件规范以管理制度。

（4）推动社会诚信：鼓励居民诚信申报，并对办理事项所提交证件的核验，实现人工核实向系统自动比对转变；使弄虚作假难以实现，对不诚信申报的行为形成有效约束。

南山服务模式的主要做法

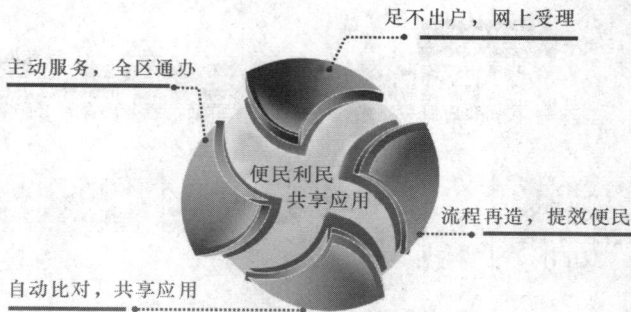

图 6.17

（1）足不出户，网上受理。从服务对象角度出发，将服务对象、政府部门角色互相结合，转变政府办事模式和工作方式，居民"足不出户"网上办理，不用提交任何纸质材料和证明，大大减少了办理时间。

（2）流程再造，提效便民。实现政府部门便捷开具证明文件的同时，以减少政府证明文件产生为目标，采取政府信息资源内部共享，实现办事流程优化精简，居民办事无需提交证明、材料和复印件。

（3）自动比对，共享应用。依托市公共信息资源库，实现南山户籍老人的基础数据以及相关信息在政务服务平台自动比对，减轻工作人员的负担，提高工作效率和准确性，有效约束虚假证件的不诚信行为，同时将核实比对后的证照等信息提供给政府各部门共享应用，最大限度提升政府办公效率。

（4）主动服务，全区通办。转变政府服务模式，加强主动服务，使政府部门不仅仅限于办理业务等固定工作模式，而是以主动联系群众、服务群众为工作重点。依托平台提供的南山户籍等信息，可以为居民提供主动上门服务，同时逐步实现政务服务区内就近办理，破除户籍区域办理的限制，实现全区通办。

南山 e 事通服务模式的建设意义

（1）加快行政改革，促进职能转变。"e 事通"以信息技术手段对各环节进行了硬性的约束，使大量的行政业务审批从一开始就进入了监督环节，把事前、事中、事后监督更加紧密地结合起来，对擅自设定许可事项、违反许可条件和程序、超过许可时限、违规收取费用等问题，进行自动警示、及时纠正。可以及时发现和纠正暗箱操作、刁难群众等一些违规违纪和不规范的行为，从而有效地促进了审批机关和办事人员依法行政，使政府行政职能由重审批向重服务转变。

（2）规范审批行为，提高服务效率。"e 事通"建设，对全区行政审批事项的实施情况进行全程自动监控，对行政审批行为进行有效约束。通过分析和汇总监察数据，发现行政审批程序的薄弱环节，并加以研究改进，提高公众服务的效率。通过将各单位许可数据的整合和汇总，每个行政审批各个环节的办理意见、依据、时间、结果等都将一目了然，各部门的信息将在较大的范围内进行交换和共享，公开化的程度将大大提高。

（3）优化管理环境，服务社会建设。"e 事通"应用网络和信息技术，使政府的各项监管工作更加严密、规范，服务更加便捷、高效，政府履行经济调节、市场监管、社会管理和公共服务职能的能力得到明显加强。随着政府施政透明度的增强和审批效率的提高，对经济发展、全面建设繁荣、和谐社会起促进作用。

随着政府信息化的不断深入，"e 事通"办理事项的逐步深入和推广应用使得政府工作人员的观念不断转变，综合素质逐步提高，从而促进政府服务素质和水平的提高，服务公众的意识增强，这是提高社会效益的潜在因素。

（4）提高行政效率，降低行政成本。借助于"e 事通"的推行，将网上办事、投资审批等全程信息化化办理，各委办局每项审批各环节都可全程监控，由此通过信息化系统可以自动进行违规警示和绩效排名，因此政府工作人员的责任意识、效率意识大大增强，可以对行政审批业务大大提高时限。

（5）统一集约规划，避免重复投资。"e 事通"的建设将成为南山区电子政务框架的一个重要组成部分，建设将最大限度地利用既有投建城市信息化资源，有效降低政府项目资金的投入，极大地促进和提升既有信息系统资源的边际价值利用，同时，集约化的建设将为后续各种政府网上服务系统的建设提供了统一的基础平台，将有效形成新增建设投资的费用效能比。

（6）建设"服务型政府"，减少投资浪费。"e 事通"将为建设科学、合理的服务型政府电子政务起到巨大的引导和实践探讨作用，使以后在服务型电子政务建设方面少走弯路。

6.3.3 "e 事通"总体架构

南山"e 事通"政务服务模式是按照国家、省、市公布的信息化建设相关标准，依托深圳市公共信息资源镜像库、居民证照信息电子库和各职能部门业务数据库的数据资源，在保证"e 事通"政务服务平台扩展应用的数据和技术一致性基础上，构建横向到行政部门、纵向到街道和社区的既规范又统一的网上办事体系，推动信息资源跨层级、跨部门融合共享，构建基于南山区政府在线为统一入口门户、公共基础资源库统一数据资源、主题应用统一支撑、共享交换统一平台，打造"统一网上受理、就近办理、后台比对"的综合服务平台（见图 6.18）。

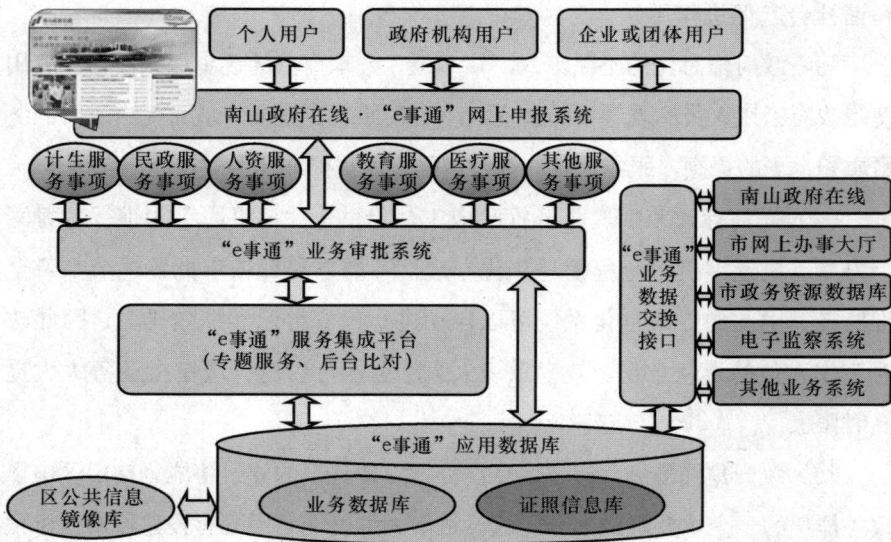

图 6.18

南山区"e 事通"综合服务平台以"以人为本，便捷服务"为设计理念，以"顶层设计，统一标准；整合资源，联合共建；需求主导，突出重点；先易后难，分步实施"为建设思路，加强顶层设计，注重统筹规划，紧密依托区、街道、社区公共服务体系，充分利用现有电子政务建设成果，推动全区电子政务信息资源整合和跨部门业务协同，促进行政审批和公共服务规范化、高效化、透明化、便捷化，提升办事效率和服务质量，提高服务型政府建设水平，将打造成以个人为中心的综合公共服务平台和政府工作人员的日常办公平台。

6.3.4　"e 事通"实践成效

实现民生服务办理便捷化。

"e 事通"政务服务模式在实际应用中取得良好成效。如：小一新生入学通过"e 事通"平台办理，将新生入学材料审核时间从 1 周大幅缩减至 2 小时，并至少省去了 3 万人次原件携带及 12 万份复印件的产生，广受学生家长的好评；70 岁以上老人的高龄津贴申领事项，办理时间由原来每月一批优化为随时受理，由现场办理转变为网上申办，为老年人提供了极大的方便；残疾人的康复服务需求通过"e 事通"平台办理，免除了残疾人携带各种证件在各部门之间来回奔波的麻烦。

引起社会广泛关注和好评。

深圳市相关部门主要领导、信息资源管理方面专家学者对"e 事通"改革项目高度评价，鼓励推广应用；"e 事通"政务服务模式改革项目也受到人大代表和居民代表们的广泛好评，《南方日报》《深圳特区报》等 13 家国内著名媒体对"e 事通"政务服务模式进行了 25 次专题宣传报道，十多家有影响力的网络媒体予以转载宣传。

取得五方面改革成效。

与目前各地区建设的政务平台相比较，"e 事通"政务服务模式取得以下五方面的改革成效：

一是建立政务服务和便民服务一体化平台，实现居民办事网上办理、民生服务"零距离"，让居民可"足不出户"快捷办事；

二是建立跨部门、跨层级、跨区域的数据共享和交换机制，打破政府信息孤岛，实现政府信息"零阻隔"，南山区率先与深圳市电子政务资源中心、市区相关部门的业务系统形成了有效互联互通；

三是建立电子证照自动比对和协同应用平台，实现居民办事"零材料"，在全市率先实现相关业务办理免交部分证明材料和免除复印件；

四是建立公共基础资源库应用新模式，破除户籍区域限制，实现政务服务全区通办，居民办理相关业务不受居住地的空间限制，可据自身需求，就近便捷办理；

五是建立证件校验自动比对系统，杜绝虚假申报和审批漏洞，引导居民诚信申报，推动社会诚信和阳光政府的建设。

"e事通"的推行和不断深化应用，将实现南山区政务服务网上服务能力、网上办理效率、服务满意度的全面提升，开创了政府政务服务的新机制、新模式，并将在1～2年内逐步实现南山区部门间办事"零纸质证明"，实现公众和企业办事网上受理，享受政府政务服务"零距离"，打破信息共享壁垒，实现政府信息"零阻隔"；不断进行行政流程优化再造，逐步实现公众和企业办事"零材料"，并最终实现南山区政务服务"e网办理、全区通办"的信息惠民新突破。

6.4 大数据环境下的社会治理创新——以深圳福田区为例

现阶段，我国正处于社会转型加速期，随着社会的快速发展和急剧变迁，包括人、财、物、事等在内的社会治理数据和信息变得越来越庞大和复杂，而这与当前大数据技术的发展正好不期而遇。针对目前社会治理领域普遍存在的服务理念滞后、决策机制不够科学、部门协作亟须加强、工作效率亟待提升等问题，大数据技术从认识、理论、方法、实践和效果评估等方面都能给人们全新的视野，为社会转型期的社会治理创新带来了机遇。

6.4.1　大数据时代下社会治理的特点

从技术层面来看，大数据时代社会信息化和政府信息化程度前所未有，物联网、云计算、数据整合、基于语义网的 Web3.0、关联数据、信息发布等新技术的发展及普及，为政府治理实现"智能化"提供了技术支撑，将从根本上改革政府组织模式和政府形态，进而改变政府治理模式，影响整个政府存在的形态。从长远来看，大数据将对政府治理方式、政府职能和政府自身管理等多个方面产生影响。

公共服务的开放化、推送化、个性化。

公共服务环境"开放化"。大数据时代，数据将成为一种资源，开放将成为一种潮流，公共服务环境的开放达到前所未有的程度。数据的开放和流动，代表着知识的开放和流动，代表着资源的开放和流动。在开放的环境中，要求公共服务机制更加完善，需求将更加明确，服务配置将更加优化，服务方式更加灵活，服务供给更加丰富，服务质量更加高效，社会生产力将得到更大解放和发展。

公共服务方式"推送化"。大数据时代公共服务供给将由"索取"向"推送"转变，这一转变涵盖了两层意思：一是公共服务态度变得更加主动，从"被动"向"主动"转变。大数据时代，无论是公众还是政府的行为都被放在"第三只眼"之下观察，为此公共服务将变得更加"主动"，主动对公共服务进行过程追踪，确保公共服务质量，从而有效解决食品、药品等行业的安全问题；主动改进公共服务质量，政府部门可通过分析大数据来判断公众对公共服务质量的评价，借此来改善服务，提高市民满意度。二是公共服务提供方式变成"推送"，网络外部性使得政府数据发布随着受众群体的增加，成本越来越低，倍增效应越来越明显，当政府意识到数据开放的收益远大于其成本时，被动的索取将向主动的推送转变。

公共服务产品"个性化"。大数据时代的到来，让数据挖掘更加深入和精细化，有条件引导政府提供更加个性化的公共服务。例如在医疗卫生行业，相关部门可以从多个渠道获取个人健康信息，把职业等行为数据与电子病历等医疗数据关联起来，形成一个综合的健康状况模式，提供精细化的医疗服务。另一方面，大数据时代以语义网为代表的 Web 3.0 技术将成为主流，政府通过对公众在政府网站、微博等的浏览次数、栏目关注度、在线申请服务、发表评论等多项活动的分析，运用数据挖掘技术工具等对公众活动进行关联，进而主动形成个性化的服务。

公共决策的社会化。

公共决策趋于"社会化"。大数据时代，政府决策呈现 3 个特征。

"微"决策。"微"主体带来的"微"行为，产生"微"决策，推动决策社会化。随着信息技术的发展，社会公众意愿的表达和信息传递成本递减，多个不相关个体利用信息化手段表达个体的"微"意愿和看法，形成成千上万的"微"数据和"微"事件，这些数据呈现小、散、模糊的特征。任何事件的发生都是有"前兆"的，看似偶然的背后其实有着必然性，政府需要尽可能地在这些"微"力量爆发前，运用数据挖掘等技术将这些分散、模糊的小概率事件有序地关联起来，挖掘出问题可能发生的大概率，在问题察变机制方面发挥提前预警功能，做出恰当的决策。

"被"决策。数据时代政府决策是"被"社会影响和引导的，政府决策将更多地参考社会公众的意愿，通过对网站浏览、论坛留言、微博转发等网络舆情的深度分析，政府可以准确把握公众关注的热点、对问题的看法，决策中不再是简单的政府"一言堂"，更多地集聚民意和民智。政府将"被"民意所引导，既有可能是政府主动将民间意愿上升到国家政策，也有可能是政府迫于社会舆论压力将民间意愿转化为国家政策。

"智"决策。大数据时代，政府将以更加开放的心态，把市民当作"合作伙伴"和城市问题的"决策者",给市民提供广泛的参与机会,从而推动公众参与由象征性参与阶段迈向实质性参与阶段。这种转变集中表现在以下三个方面:一是公众参与的合法性增强。在大数据时代,社会成为一个社交平台,公众可以任意使用平台上的任何资源,同时也会发表自己作为公民的意愿或建议。政府会主动或被动地听取公众的意愿或建议,公众的声音在社会响起。二是参与渠道多元化,民主范围进一步扩展。政民互动渠道进一步拓展,以微博等社交媒体为主的分布式信息发布技术,为公众参与提供了实时互动的全新信息空间,从而导致了信息的海量递增和传播渠道的极度多元,加强了与公众的沟通。三是公众参与的主动性增强。个人可以将数据转化为大众应用,提升公众在社会管理中的参与度。

危机管理的"去危机化"。

更好实施社会危机和风险治理。大数据通过增强对现象发生小概率的关联与研究,可以有效减少社会危机发生的不确定性,增强风险预警能力,降低社会危机带来的危害。利用大数据还原危机发生的真相。在信息时代,网络、微博等新媒体成为信息传播的发源地,网络传播的快速性和网络信息辨识难的特性,使得网络成为公共危机爆发的"火山"。政府部门作为社会舆论的权威导向,需要在第一时间还原危机真相,利用大数据可以对社会热点、名人微博等海量社交数据的跟踪分析,找到事件的起因、传播的渠道、涉及的关键人物,进而有效地还原社会群体危机发生的过程,以客观的事实和数据告诉社会事情的真相。另外,利用大数据可以预测危机发生的可能。对海量社交媒体数据的分析,可以预测如恐怖主义和骚乱活动等突发事件。

政府绩效管理"被量化"。

"用数据说话"的政府绩效评估。随着政务信息化水平的不断提升,公共部门积累了大量的业务数据,政府绩效评估将越来越依靠"数据"。利用大数据技术,让原来不能量化的评估内容变得更容易量化,可以对公众发布的文本、音频、视频等半结构化和非结构化数据进行深度分析，拓宽了评估的范围和内容。大数据技术可以帮助政府设计更为科学的政府绩效评估指标体系，从定性设计指标体系向定量设计指标体系转变。

6.4.2　大数据时代社会治理创新的战略意义

促进社会治理体制从碎片化到网格化的转变。

当前，社会治理碎片化是我国社会治理体制存在的主要问题，具体表现为：承担社会治理职能的各政府部门各自为政，协同性不足，同时不同部门的职能之间存在交叉和重叠，"信息孤岛"和"信息打架"现象并存。这种碎片化的社会治理体制使我国的社会治理陷入高成本、低效率的困境。随着大数据时代的到来，社会治理大数据成为可供所有社会治理主体使用的公共产品。在这种情况下，实现社会治理大数据的完全共享，不断提升其使用效能、效率和效益，将有助于推动各社会治理主体之间的协同与合作，进而促进社会治理体制从碎片化向网格化转变。

促进社会治理方法从以有限个案为基础到"用数据说话"的转变。

长期以来，基于少数人的社会治理需求推断、预判多数人乃至整个社会现时的或者未来的社会治理需求，基于部分地区的社会治理经验推断整个地区乃至整个国家的社会治理政策和措施，是一种在我国占主导地位的社会治理思维。这种以有限个案为基础的社会治理思维具有非常明显的局限性，主要表现在以下两个方面：一是未充分考虑到社会各阶层、各群体社会治理需求之间的差异性；二是对我国不同地区之间经济社会发展不平衡的基本国情缺乏足够的重视。在大数据时代，社会治理大数据的价值在于提高社会治理决策的科学化与社会治理过程的精细化水平。为了实现这一目标，各社会治理主体须对原有的社会治理方法进行根本性的变革，着力培养大数据意识，促进相关数据的完全共享，更多地依赖具体数据进行决策，实现从以有限个案为基础向"用数据说话"转变。

促进社会治理模式从静态治理到动态治理的转变。

长期以来，我国社会治理的目标被设定为维持社会稳定，而基于这一目标所开展的社会治理实践是一种静态治理的社会治理模式。改革开放 30 多年来，随着不同社会阶层之间的社会流动性不断增强，社会发展和变迁的速度不断加快，原有的静态社会治理模式已经不能适应经济社会发展的需要，急需以动态治理的社会治理模式取而代之。实现从静态治理到动态治理的转变，已经成为当前我国社会治理体制创新的重要内容。在大数据时代，突飞猛进的大数据技术为及时、全面地掌握社会治理相关数据的变动情况和变动趋势提供了技术支撑。对于承担社会治理职责的各个社会主体而言，及时、全面地掌握社会治理相关数据的变动情况和变动趋势，对于实现从静态社会治理模式向动态社会治理模式的转变具有非常重要的意义。

促进社会治理方式从简单粗放到科学决策的转变。

目前，我国正处于社会矛盾的凸显期和集中爆发期。在这一阶段，协调利益矛盾，化解社会冲突，维护社会秩序，促进社会稳定，成为摆在我们面前的严峻挑战。为应对这一挑战，亟需对我国原有的自上而下的利益矛盾化解机制进行根本变革，逐步建立上下互动、主体多元的利益矛盾化解机制，促进我国社会治理方式的科学化。如何从海量的社会治理微观数据中找出有价值的信息，形成一套完整的数据分析应用体系，并为最终决策提供参考，是大数据时代实现社会治理方式创新的关键环节。通过对社会大数据进行历时性和实时性分析，加强社会风险控制，提高政府预测预警能力和应急响应能力。无论是对现实社会各行业的运行监控，还是对网络虚拟社会的治理，都可以基于历时和实时的大数据分析，密切掌握市场调节失灵、社会秩序与稳定受到威胁等需要社会治理介入的节点或情况，这对于进一步加强和完善社会公共安全体系，完善社会应急管理体制等具有重要作用。为实现这一目标，亟需各社会治理主体实现从简单粗糙向精确分析、从关注宏观数据向关注微观数据转变，并根据大数据的流程设置相应机构和工作岗位，促进社会治理方式从简单粗放到科学决策的转变。

6.4.3　福田区大数据推进社会治理实践

依托大数据系统网络，着力构建以民生为导向的社会建设电子政府应用体系，并在此基础上积极开展业务流程再造，有效提高了福田区的行政效能和社会治理能力。

1. 按照"集约建设、共建共享"的要求，统一建设和管理数据中心管理服务平台

建设统一的数据中心管理服务平台，对外提供服务查询接口，以满足跨部门的业务查询需求；为业务系统提供数据服务，为领导决策提供支持。同时以深化服务与应用为重点，建立可持续发展的信息共享和业务系统机制，进行跨部门的数据交换和综合应用（见图6.19、图6.20）。

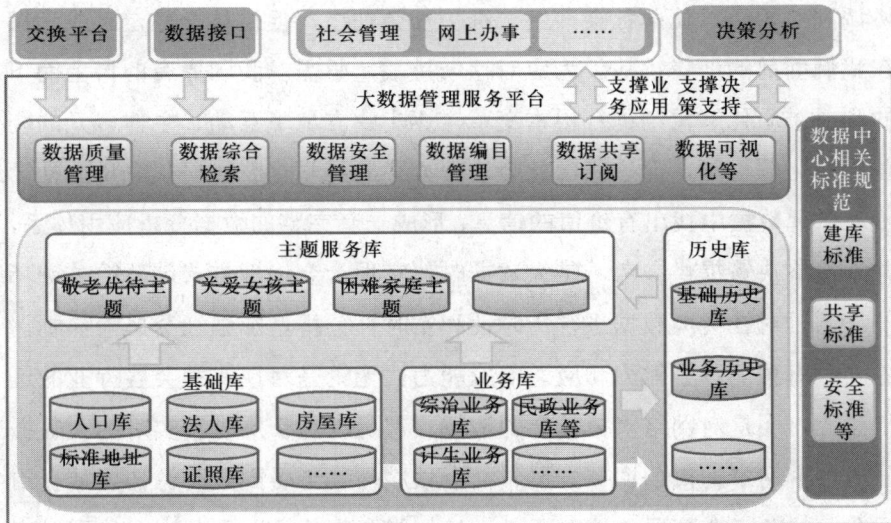

图 6.19

运用大数据的理念，汇集各类与社会治理、民生服务相关的数据，按

照"统一标准、一数一源、多元采集、共享校核、动态更新、安全可控"的原则进行数据中心构建、管理与服务支撑，用数据支撑社会治理和公众服务，实现"让数据多跑腿，让群众少跑路"的目标。

图 6.20

福田区数据中心通过共享市公共基础信息资源库福田区镜像库基础信息与市（区）相关部门的业务信息清洗、比对、关联的方式构建。建设包括六大基础库、主题服务库、历史库及个人、法人全生命周期的数据库（关联证照、诚信等），见图 6.21。

（1）数据采集

市直 19 个部门相关数据通过市信息资源交换平台进行订阅采集，区内 12 个部门相关数据通过服务接口方式进行采集。

（2）六大基础库

福田区数据中心构建了个人、法人、房屋库、标准地址、证照、城市部件库六大基础数据库，用于数据挖掘及决策分析。

（3）主题服务库

按照制定的相关服务规则、业务规则，通过数据碰撞，将不同主题的相关数据分为相应的主题服务库，并通过统一的接口提供给相关单位调用。

制定数据中心建库标准、数据共享服务标准等，为数据中心的构建及横向业务部门数据共享提供支撑。提供包括数据质量管理、全文检索、关联分析、可视化、分级授权等，实现数据管理操作可视化、数据可视化，实现用户与数据的智能沟通。

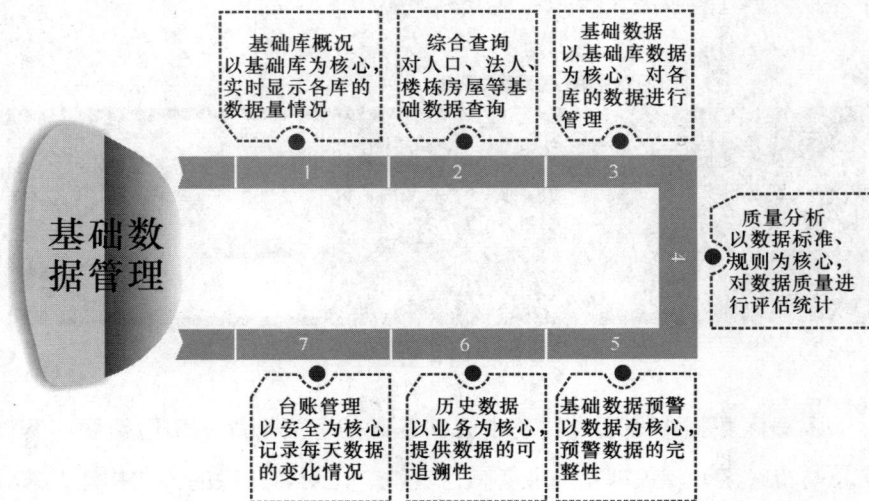

图 6.21

通过数据挖掘、数据比对、数据服务发布等，为业务应用系统提供数据核查服务、数据推送服务，为领导决策提供支持。数据中心建立了完善的安全管理体系，建立了对数据中心查询、使用全过程的监管机制，重要敏感信息屏蔽机制。

2. 构建"三厅融合"的行政审批服务系统

"三厅融合"即全面改革全区办证大厅运作模式，将区、街道行政服务大厅和网上办事大厅三厅融合，打造"综合受理、后台审批、统一发证、监督监管"的工作模式，实现所有审批事项"一网办、一窗办、一站办"。其特点为：一是梳理审批权责清单。老百姓面对的只是办事事由，只是综合受理窗口和发证窗口，不再面对具体办证部门。二是实行并联审批。涉及多部门审批事项，按照"一门受理、抄告相关、同步审核、限时办结"的原则，由政府内部进行"联审联办"，并联审批。三是实现即来即办。

凡是提交材料齐全、不需上会或专家评审、现场勘查的申请，一律即来即办。四是实现全区通办。辖区居民可不受时间地域限制，进行网上申报，并可在辖区范围内任何受理点就近办理事务。五是实现无纸化办证。建设证照证件数据库，智能比对，不再要求居民提供相关纸质证明和重复提供复印件，只需要提供身份证或法人机构代码证就可以办理，着力解决申报材料多、重复提交多等问题。

建设政务征信体系。其主要包括：政务诚信信息主题库、政务诚信信息管理系统、政务诚信服务网站，以及配套制定的《政务诚信信息管理办法》，即"一库、一系统、一网站、一办法"。其主要建设内容包括：诚信管理规范、诚信信息收集、政务征信信息查询系统等。

通过大数据系统网络和电子政务应用体系建设，福田区全面梳理"自然人从生到死，法人从注册到注销，房屋楼宇从规划、建设到拆除"全过程政府管理服务相对应的所有数据，为实现信息循环、智能推送提供数据规范和数据支持。并在信息资源融合共享的基础上，广泛进行部门业务工作需求调研，理清部门之间的业务关系和信息关联，通过部门循环、信息碰撞、智能推送，再造工作流程，有效减少了工作环节，简化了工作程序，提升了服务效能，方便了群众办事。同时随着政务信息资源面向社会开放的逐步推进，各类社会组织、企业和公众将可以合理使用不含隐私信息的基础数据，为社会提供个性化服务和增值服务。

3. 找准流动人口自主申报切入点

福田区通过搭建信息自主申报服务平台，借助全市"人、楼、房"数据库和智慧福田数据库为支撑，强化房屋分类分级管理、申报信息审核管理、派单跟踪绩效管理三项管理，推送法律宣传服务、短信提醒服务、上门办证服务、数据共享服务四种服务，实现了便捷申报、重点管控、减员增效、居民自治、数据安全的目标。同时，通过强化宣传推动和执法核查，实现居民遵守法律、自我管理和尊重诚信的社会氛围，运用网格化、信息化和大数据理念,进一步提高社会管理精细化、数字化和动态化管理水平,见图6.22。

图 6.22

实行自主申报后,综管员把更多精力用于对隐患、事件信息的重点采集和深化管理,并通过网格固化属地管理和精细化采集,经过数据的比对分析,筛选防控对象、育龄妇女等重点人群,再由网格员有重点、有针对性上门采集、核实,确保纠纷、事件、计生等信息的获取不受影响。实施自主申报后,全区综管员配备减少11%,减员增效初步显现,见图6.23。

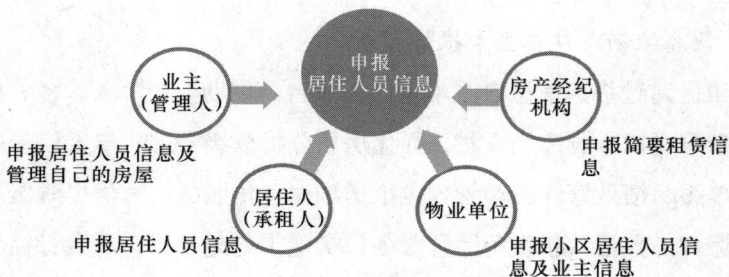

图 6.23

4．深化民生微实事改革

在探索社区治理创新，激活社区居民自治方面，福田区通过开展"民生微实事"改革，以高效、快速解决百姓迫切需要、普遍关注的小事、急事、难事为切入点，创新性地走出一条社区居民"自我管理、自我服务、自我教育、自我监督"的社区自治推进路径。

6.4.4　福田区社会治理方式创新经验

福田区利用智慧城市建设的契机，把新技术应用与社会治理机制创新相结合，对房屋管理、人口管理、社会参与机制等积极探索，其所取得的经验具有一定的推广价值。

1．理念更新是大数据创新应用的前提

当今时代，随着物联网、云计算、大数据、移动互联网的发展，传统的信息化和网络概念已经远远不能适应信息技术发展给社会和人民群众生活带来的巨大变化。同时传统的城市管理、居民服务和社会管理模式也必须通过改革实现重大创新，才能及时响应和满足大数据时代社会各个主体共同参与社会治理的需要。福田区的实践表明，只要政府转变思维，大数据对促进城市转型升级和提高可持续发展能力、提升社会治理能力等方面可发挥积极重要的作用。

2．基础数据是开展大数据应用的基础

大数据时代，基础数据是开展各类应用的基础，如何动态、准确地掌握基础数据是大数据应用的关键。福田区按照全市基础数据统一采集的要求，结合部门存量数据跨部门信息共享、清晰、比对，形成了全面、动态、准确的基础数据库，为福田区开展社会治理和公共服务创新提供了基础数据支撑。

3. 惠民服务是大数据应用的根本

政府开展大数据应用，其核心是提升政府履职能力，提高公共服务水平。因此，开展大数据创新应用必须以服务对象为核心，围绕市民群众的需求，解决群众办事难、办证多等问题，利用大数据开展个性化、精准化、主动化的服务。从福田区的实践来看，从全员上门采集到有针对性上门核对，更多体现政府从"重管理"到"重服务"理念和行动的转变，核对信息的服务模式更容易让市民接受，也避免了重复扰民现象。通过统一的基础数据库，市民在任何一个就近的办事窗口都可以利用申报的数据办理居住证、子女入学、计划生育、高龄补贴等业务，减少了大量纸质材料的提交、审核，提高了办事效率。

6.4.5　应用成效

1. 优化政府工作流程，简化群众办事程序

整合全区现有各方数据资源、社会服务管理资源，梳理各项业务工作的办事流程、业务关联、信息关联，通过简化程序、再造流程，提升服务效能，方便群众办事。福田区利用信息化技术建立了电子证照库，凡是办事群众、企业提供过的有关证照，都通过高拍仪进行电子化归档，并共享使用，只要证照库内有的相关证照，群众来办事时就不再需要重复提供或录入。目前福保街道采集入库的证照数据信息达 3 万多条，实现了 12 项业务凭身份证"一证办理"。

2. 提高服务精准度，变被动服务为主动推送

在居民服务方面，运用大数据技术，智能找寻服务对象，从原来被动等待群众申请办事，转变为主动推送服务事项，提示工作人员及时开展服务和管理。通过数据碰撞、比对，福保街道发现有 53 名符合条件的老年人未领取高龄津贴，经过电话通知、上门告知等，目前已有 35 名老人享

受了这一政策福利。

3. 使政府资源的配置更趋合理，实现了由社会管理向社会治理方式的转变

政府从入户全员采集信息到大部分信息主动申报的模式转变，把有限的资源用于对少数重点人群的管理，使政府资源的配置更趋合理，实现了由社会管理向社会治理方式的转变。另外，自主申报不再是人海战术的入户采集，只需对自主申报的信息开展有针对性上户核查和上门服务，各街道把释放出来的人力、财力用于民生服务和稳定队伍、优化结构，调动了基层一线工作人员的积极性。实施自主申报后，全区综管员配备减少 11%，减员增效初步显现。

6.4.6　互联网+商事登记助推大众创业万众创新

作为改革前沿城市的商事主体登记机关，深圳市率先在全国提出"商事登记制度改革"，为全国统一的商事登记制度改革积累了宝贵的经验。随着商事登记量的大幅度攀升，以及社会公众对政府工作的更高期待，为了在互联网时代提供更优质、更创新的公众服务，运用"互联网思维"，打造"互联网+商事登记"，树立了"互联网+政府服务"新标杆。

所谓互联网思维，就是在（移动）互联网、大数据、云计算等科技不断发展的背景下，对市场、对用户、对产品、对企业价值链乃至对整个商业生态的进行重新审视的思考方式，它强调"民主"、"开放"、"参与"，强调"我思献人人、人人助我思"，强调"互联互通共享共治"。"互联网+"则是互联网思维的具体表现，即充分发挥互联网在生产要素配置中的优化和集成作用，将互联网的创新成果深度融合于社会各领域之中，提升实体经济的创新力和生产力。在政府治理方面，也应该推进"互联网+公共服务"模式，鼓励政府利用新媒体、社交网络等互联网平台建立"智慧城市"的管理和服务体系，提升公共服务效率和水平。

深圳积极践行"互联网思维",注重利用先进的信息技术和快速发展的信息网络来改进工作,打造"互联网+商事登记",取得了一系列成果:本着"用户至上"的原则,在全国率先实现商事登记"全流程、无纸化"网上办理,该模式已被国家工商总局认可,并正在被全国各大省市复制、推广;通过研究营业执照、组织机构代码证、税务登记证及企业公章的办理流程,再造工作流程,优化服务方式,在全国率先打造了"多证合一""一照一码"模式,将原来接近一个月的办事时间缩短为三个工作日,进一步降低市场准入门槛,提升商事登记服务水平;按照"全民参与、社会共治"的理念,在全国率先建立商事主体登记及许可审批信用信息公示平台,充分发挥市场的自主调节作用,培育更成熟的商事主体和营商环境。

深圳商事登记制度改革以来,商事主体呈"井喷式"快速增长,极大地助推了大众创业万众创新。2013 年 3 月 1 日至 2015 年 2 月 28 日,商事登记制度改革 2 周年,深圳市新登记商事主体 84.7 万户,比改革前 2 年增长了 170%,是改革前全面商事主体的 85%;截至 2015 年 2 月 28 日,深圳市累计实有商事主体 178.6 万户,排名跃居全国大中城市(包括直辖市及副省级城市)的第一位。按深圳 1500 万居住人口计算,深圳每千人拥有商事主体 119 户,居全国首位,创业密度最高。新登记的商事主体中新能源、电子商务、股权投资、融资租赁、互联网金融的新兴行业不断迸发,服务业快速发展。深圳的一系列创新举措降低了市场准入门槛,优化了深圳的营商环境,迈入"互联网+商事登记"的新时代。

1. 用户至上,登记服务从线下到线上,打破地域时空限制,推动万众创业

在互联网技术高速发展的背景下,深圳将互联网新技术与商事登记注册业务深度结合,着力打造"互联网+商事登记"。全流程网上商事登记模式就是这种结合的产物。

所谓全流程网上商事登记模式,就是通过引入 PKI(公开密钥基础设

施，也就是常说的数字证书技术），采用基于电子表单申报与解析的云计算解决方案，打造的全流程一站式线上登记注册服务。申请人通过互联网提交电子申请材料，商事登记机关实行网上受理、审查，颁发电子营业执照或电子通知书，并保存电子档案。这一登记模式采用了全程无纸化、电子化的设计，申请人无需到达现场提交纸质材料、股东可远程电子签名、登记机关网上审批、发放电子营业执照、保管电子档案等等，是全国首创。采用全流程网上商事登记，申请人不再需要多次往返大厅，不需要再准备各类形形色色的申请材料，只需要在家中或公司点击鼠标，最快仅需十余分钟即可完成申请。这就大大提高了申请人办理营业执照的便利性，降低申请人办事成本，同时，也提高了政府登记效率、节约了行政资源，可谓一举多得。

"用户至上"是互联网思维的核心，全流程网上商事登记这一改革举措是深圳市市场和质量监管委成功将互联网思维导入政府服务领域的典范。2013 年深圳实施商事登记改革后，决心推行全流程网上登记模式。制定《深圳经济特区网上商事登记暂行办法》，创新性引入银行个人数字证书，多部门合作搭建数字证书认证云平台，借助数字证书验证全流程网上商事登记申请人的真实身份和电子签名，解决了互联网上最难解决的身份认证和签名问题。从而实现了申请人从名称核准环节到领取纸质营业执照等一系列环节，均可在互联网上办理，无需到达现场提交纸质申请材料，股东可远程电子签名，不再受到地域的限制。通过这一"互联网+商事登记"平台，可以快速地将分散在全国各地的资本、人才、智力、技术整合到深圳，形成生产力，推动大众创业、万众创新。

2014 年全年深圳商事主体登记工作量约 206 万笔，较 2013 年的 161 万笔增加了 45 万笔，比改革前 2012 年全年 105 万笔增加了一倍，工作量增量巨大且增速快，并且呈现继续增加的趋势。在业务量倍增、从事登记服务人员不增反降的情况下，做好商事登记服务工作，靠的就是以互联网改变传统工作模式的成功转型。

2. 体验为王，颠覆性创新，跨部门服务职能融合，以创新助推创业

借助全流程网上商事登记这一利器，深圳市市场和质量监管委利用互联网思维方式，继续推进落实商事登记制度改革。自 2014 年 12 月 1 日起，深圳市市场和质量监管委联合市国税局、市地税局、市公安局共同实施"四证合一"改革，将原来商事主体营业执照、组织机构代码证、税务登记证和刻章许可证由商事登记部门、组织机构代码登记部门、税务部门、公安部门分别办理的模式，改为"一表申请、一门受理、一次审核、信息互认、四证同发、档案共享"的登记新模式。

在"四证合一"实施之前，商事主体完成一次完整的登记申报需要经过商事登记部门、公安部门、代码登记部门和税务登记管理部门四家行政机关审核，程序较为复杂。且办理公章、组织机构代码证和税务登记证均以营业执照为前提，企业需要往返不同部门，花费大量的时间与精力，增加了营商成本，体验较为糟糕。

要提高用户的办事体验，实现真正的便捷高效绝不是仅仅指注册登记一个部门，而是涉及为商事主体提供公共服务的所有部门。市市场和质量监管委大胆探索，借助政府电子政务网络的优势，抓住全流程网上商事登记实施的契机，主动改革实施。

"四证合一"大胆打破各部门原有的职能界限，对体验不佳的跨部门办事流程进行了几乎颠覆性的创新，极大地提升行政效能，最大化地释放改革红利，成为政府利用互联网思维，创新登记模式、加强部门合作、科学配置资源的典型案例。

3. 开放、透明、全民参与，构建社会信用体系，营造公平公正营商环境

互联网思维的另一个重要特征是开放、透明、全民参与。在当前商事主体数量井喷，行业及从业形式多种多样的前提下，为充分发挥企业市场主体作用和市场机制基础性作用，尊重商事主体自我约束、自我管理的原则，有效建立和有序运行公平、规范的市场经济秩序，2013 年 12 月深圳

市政府建成上线了商事主体登记及许可审批信用信息公示平台。该平台是全国首个实现商事主体登记许可和监管信用信息跨部门、跨层级共享、互动和公示的商事主体许可审批及信用信息公示平台。旨在建立科学、合理、可行的社会信用制度，凡是能用信用管理方式解决的问题，都不要用行政责任、行政手段的方式解决，真正建立信用政府、信用企业、信用社会，实现市场经济秩序的健康有序运行。

为了加强商事主体信息的共享与公示，提升信息的利用水平，平台归集全市商事主体基本登记信息、许可信息、监管信息、荣誉信息数千万条，不但在全市各区各部门间实现了信息共享，而且依托深圳信用网和广东省网上办事大厅深圳分厅实现了对社会公众公示商事主体信息。使用人登录相关网站即可查询商事主体各个方面的信用信息，商事主体信用状况一目了然。

深圳还将"互联网思维"融入到了日常的市场监管工作当中，发挥无形之手的监管作用。平台通过打通市、区、街道三级部门信息传输渠道，建立各部门信息共享机制和监管联动机制，进一步加强商事主体事中、事后监管。未来将应用到城市信用体系的建设，对实现全社会共管共治具有重要意义。比如，开发了审批告知功能系统，将涉及行政审批的商事主体登记信息及时通过网络发送至相关行业主管部门，使商事主体监管工作无缝衔接；开发了企业信息年报系统。取消了过去年检工作模式，企业通过互联网即可申报年报信息，免除其往返监管部门办事的劳顿；企业经营信息自主申报公示，接受社会的监督。

互联网时代，深圳将高举"互联网+商事制度改革"的旗帜，以互联网的力量驱动创新，推动社会发展。

6.5　互联网+便捷交通

6.5.1　建设背景、目的及意义

《国务院关于积极推进"互联网+"行动的指导意见》（国发[2015]40

号）提出，加快互联网与交通运输领域的深度融合，通过基础设施、运输工具、运行信息等互联网化，推进基于互联网平台的便捷化交通运输服务发展，显著提高交通运输资源利用效率和管理精细化水平，全面提升交通运输行业服务品质和科学治理能力。

近年来，随着北京机动车保有量的迅猛增长，机动车因交通事故、意外事件造成的各类损害不断涌现。以北京的交通管理工作为例，据统计，2014 年，北京拥堵报警共计 33 万次，其中，事故拥堵报警 7 万次，占拥堵报警的 20.9%。2007 年，北京市实行机动车交通事故快速处理机制，在取得一定社会效果的同时，也发现当前交通事故快速处理工作的发展仍受一些因素制约，如当事人因担心证据灭失而造成的应撤离现场而不撤、当事人因未携带《机动车交通事故快速处理协议书》在现场等候交警处理、当事人因担心保险理赔出现问题而不愿自行撤离现场处理；同时，保险部门也面临着各类道德风险不断增加的局面。

为加快机动车交通事故处理速度，最大限度缓解交通拥堵，北京市交管局和北京保监局、北京保险行业协会共同创新研发了交通事故快清快处科技系统和"事故 e 处理"手机 APP 应用程序，实现快速撤除事故现场、快速恢复交通、线上定责、线上定损。

6.5.2　主要做法

通过搭建统一的网络平台，打通保险、交警、维修企业、监管部门等信息，通过信息共享和大数据分析比对，利用互联网及远程设备实现"互联网+快处快赔"机制。

1.　系统使用对象

系统主要使用对象为交管局人员、各财产保险公司人员、交通事故快处快赔服务中心人员以及保监局和保险行业协会相关人员。

基于安全性和实际性考虑，系统分别在交管局内网和互联网两个环境进行部署。内网快处系统，部署在交管局内网环境，以便实时获得来自北京市交管局的 122 报警数据；外网快处快赔系统将部署在互联网上，以方便事故当事人、行业协会人员（交管局督导）、各财产保险公司人员和交通事故快处快赔服务中心人员用户访问或使用系统（见图 6.24）。

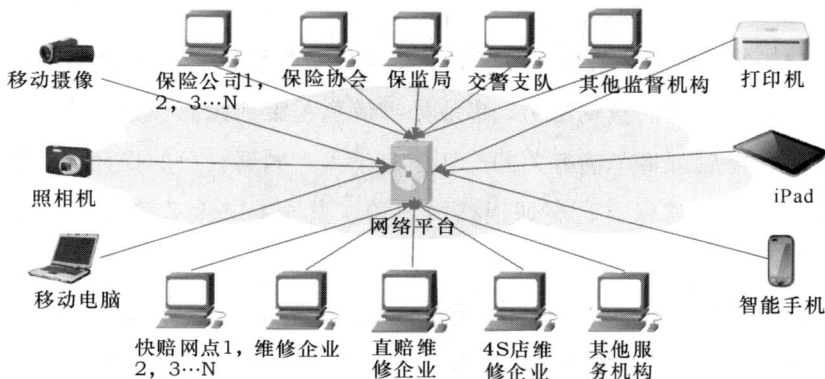

图 6.24

2.　系统处理流程及其功能

在系统中将整个工作过程划分为三大环节：调查取证环节、责任认定环节、理赔环节。围绕这三个环节进行系统开发，科技系统以一个平台、五个应用子系统来实现，包含以下内容。

（1）事故现场取证子系统。以个人手机客户端为主，以各支队视频处警为辅，用途就是取证，取证后挪车。

（2）事故责任认定指导子系统。在支队现场的事故处警专席进行指导认定事故责任。第一选择是引导当事人自行认定责任，第二选择是专席通过平台和手机客户端的交互与车主联系，指导责任认定后再拍车辆损失情况的图片。并可使用责任认定若干种情况的大数据分析，进行系统自动指引定责。

（3）车损评估子系统。保险公司或估损中心对事故现场证据、责任认定信息、车辆损坏图像等信息，对车辆损失进行快速在线评估，如当事人同意，则定损完成。可将车辆品牌、型号、价格以及受损程度等相关信息形成大数据分析，使用系统直接确定损失。

（4）网上直赔子系统。保险公司根据定责和定损信息，及时给当事人或被保险人进行赔付。

（5）客户服务子系统。为事故当事人、被保险人提供多部门政策咨询、交管与车辆的查询服务、事故处理满意程度的意见反馈，以及个性化处理。今后可将车辆有关的一切信息纳入，如驾驶员的换证、车辆违章、年检、维修保养、交通道路情况等，甚至是人身伤害的后续服务等扩展工作，扩大服务功能。

（6）综合信息平台。综合信息平台也是大数据平台，即对上述五个应用系统各类信息的运算和数据整合。通过大数据的分析，进行各个环节的流程监测，系统运行的分析研判，形成一体化的综合信息平台。

3. 业务流程

快处快赔业务流程主要描述事故当事人、行业协会人员（交管局督导）、各财产保险公司人员和交通事故快处快赔服务中心人员之间的流程和处理关系，具体如图 6.25 所示。

通过运用信息技术手段，建立视频影像处警机制，创新机动车互联网+交通事故处理方式和保险定损理赔服务方式，加快机动车交通事故处理速度，提高保险定损理赔服务时效，有效地缓解道路交通拥堵，提升城市交通管理水平。

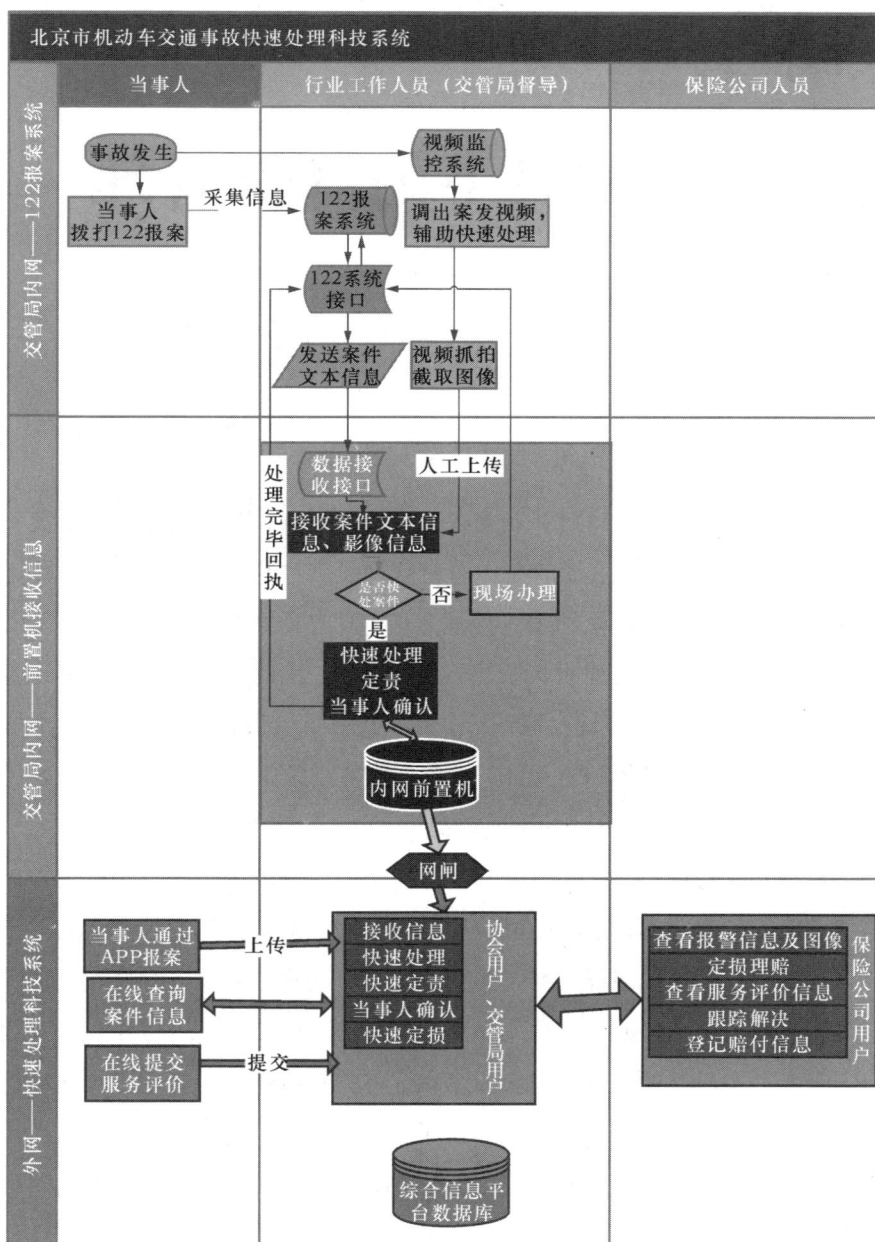

北京市机动车交通事故快速处理科技系统

当事人	行业工作人员（交管局督导）	保险公司人员

交管局内网——122报案系统

事故发生 → 视频监控系统

当事人拨打122报案

采集信息

122报案系统

调出案发视频，辅助快速处理

122系统接口

发送案件文本信息

视频抓拍截取图像

交管局内网——前置机接收信息

处理完毕回执

数据接收接口

人工上传

接收案件文本信息、影像信息

是否快处案件 — 否 → 现场办理

是

快速处理定责当事人确认

内网前置机

网闸

外网——快速处理科技系统

当事人通过APP报案 — 上传 →

在线查询案件信息

在线提交服务评价 — 提交 →

接收信息快速处理快速定责当事人确认快速定损

协会用户、交管局用户

查看报警信息及图像定损理赔查看服务评价信息跟踪解决登记赔付信息

保险公司用户

综合信息平台数据库

图 6.25

第 7 章
Chapter 7

互联网+时代下的身份管理

7.1 概述

数字身份管理：网络时代的身份证。自古以来，各个历史阶段都离不开对人的管理，首先是身份管理。身份管理及其控制仍然是当今信息化建设特别是互联网应用面临的最大挑战之一。没有良好的身份管理不可能做好各类业务应用系统的建设、运行与安全维护，因此从某种意义上来说身份管理与服务的确是实现互联网+时代各类服务包括互联网+电子政务服务的先导。因此互联网+时代的电子政务服务必须把身份管理作为成熟的互联网+电子政务生态系统的必要前提。

自 20 世纪六七十年代至今，信息技术革命造就了一个几乎有效覆盖全球各地的网络空间，不同类型的行为体参与了网络空间的各类活动与事务且日趋频繁、形式多样，涉及了信息生产、交换、传输、存储和处理等相关的活动，并直接或间接与实体空间相对应。在 20 世纪 90 年代，互联网刚刚启动实质性的商业化进程没多久，有关身份认证与管理以及网络信任体系能力、管理的复杂关系就引发了人们的关注。进入 21 世纪之后，随着"云计算"、移动互联网、大数据等新技术的兴起，新形势下的网络身份认证管理与网络空间信任体系概念逐渐引起了多方关注。这直接涉及数据所有者、使用者、存储者在地理位置上的分离以及由此带来的权利识别和有效行使的问题。

实践表明，对网络空间行为主体的信任链的理解，其最主要回答的问题既包括网络空间行为实施者与行为承受者之间的权益博弈，还包括网络空间秩序维护者即规则制定者与网络空间群体之间的博弈。信任问题在没有显著的物理边界可供感知的网络空间中，其风险被进一步放大了，如果没有拥有法律和管理意义上的信任体系，则很难应对大数据背景下的网络空间责任认定、身份认证和授权管理及其不当运用。实践还表明，可以通过提供更加有效的网络空间信任体系来解决上述问题。具体来说，这需要进一步完善信息技术迅速发展背景下的网络信任体系建设及其相关的新架构、新模式、新技术和新应用，助力网络空间的安全保障体系建设与努力提升。

必须看到，互联网蓬勃发展的今天，网络身份认证以及网络空间信任体系的重要性日趋凸显，基于网络空间信任体系的身份管理能力竞争，已经成为国家间能力竞争的最前沿。这种竞争旨在实现保障国家网络安全和网络空间行动准则这两个主要目标。推动这种竞争的主要驱动力来自网络空间信任体系层面，即传统身份认证管理以及网络信任体系的深刻变迁。近年来，网络空间里的数字身份管理备受关注。据有关报告称，OECD 的18 个成员国已经制定或正在考虑制定本国的数字身份管理政策，其中美国已于 2011 年 4 月正式发布《网络空间身份信任国家战略》，全面系统地提出了"网络空间可信任身份生态系统"的战略构想。

互联网已成为我国社会生产生活的重要平台和基础设施，规模居于全球第一的数以亿计的互联网网民每天通过各种数字身份凭证接入和使用各类互联网业务，同样也面临着身份盗窃、身份欺诈、隐私泄露等日益严重的安全问题。此外，由于电子认证技术和标准之间缺乏协调性与兼容性，在一定程度上阻碍了我国电子政务的应用普及和互联网业务创新。为此，数字身份管理应当纳入我国网络政策的议事日程。

因为如此，我们必须准确把握后互联网+新时期电子政务及其信任体系建设的核心任务，并形成与之匹配的策略、规划、路径和保障措施，助力形成符合时代发展方向和需求的互联网+新时代的身份认证管理策略、方法与实施路径。在此过程中，包含网络空间信任体系关键基础设施、支撑技术与标准、核心资源等具体内容，使之成为我国互联网+新时代电子政务安全保障体系建设的主要组成部分。

7.1.1　数字身份管理：走向网络实名制的更高级形态

提起数字身份管理，人们往往会联想到"网络实名制"。这两个概念之间虽然有某些共通之处，但更多的是区别。简单来说，数字身份管理就是指运用技术、经济、法律、行政、自律等多种手段和规则来帮助网络空间的活动主体相互识别。就像人们在现实空间中会使用身份证等有效证件来证明自己或鉴别他人一样，在网络空间里，人们也可以应用多种手段证明自己或鉴别他人，这些手段包括电子签名、用户密码、经验证的银行卡号、数字证书或者是通过生物识别技术验证的电子凭证。

数字身份管理是一个"中性表达"，它包括在网络环境下为了建立、使用、验证数字身份而建立的各种规则，其中既包括强制的规则，也包括自愿的规则；既包括使用真实身份的规则，也包括使用匿名或虚拟身份的规则；既包括"普通网民"的数字身份规则，也包括公司、政府等各类机构的数字身份规则。而在我国语境下，网络实名制往往是指将上网者的身份和其真实身份（如真实姓名、身份证号等信息）相互对应的一种制度。因此，总体来说，数字身份管理是在网络空间这一新生态下围绕各类主体的身份识别而建立的一套综合体系，其内涵与外延远远大于网络实名制。

7.1.2　数字身份管理：互联网时代经济社会服务的安全保障

数字身份管理成为发达国家网络政策的焦点议题，充分说明其政府已认识到身份管理对于网络经济和社会发展的重要意义。在国家经济和社会发展高度依赖互联网的今天，通过实施国家数字身份管理战略，提高网络空间数字身份的可信赖水平，将对一国网络经济、实体经济乃至整个社会的全面健康发展产生积极作用。

对于用户而言，具有互通性的数字身份解决方案将带来更令人满意的网络应用体验。人们可以不必为记忆各种繁杂的网络账户和密码而烦恼，经过认证的数字身份凭证将向用户提供更加安全、更加充分的隐私保护，并且能够在各类业务中使用。这个可信任的网络身份可以比做是另一种形式的信用卡。信用卡由各类不同的金融机构发行，用户可以自愿办理，但是这些信用卡可以被任何一个 ATM 机或商户认可并接受。

对于企业而言，应用数字身份解决方案也将提高企业应对市场变化和创新的能力，减少企业因为身份欺诈而产生的经济损失，更好地保护交易双方的知识产权和企业机密。此外，身份管理还可以为企业提供新的市场机会，例如企业可以开展对身份验证要求更为严格的各类高级应用服务。

应用数字身份管理还将帮助各级政府提供便利安全的电子政务服务，以更加高效、透明和精准的方式向公民履行政府职能。人们可以不再受地理空间和时间的限制，随时随地登录政府网站，了解政务信息，办理网上缴税、企业注册登记等事务。

7.1.3　推行数字身份管理是国家在互联网时代的重要国策

从国外数字身份管理来看，一国的数字身份管理政策与本国传统文化、政府管理模式、线下身份管理政策密切相关，不同国家之间的数字身份政策难以完全复制。但是，各国的数字身份管理政策也反映出网络空间管理政策的共性趋势和一般规律，特别是美国提出的构建"网络空间可信任的身份生态系统"战略所反映的核心思想，更值得我国参考：

第一，数字身份管理政策设计应当以用户为中心。当前的网络环境并没有提供"用户友好"的身份管理界面，用户在使用不同的网络业务时需要提供不同的账户名和密码，各业务之间缺乏账户认证的互通性，并且用户每申请一次账户，就必须提交相关的个人信息，这也埋下了隐私泄露的隐患。以用户为中心的数字身份管理政策，一般包含两大原则，一是用户的自愿原则，即赋予用户在交易中自愿使用身份凭证的权利以及用户对不同类别身份验证技术的选择权。在各类互联网应用中，有些业务并不需要严格的身份验证，如网络发帖、电子邮件，有些业务则需要严格的身份鉴别，如网上银行、在线医疗等。其业务是否适用身份管理或适用何种程度的身份管理，应当取决于用户的意愿和业务的需要。二是便利用户的原则，即通过协调标准，提高不同业务之间对数字身份的认可度，减少用户为申请账户提交个人信息的环节，降低隐私泄露风险。以用户为中心的数字身份管理政策容易被民众所认同和接受，更有利于政策的顺利实施。

第二，完善的个人信息保护法律制度和有效的法律执行机制是推行数字身份管理政策的基础前提。不可否认，在应用数字身份管理战略过程中，可以通过协调技术标准，提高数字身份在不同网络业务之间的相互认可度，减少用户个人信息泄露环节。另外，用户凭借同一个网络身份使用不同网络业务，也意味着其个人信息更容易被相互关联和追踪，隐含了更为复杂的隐私泄露风险。因此，个人信息保护将是数字身份管理中面临的最为主要的挑战。各国在推行数字身份管理战略中，都十分重视建立完善的个人信息保护法律框架和有效的法律执行机制。部分国家还将在技术层面适用严格的隐私保护政策，要求服务提供商收集、使用、披露用户信息的各个环节，从技术层面做好相应的隐私保护设计和风险评估。

第三，数字身份管理是一个复杂的系统工程，充分发挥市场机制的作用是取得成功的关键。美国网络身份战略是将身份认证界定为一种市场服务活动，既存在着企业和用户对于网络安全与隐私保护的需求，也存在着满足上述需求的市场供给。在可信赖的网络身份生态系统中，个人用户、服务提供商、政府都将发挥重要作用，并且彼此制约和相互影响，其中"市场机制"主导系统的正常运作，而政府则在其中发挥引领、协调和整合作用。相比之下，仅靠单一的行政力量以强制方式实施的实名政策可能在短期内收到一些成效，但长期效果则难以保证。

针对我国当前网络活动中存在的突出问题建立、完善相关制度，为加

强公民个人信息保护，维护网络信息安全提供法律依据，以适应我国互联
网健康有序发展的需要。

7.1.4　忽视网络身份管理后果严重之一：非法泄露公民信息大量发生

近年来，随着我国信息化建设不断推进，信息技术广泛应用，信息网
络快速普及。信息网络在促进经济发展、社会进步、科技创新的同时，也
带来十分突出的信息安全问题；移动互联网、物联网、云计算等新的信息
技术和移动终端的发展应用，给信息安全带来更为严峻的挑战。当前，随
意收集、擅自使用、非法泄露甚至倒卖公民个人电子信息等违法活动大量
发生，严重损害公民、法人和其他组织的合法权益。但从网络活动的现实
来看，我国法律对各类企事业单位收集、使用、处理公民个人电子信息，
还缺乏统一明确的规范，迫切需要完善这方面的法律规定。

7.1.5　通过立法规范个人信息收集使用

为了解决公民在维护其个人信息安全和有关主管部门查处侵害公民
权益的网络违法犯罪活动的过程中存在的取证难、查处难等突出问题，有
必要加强网络用户身份管理。实行网络身份管理，也是许多国家的通行做
法。有关部门、地方和社会公众普遍要求通过立法完善这一制度，经过互
联网+应用的实践及其经验教训，经过专家和广大公众的强烈呼吁，国家
有关立法机关高度重视这一问题，近期加快了网络安全立法进程，正在制
定中的《网络信息安全法》强调了国家保护能够识别公民个人身份和涉及
公民个人隐私的电子信息，对网络服务提供者和其他企事业单位收集、使
用个人信息的规范及其保护个人电子信息的义务做出多项规定，政府有关
部门及其工作人员对在履行职责中知悉的公民个人信息同样负有保密和
保护义务。法律还将赋予公民必要的监督和举报、控告的权利，充分发挥
社会监督作用，这是有效治理侵害个人信息安全等网络违法行为，维护公
民合法权益的重要手段。

通过法律规范发送商业性电子信息行为，对于手机短信、电子邮件中出现大量垃圾电子信息问题，社会各界和人民群众反映强烈，要求有关方面采取有效措施进行治理，以减少这类信息对其正常生活的干扰，维护其合法权益。李飞说，一些国家已制定相关法律，对发送商业性电子信息的行为予以规范，要求只有经信息接收者同意或者请求，才能向其发送商业性信息。我国电信主管部门出台了相关规定，电信运营商也采取了一些措施对发送商业性电子信息的行为予以规范、控制。据此，相关法律草案在这方面也做了相应规定。

推进网络身份认证管理，有必要借鉴其他国家经验。西方主要发达国家普遍采用网络电子身份（eID）作为网络身份管理落地方法。早在 1999 年欧盟就颁布了《电子签名统一框架指令》，要求欧盟成员国纷纷进行指令的国内转化，陆续出台本国的电子签名相关法律法规。2002 年，欧盟发布了《关于电子通信方面个人数据处理及隐私保护指令》，要求电子通信服务机构处理个人数据时，必须提供保护其服务的相应技术和手段。2006 年，欧盟发布了《泛欧洲网络身份管理倡议发展现状的报告》，提出由欧盟各个成员国决定并由该国国内安全部门主导发行各国的 eID，欧盟成员国 eID 的发行需遵守欧盟的统一标准并在成员国之间得到互认。2010 年德国出台了《电子身份证条例》，明确了电子身份卡基础设施的安全和数据保护要求，类似的还有奥地利的《电子政务法案》，英国的《身份证法案》等。2012 年，欧盟提出了《电子签名和电子身份证法规》草案，进一步对《欧盟电子签名统一框架指令》做了补充和完善。该草案围绕电子签名和电子身份证两项基本元素，提出创建一个无国界的欧盟数字单一市场，构建一个可预见的监管环境，该草案在充分尊重隐私和保护数据安全的基础上，保障各成员国企业和民众能够使用本国的电子身份证获得其他欧盟成员国提供的等同公共服务，并确保电子身份证具有与传统的纸质文件同样的法律效力。目前，在欧盟 27 个成员国中的德、法、意、西班牙、瑞典、荷兰和比利时等 17 个成员国已经发行了 eID，在电子政务、医疗健康服务、电子商务、社交网络和金融服务等领域应用中得到快捷、安全、准确的认证。俄罗斯也从 2012 年 1 月开始发行新的身份证，其中包含了公民网络身份识别技术并支持多层次的身份认证。

美国在 2011 年 4 月由奥巴马签发了《网络空间身份信任国家战略》，计划用 10 年左右的时间，通过政府推动和产业界努力，建立全国范围的身份生态系统，使得个人、组织等各类实体和角色遵循统一的标准和流程来相互识别和认证。2014 年 5 月初，美国已在宾夕法尼亚州和密歇根州对 eID 进行上线测试。

新加坡是推广互联网最早和互联网普及率最高的国家之一，也是重视互联网上身份认证管理的国家之一。新加坡政府认为，网络媒体是非常重要的战略阵地，对于国家安全、社会以及人心的影响巨大，一旦失守，后果不堪设想。因此，新加坡从互联网运作伊始，就制定了严格的网络身份管理制度，并指定专门机构监管。

新加坡最初是把互联网作为一种广播服务加以管理的。其管理部门新加坡广播管理局成立于 1994 年 10 月 1 日，1996 年 7 月 11 日宣布对互联网实行管制。2003 年 1 月，新加坡广播管理局、电影与出版物管理局和新加坡电影委员会 3 家机构合并，共同成立了新加坡媒体发展局。从此，新加坡媒体发展局替代新加坡广播管理局，成为互联网的主管机构。早在 1996 年，新加坡就颁布了《广播法》和《互联网操作规则》。《广播法》规定了互联网管理的主体范围和分类许可制度，《互联网操作规则》则明确规定了互联网服务提供者和内容提供商应承担自审内容或者配合政府要求的责任。之后又对网络身份认证制定了非常详细的实施细则，推动了新加坡互联网身份认证及其管理步入了法制化管理的支撑轨道，为互联网应用提供了可靠的保障。

7.1.6　推进网络身份认证管理，国内取得了长足进展，但仍有明显不足

我国在网络身份管理上也取得了相应的进展。自 2005 年 4 月 1 日起施行

的《中华人民共和国电子签名法》是我国第一部有关电子商务的全国性正式立法。随后相继出台了一系列法律法规为我国网络身份管理提供了一定的法律保障。另一方面，公民网络身份管理工作一直受到国家的高度重视。

目前国内的网络远程身份验证普遍使用"关联比对"方法，即将用户输入的"姓名+身份证号"等个人信息，传到后台对个人信息的正确性进行比对来认定其身份。但是毋庸讳言，"关联比对"方法在大规模应用的背景下仍然存在几个问题。

（1）个人信息比对正确并不能代表本人真实意愿，无法防范个人身份被冒用或盗用的风险；

（2）容易造成个人信息泄露。采集个人信息的网络应用服务机构安全水平不一，个人信息大规模泄露的风险越来越高。

为此我国有关机构在国家的支持和有关部门的指导下，在网络身份管理领域围绕 eID 技术研发与应用，取得了新的突破，实现了多项关键技术突破，实现了相关产品的国产化和自主知识产权，不仅推动了 eID 相关标准专利等方面的工作，而且建设了基础设施，研发了一系列 eID 产品。

所谓 eID 是英文"Electronic Identity"的英文简称，中文名为"电子身份证"或"网络电子身份证"，由公安部第三研究所建设和开发，并由"公安部公民网络身份识别系统"签发给公民的网络电子身份标识，以密码技术为基础，以智能安全芯片为载体，用于在网络远程证实个人真实身份。

目前我国在该领域已经取得了重大突破，相关专利、著作丰硕，eID 标准体系国标和行标共 30 多项，一系列基于 eID 的网络身份管理试点项目正在逐步推行。其中，eID 搭载于工商银行金融 IC 卡，已经制卡超过 4000 万张，全国已经发行超过 2400 万张，现以日均近 10 万张的速度在全国发行，并且不断有银行加入，预计到年底可发行 eID 超 5000 万张，产业链已经初步打通，将逐渐与互联网应用结合。

实践表明 eID 在权威性、安全性、普适性、私密性方面具有其他技术不可比拟的优势，可满足公民在个人隐私、网络交易及虚拟财产等多方面的安全保障需求。

（1）权威性：eID 基于公安部人口库的审核，由"公安部公民网络身份识别系统"统一签发，可进行跨地域、跨行业的网络身份服务；

（2）安全性：eID 含有一对由智能安全芯片内部产生的非对称密钥，通过高强度安全机制确保其无法被非法读取、复制、篡改或使用；

（3）普适性：eID 不受载体物理形态的限制，只要载体中的安全智能芯片符合 eID 载体相关标准即可；

（4）隐私性：eID 的唯一性标识采用国家商用密码算法生成，不含任何个人身份信息，有效保护了公民身份信息。

eID 系统架构（见图 7.1），公安部公民网络身份识别系统作为 eID 基础设施，负责身份的审核注册与载体的发放，并对身份载体的生命周期进行维护管理。eID 服务平台在保护公民隐私的前提下，提供各种形式的网络身份验证服务。该平台为地方性和行业性数字认证中心、网络运营商及可信第三方服务机构提供开放接口，使得这些身份服务机构获得身份验证能力，为互联网应用服务机构（电子政务、电子商务、行业应用等）提供 eID 网络身份识别和相关安全服务，共同构成覆盖全国的网络身份验证服务平台。

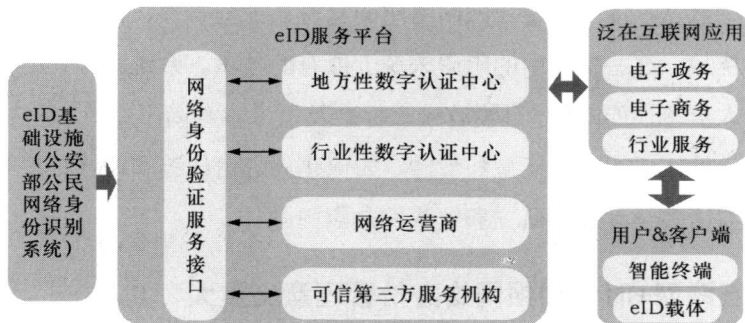

图 7.1

"公安部公民网络身份识别系统"向用户签发 eID 时，会以用户个人身份信息和随机数计算出一个唯一代表用户身份的编码，即用户的网络身份标识编码（eIDcode）。该编码不含任何个人身份信息，且不可逆推出个人身份信息。用户使用 eID 通过网络向应用方自证身份时，应用方会通过连接"公安部公民网络身份识别系统"的运营和服务机构，请求验证核实用户网络身份的真实性和有效性。一旦用户网络身份通过验证，应用方会得到一个与该应用相对应的用户网络身份应用标识编码（appeIDcode）。因此，虽然用户拥有唯一的网络身份标识编码（eIDcode），但在不同的应用机构只能得到不同的网络身份应用标识编码（appeIDcode），从而避免用户在不同网络应用中的行为数据被汇聚、分析和追踪，最大限度地保护个人身份和隐私信息。

eID 应用范围十分广泛，包括政务民生应用、电子商务应用、社交网络应用、校园应用、移动互联网应用等，可以有效解决网民最关心和需要的个人身份信息被抢注、个人身份信息被泄露、网络账号被盗用、个人网络业务安全防护机制增强等方面的难题。

eID 应用范围十分广泛，但是在和"互联网+各行业"的结合过程中，实践才刚起步，多部门、多行业整合程度并不高，各行业间还是以星星点点、条条块块的状态在体现，深度和广度有限，用 eID 实现对身份的管理还有很长的路要走。

必须承认，逐步完善我国网络空间身份认证与管理，仍然面临着很多巨大的挑战，这些发展中的阻碍来源于原有的技术、系统、体系结构乃至于使用人员习惯的制约，且没有统一标准及技术本身尚不完善，亟待解决。此外，身份认证的具体模型和步骤，如何建立跨信任链和跨域信任等，也都是目前诸多学者致力研究和解决的热点问题。

7.2　互联网+时代加强网络身份管理意义重大

"互联网+"就是"互联网+各个传统行业"，但这并不是简单的两者相加，而是利用信息通信技术以及互联网平台，让互联网与传统行业进行深度融合,创造新的发展生态。它代表一种新的社会形态,即充分发挥互联网在社会资源配置中的优化和集成作用,将互联网的创新成果深度融合于经济、社会各领域之中,提升全社会的创新力和生产力,形成更广泛的以互联网为基础设施和实现工具的经济发展新形态。

"互联网+"是互联网发展的新业态,是知识社会创新 2.0 推动下的互联网形态演进及其催生的经济社会发展新形态。"互联网+"是互联网思维的进一步实践成果,它代表一种先进的生产关系,推动经济形态不断地发生演变,从而带动社会经济实体的生命力提升,为改革、创新、发展提供广阔的网络平台。

"互联网+"环境中,离不开网络,网络的身份管理仍然是一个急需解决的问题。目前,国内外针对网络空间的身份管理,推出了许多政策和方针,并从法律、标准、技术、应用试点等多方面做了大量工作和有益尝试,增加了网络与行业结合过程中数据传输的安全性和可靠性。其中,欧盟从 2006 年开始研究网络身份管理办法,已经取得很大的进展,顶层设计已基本完成,法律法规体系较为健全,技术创新成果丰硕,标准体系比较完善,应用取得显著进展。国内主要是由科技部牵头,从网络身份管理的关键技术研发和示范应用着手,推广"网域空间身份管理及其应用技术与系统",目前,研究已取得突破性进展,完成了原型系统的研制和技术验证,建成了"公安部公民网络身份识别系统",由国家密码管理局进行了系统安全性审查及权威鉴定,并在一些典型行业和地区的网络应用中开始示范应用。

"互联网+"时代下,身份管理有网络经济和社会发展的重要意义。在国家经济和社会发展高度依赖互联网的今天,通过实施网络身份管理战略,提高网络空间身份的可信赖水平,将对一国网络经济、实体经济乃至整个社会的全面健康发展产生积极作用。

对于用户而言,具有互通性的网络数字身份解决方案将带来更为满意的网络应用体验。人们可以不必为记忆各种繁杂的网络账户和密码而烦恼，经过认证的数字身份凭证将向用户提供更加安全、更加充分的隐私保护，并且能够在各类业务中使用。这个可信任的网络身份可以比作是另一种形式的信用卡。信用卡由各类不同的金融机构发行，用户可以自愿办理，但是这些信用卡可以被任何一个 ATM 机或商户认可并接受。

对于企业而言，应用网络身份解决方案也将提高企业应对市场变化和创新的能力，减少企业因为身份欺诈而产生的经济损失，更好地保护交易双方的知识产权和企业机密。此外，身份管理还可以为企业提供新的市场机会，例如企业可以开展对身份验证要求更为严格的各类高级应用服务。

应用网络身份管理还将帮助各级政府提供便利安全的电子政务服务，以更加高效、透明和精准的方式向公民履行政府职能。人们可以不再受地理空间和时间的限制，随时随地登录政府网站，了解政务信息，办理网上缴税、企业注册登记等事务。

7.3　互联网+时代网络身份管理必须高度重视标准化建设

标准化是互联网+时代网络身份管理的重要前提和支撑。鉴于目前互联网+中的身份管理处于起步阶段，因此必须首先做好网络身份管理的顶层设计。我国作为网络大国，拥有超过 5 亿的网民，应加强对网络身份管理的重视，将网络身份管理纳入政府工作日程，协调相关部门，尽快做好网络身份管理的顶层设计，明确网络身份管理的技术路径和组织架构，加强法律法规和标准规范建设，大力推动网络身份管理工作。其二，强化法律法规的可操作性，我国目前在电子签名领域仅有一部《电子签名法》，在电子签名法律效力的认定等方面的条文还不够细化，操作性不强，亟需制定相关配套的司法解释和实施细则，真正发挥好法律的作用，同时，还应加快出台网络身份管理和个人信息保护相关的法律法规，并注重可操作性及与相关法律法规的衔接性和协调性。其三，高度重视标准化建设，组建专门的网络身份管理标准化工作组，研究提出网络身份管理标准框架，逐步制定并完善相关标准，将技术标准、管理标准和应用标准并重发展。

其四，提高用户在网络隐私保护方面的安全意识，通过开展网络应用安全基本知识和技能的宣讲与培训等活动，提高用户对网络隐私权的认识，提升隐私保护的意识和能力。

国内外身份鉴别及管理标准化进展及比较

1. 国外标准化组织及工作进展情况

国外标准化组织介绍：

近年来，随着移动互联网的迅速发展，国际上主要关注了移动介入身份认证的标准化工作，涉及移动接入身份认证标准化工作的主要组织有以下几个：3GPP（第三代合作伙伴计划）、WFA（Wi-Fi 联盟），以及 IEEE（电气和电子工程师协会）、FIDO（快速在线身份认证），分别制定关于 3G、4G 等蜂窝移动网络接入的安全标准，和 Wi-Fi、蓝牙等近距离移动网络接入的安全标准以及在线业务身份认证的标准。

a）3GPP

第三代合作伙伴计划（3rd Generation Partnership Project，3GPP）是一个标准化组织，成立于 1998 年 12 月，旨在研究制定并推广基于演进的 GSM 核心网络的 3G 标准，即 WCDMA，TD-SCDMA，EDGE 等。3GPP 的会员包括 3 类：组织伙伴，市场代表伙伴和个体会员。3GPP 的组织伙伴包括欧洲的 ETSI、日本的 ARIB、日本的 TTC、韩国的 TTA 美国的 T1 和中国通信标准化协会六个标准化组织。

3GPP 标准组织主要包括项目合作组（PCG）和技术规范组（TSG）两类。其中 PCG 工作组主要负责 3GPP 总体管理、时间计划、工作的分配等，具体的技术工作则由各 TSG 工作组完成。目前，3GPP 包括 4 个 TSG，分别负责 EDGE 无线接入网（GERAN）、无线接入网（RAN）、系统和业务方面（SA）、核心网与终端（CT）。每一个 TSG 进一步分为不同的工作子组，每个工作子组分配具体的任务（如图 7.2 所示）。

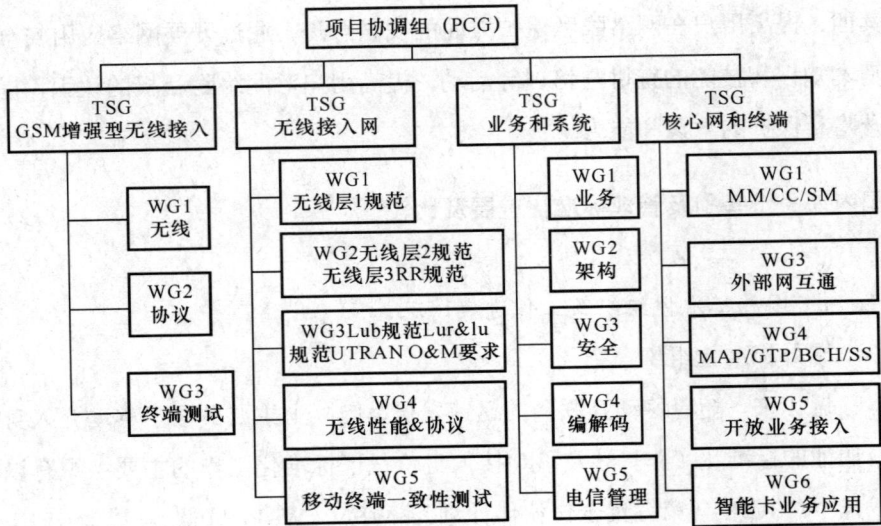

图 7.2

3GPP SA WG3 工作组负责 3GPP 系统安全和隐私方面的研究工作。工作组将分析 3GPP 系统面临的潜在威胁，并在威胁分析的基础上对 3GPP 系统提出安全和隐私保护方面的要求，明确提出安全的网络架构和协议。

b）WFA

国际 Wi-Fi 联盟组织，（Wi-Fi Alliance，即 WFA）成立于 1999 年，是一个商业联盟，拥有 Wi-Fi 的商标，负责 Wi-Fi 认证与商标授权的工作。总部位于美国德州奥斯汀（Austin）。该联盟主要目的是在全球范围内推行 Wi-Fi 产品的兼容认证的标准，以 IEEE 802.11 标准（802.11n）的 802.11n 修正版本为基础，形成 Wi-Fi CERTIFIED 802.11n，Wi-Fi CERTIFIED 802.11n 技术将提高使用者对新一代产品的使用频率。

c）FIDO

线上快速身份验证联盟（Fast Identity Online，即 FIDO），于 2012 年 7 月成立，其目标是创建一组新的协议，支持对 Web 应用持续的、安全的、无需密码的访问（即所谓的非密码强认证）。FIDO 联盟的成员将协助界定市场需求，并为 FIDO 开放协议做出贡献。目前已经有超过 200 个来自全球各地的会员单位，包括终端厂商、元器件厂商、服务开发商，以及政府机构等。主要制定两个系列的标准：UAF（Universal Authentication Framework 统一认证框架）和 U2F（Universal Second Factor 统一双因素认证）。UAF 支持指纹、语音、虹膜扫描等生物测定身份识别技术，U2F 标准是关于使用 PIN 和 USB 棒或者支持 NFC 的手机（见图 7.3）。

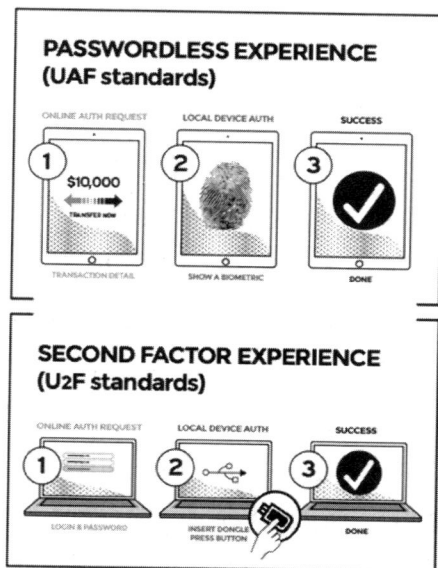

图 7.3

例如，今后用户只需要自 iPhone 5 上扫描指纹就可以登录支持 FIDO 的服务如 PayPal。其工作原理见图 7.4。

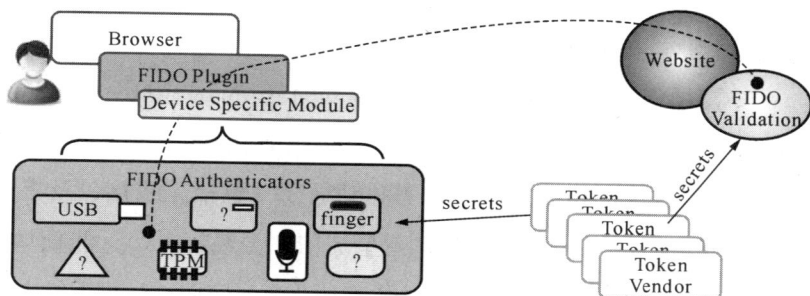

图 7.4

d）W3C

万维网联盟创（World Wide Web Consortium，即 W3C）1994 年 10 月在麻省理工学院计算机科学实验室成立，W3C 与 IETF 机构都是国际互联网协会（ISOC）旗下互联网行业内两大标准组织。关于 Web 的一切标准均由 W3C 讨论制定，是 Web 技术领域最具权威和影响力的国际中立性技术标准机构。

e）IEEE 802.11i

无线网络中的安全问题从暴露到最终解决经历了相当长的时间，IEEE802.11i 是 IEEE 为了弥补 802.11 脆弱的安全加密功能（WEP，Wired Equivalent Privacy）而制定的修正案，于 2004 年 7 月完成。其中定义了基于 AES 的全新加密协议 CCMP（CTR with CBC-MAC Protocol），以及向前兼容 RC4 的加密协议 TKIP（Temporal Key Integrity Protocol）。各大厂通信芯片商迫不及待采用 802.11i 的草案 3 设计了一系列通信设备，随后称之为支持 WPA（Wi-Fi Protected Access），之后将支持 802.11i 最终版协议的通信设备称为支持 WPA2（Wi-Fi Protected Access 2）。

WPA（Wi-Fi Protected Access）加密方式目前有四种认证方式：WPA、WPA-PSK、WPA2、WPA2-PSK。采用的加密算法有两种：AES（Advanced Encryption Standard 高级加密算法）和 TKIP（Temporal Key Integrity Protocol 临时密钥完整性协议）。

2. 国内标准化组织及工作进展情况

（1）国内标准化组织介绍

a）CCSA 中国通信标准化协会（China Communications Standards Association，CCSA）于 2002 年 12 月 18 日在北京正式成立。近年来也在关注移动接入身份认证相关的工作，对移动通信（包括无线接口及核心网中与移动性相关部分）、微波通信、卫星通信、无线接入、无线局域网、3G 网络安全与加密、前沿无线新技术、移动业务与应用、各类无线电业务的频率需求特性以及无线网络配套设备等标准进行了大量的研究工作，先后出台了面向公众服务的互联网的网络与信息安全标准，电信网与互联网结合中的网络与信息安全标准，特殊通信领域中的网络与信息安全标准。

b）全国信息安全标准化技术委员会（TC260）。我国从 20 世纪 80 年代开始，在全国信息技术标准化技术委员会信息安全分技术委员会和各部门各界的努力下，本着积极采用国际标准的原则，转化了一批国际信息安全基础技术标准，为我国信息安全技术的发展做出了一定贡献。同时，公安部、国家安全部、国家保密局、国家密码管理委员会等相继制定、颁布了一批信息安全的行业标准，为推动信息安全技术在各行业的应用和普及发挥了积极的作用。但是，信息安全标准化是一项涉及面广、组织协调任务重的工作，需要各界的支持和协作。因此，国家标准化管理委员会批准成立全国信息安全标准化技术委员会。

委员会是在信息安全技术专业领域内，从事信息安全标准化工作的技术工作组织。委员会负责组织开展国内信息安全有关的标准化技术工作，技术委员会主要工作范围包括：安全技术、安全机制、安全服务、安全管理、安全评估等领域的标准化技术工作，设立了不同的标准化工作组，分别就密码算法、密码模块，密钥管理、鉴别与授权、测评、管理等领域进行了标准体系研究，出台了一大批标准。

c）电子标签国家标准工作组

为促进我国电子标签技术和产业的发展，加快国家标准和行业标准的制定/修订速度，充分发挥政府、企事业、研究机构、高校的作用，经信息产业部科技司批准，2005 年 12 月 2 日在北京成立电子标签标准工作组。该工作组以企业为主体，采取开放式原则组建，其任务是联合社会各方面力量，开展电子标签标准体系的研究，并以企业为主体进行标准的预先研究和制定/修定工作。

电子标签标准工作组的总体目标是：努力建立一套基本完备的、能为我国 RFID 产业提供支撑的 RFID 标准体系；积极参与国际标准化工作，争取具有自主知识产权的我国 RFID 标准成为国际标准；完成基础技术标准，包括电子标签、读写器、RFID 中间件、数据内容、空间接口、一致性测试等方面的标准；完成主要行业的应用标准，包括物流、生产制造、交通、安全防伪等方面的标准，积极推动我国 RFID 技术的发展与应用。

d）传感器网络标准工作组

传感器网络标准工作组于 2009 年 9 月 11 日在北京成立。传感器网络标准工作组是由国家标准化管理委员会批准筹建，全国信息技术标准化技术委员会批准成立并领导，从事传感器网络（简称传感网）标准化工作的全国性技术组织。传感器网络标准工作组的主要任务是根据国家标准化工作的方针政策，研究并提出有关传感网标准化工作方针、政策和技术措施的建议；按照国家标准制定、修定原则，以及积极采用国际标准和国外先进标准的方针，制订和完善传感网的标准体系表。提出制定、修定传感网国家标准的长远规划和年度计划的建议；根据批准的计划，组织传感网国家标准的制定、修定工作及其他标准化有关的工作。

（2）国内标准化组织工作进展

a）CCSA

中国通信标准化协会于 2013 年围绕"宽带中国"、TD-LTE、IPv6、数据中心（IDC）、智能型通信网络、智能终端安全、云计算、物联网等重点工作开展标准研制。发布了《泛在物联应用——智能家居系统、车联网总体技术要求》《区域空间应急通信》《电信终端设备用电源适配器的节能分级》《智能型通信网络》《无线传感器网络与移动通信网络融合的安全技术要求》等。

b）电子标签国家标准工作组

电子标签标准工作组目前已经公布的相关 RFID 标准主要有照 ISO/IEC 15693 标准的识别卡和无触点的集成电路卡标准，即 GB/T 22351.1—2008《识别卡　无触点的集成电路卡　邻近式卡　第 1 部分：物理特性》

和 GB/T 22351.3—2008《识别卡　无触点的集成电路卡　邻近式卡　第 3 部分：防冲突和传输协议》。

　　c）传感器网络标准工作组

　　传感器网络标准工作组已立项的国家标准和行业标准（见表 7.1）。2009 年 12 月，该工作组完成了 6 项国家标准和 2 项行业标准的立项工作。6 项国家标准包括总则、术语、通信和信息交互、接口、安全、标识，2 项电子行业标准是机场传感器网络防入侵系统技术要求和面向大型建筑节能监控的传感器网络系统技术要求。这 6 项国家标准和 2 项行业标准在 2010 年年底完成。

表 7.1　传感器网络标准工作组已立项的国家标准和行为标准

编号	标准名称	标准性质	完成年限
1	传感器网络　第 1 部分：总则	推荐	2010
2	传感器网络　第 2 部分：术语	推荐	2010
3	传感器网络　第 3 部分：通信与信息交互	推荐	2010
4	传感器网络　第 4 部分：接口	推荐	2010
5	传感器网络　第 5 部分：安全	推荐	2010
6	传感器网络　第 6 部分：标识	推荐	2010
7	机场围界传感网络防入侵系统技术要求	推荐	2010
8	面向大型建筑节能监控的传感器网络系统技术要求	推荐	2010

　　除此之外，传感器网络标准工作组于 2010 年 11 月，又申报了 4 项国家标准的立项，即传感器网络网关技术要求、传感器网络协同信息处理支撑服务与接口、传感器网络节点中间件数据交互规范和传感器网络数据描述规范（见表 7.2）。

表 7.2　传感器网络标准工作组已立项的国际标准和国家标准

编号	标准名称	标准性质	完成年限
1	传感器网络网关技术要求	推荐	2010
2	传感器网络协同信息处理支撑服务与接口	推荐	2010
3	传感器网络节点中间件数据交互规范	推荐	2010
4	传感器网络数据描述规范	推荐	2010

3. 涉及互联网身份认证管理的标准化研究成果

（1）技术标准

a）终端本地身份认证和管理

基于对统一的终端本地身份认证和管理接口的实际需求，目前涉及终端本地的身份鉴别和管理技术逐步成熟，主要有密码、生物特征识别、数字证书、U 盾等方式，目前密码、数字证书等技术出现时间较早，技术发展也非常成熟，生物特征识别和移动 U 盾等技术属于近年来应用到移动终端的新技术，但是从技术本身来说，也已经发展了较长时间，单从指纹识别技术来说，光学指纹识别技术就已经应用了超过 20 年。因此，在技术上，对移动接入身份认证进行标准化具备可行性。

b）远程移动身份认证和管理

基于对远程移动身份认证和管理接口的需求，制定相关标准基本可行，例如远程移动身份鉴别和管理方法，主要有静态口令、动态口令、指纹、虹膜、人脸识别、数字证书、音频 key、TF 卡、蓝牙 key 等方式，从技术上来说，静态口令、动态口令、数字证书等技术出现时间较早，技术发展很成熟，生物特征识别和音频 key/蓝牙 key/TF 卡等技术属于应用到移动终端的新技术，但是远端的认证服务器系统是成熟技术，对移动接入身份认证进行标准化具备可行性。

（2）产品及服务标准

身份认证和管理

基于对支持不同身份认证技术的设备分级的需求，建立标准也已基本可行，目前移动终端对于本地身份认证的支持已经非常丰富和成熟，包括密码、生物特征识别、数字证书、U 盾等方式的认证手段都已经在移动终端中广泛应用。指纹识别更是逐渐成为了移动终端的标配能力。因此，从产品和服务的支持角度上来说，对移动接入身份认证进行标准化具备可行性。

（3）安全标准

身份认证和管理

基于对保证不同身份认证技术满足相应场景的安全需求，必须加快研发相关标准。对于这部分的标准化需求，实际上是需要从技术上解决，目前来看，密码的安全性相对较弱，但是可以用作普通的安全要求较低的场景中，而数字证书，尤其是通过硬件方式，如 U 盾实现的数字证书凭证安全性较高，能够满足高安全级别的认证要求。对于生物特征识别技术来说，指纹、人脸、虹膜等技术的防伪造手段也在逐年进步，目前对生物特征的活体检测技术也日趋成熟，因此，从安全性的角度来说，目前能够达到标准化的要求。

7.4　互联网+时代网络身份管理发展趋势

7.4.1　技术发展趋势

身份认证技术指通过网络对对端通信实体的身份进行确认的技术。在网络通信的各个层次上都具有同层通信实体，都需要身份确认。其中最为核心的是应用级的用户身份确认。对用户的身份认证遵从三种基本方法：验证用户生理特征、验证用户是否拥有物理介质式的令牌和验证用户是否知道某个秘密。验证用户生理特征一般通过用户生理特征信息中的某些不变量来对应用户身份。验证用户令牌则通常转化为验证令牌中是否具有特定的预存信息。最核心和主流的用户认证方法则是认证用户是否具有某个秘密。认证用户秘密的方法是基于密码算法的，其中包括基于可逆密码算法的加 / 解密来确定用户是否具有特定预享密钥或者私钥，以及基于哈希算法单向性来确定用户是否具有某个给定哈希输出对应的哈希输入两种方法。

身份管理技术发展至今，身份管理体系不断调整，身份认证平台更加多样，多种认证授权协议广泛推广，并形成以控制为中心的安全防护架构。社交网络、移动互联网、云计算发展正在驱动复杂身份和访问管理的转变，未来身份管理将会呈现如下一些发展趋势：

（1）打破企业或机构的身份边界，逐步形成以用户为中心的身份管理体系。身份管理技术发展的三个阶段：以应用为中心的身份管理、以企业为中心的身份管理和以用户为中心的身份管理。传统的机构组织内部的身份管理，身份信息仅在内部使用。在未来这种身份边界将会逐步被打破，形成以用户为中心的身份管理体系。

（2）移动和物联网平台将是未来身份认证的主流平台。传统的身份认证环境中，PC 机、Windows 操作系统和 IE 浏览器是主流平台，绝大多数的身份管理和身份认证操作都是在这个平台上开展的。但是随着手机、平板电脑等移动智能终端的发展，这一情况将发生转变，预计到 2020 年，80%的用户将会利用智能手机等非 PC 平台开展身份认证操作，企业移动设备占身份管理投入总比将从今天的 5% 上升至 40%以上。访问控制实现跨平台发展，传统的身份管理工具将难以适应移动设备终端产生的大量上下文环境信息，急需移动设备管理策略。

这一转变不仅仅体现在平台的切换，更需要重新设计身份认证技术和架构。身份管理和企业移动设备管理（ Enterprise Mobility Management，EMM）将同步发展。传统的 AD 域认证、USB Key 证书认证等方式在 PC 平台具有很好的用户体验，但如果向非 PC 平台移植这些 PC 平台的认证方式就会得不偿失。需要针对新平台移动化的特点设计新的身份认证技术。例如苹果的 TouchID 结合指纹识别和安全容器等技术实现安全的身份认证，具有优秀的用户体验，将会在未来的身份认证领域占有优势地位。同时，物联网势必带来更多的人和事物的联合（如移动电话，平板电脑及可穿戴设备）以及与环境和互相之间的交流，基于他们的活动身份获取和丢失属性来描述当前状态的身份。

（3）身份管理服务将成为一个新兴的竞争市场。由独立的身份提供方提供的身份管理服务将会成为一个新兴的、充分竞争的市场。预计到 2020 年，一个企业所接收的身份中将有超过 60%来自于外部的身份提供方。整个身份管理服务将会构成一个身份生态环境，形成一个由多方参与、企业主导、充分竞争的市场环境。这一生态体系在国内已经有一些雏形，例如公安部会提供身份证验证服务，商业银行提供银行卡验证服务，工商总局提供企业应用执照的验证服务等，许多网站及应用也基于这些信息实现用户原始身份的验证。同时，诸多网站也支持利用腾讯、阿里或者新浪提供的账号登录。这个生态环境将会由政府和企业共同合作构建，有的机构提供基础真实身份的验证服务（身份证、营业执照等），有的机构提供网络身份管理和认证服务，有的机构提供用户属性的共享服务等，这些机构间将会充分竞争，优胜劣汰，从中为用户提供优质和安全服务的机构将会获得巨大的商业利益。一旦这个生态环境建成，一个用户将从很多账号口令的注册和维护中解脱出来，而只需要记录少数几个账号和口令即可。

1.　身份鉴别及管理技术

在各种信息系统中，身份鉴别通常是进入系统和获得系统服务所必需的第一道关卡。确保身份识别的安全性对系统的安全至关重要。目前常用的身份识别技术可以分为两大类：一类是基于密码技术的电子身份鉴别技术；另一类是基于生物识别的电子身份鉴别技术。

（1）基于密码的电子身份鉴别技术

a）静态密码

静态密码是实现对用户进行身份认证的一种技术，指用户登录系统的用户名和口令是一次性产生，在使用过程中总是固定不变的，用户输入用户名和口令，用户名和口令通过网络传输给服务器，服务器提取用户名和口令，与系统中保存的用户名和口令进行匹配，检查是否一致，实现对用户的身份验证。

b）动态密码

传统的身份认证仅采用静态密码，然而静态密码有可能被监听或被猜中，这就使得认证系统的安全性大打折扣。如果用户使用的密码不断改变，就可以防止出现这样的问题。这种不断改变用户密码的技术称作动态密码（Dynamic Password，DP）或者一次性密码（One-Time Password，OTP）。其主要思路是在登录过程中引入一个动态参数，使每次登录过程中传送的信息都不相同，从而提高登录过程的安全性。

另一方面，身份认证系统如果只采用唯一的认证服务器，则存在单点失效的问题。因此，作为基础设施，对其提出消除单点失效的要求是合理的。入侵容忍是近几年在网络安全领域逐渐形成的一种新方法。有别于传统的安全方法，入侵容忍假定系统中存在未知的漏洞，其基本思想不是设法将入侵拒之于门外，而是在入侵发生时，能够对其进行容忍，即使降低性能，也要继续对用户提供服务。入侵容忍技术的一个最重要特点是消除系统中所有的单点失效，使得系统在单点发生故障的情况下仍能正常工作。

c）短信验证码

短信密码验证系统是通过 SMS（短信）将一次性密码发送到用户手机中，用户以此作为登录、支付、查询环节的密码认证或者公共场所上网凭据。主要由短信密码生成模块、短信密码验证模块以及短信密码管理服务模块组成。其中短信密码生成模块负责接收应用系统短信密码生产请求、实现对短信密码生成算法的封装，并根据不同账号手机号等信息生成与时间关联的唯一的密码；短信密码验证模块负责与各种应用系统的短信密码认证对接，实现短信密码的验证算法的封装，并为应用系统返回验证结果，认证逻辑中间件可扩展、可定制，具有高稳定性和高并发性；短信密码管理服务是指对短信密码生命周期中状态的管理，包括短信密码的启用、作废等状态管理功能。

（2）基于生物识别的电子身份鉴别技术

生物识别技术作为新兴的身份鉴别方法，能够克服传统方法的弊端，更安全、可靠、准确、方便。随着计算机及网络技术的迅速发展，在电子商务、政务、金融、司法及社会事务管理等领域有广泛的应用前景，日益引起人们的关注并成为研究热点。

a）基于指纹识别的身份鉴别

指纹识别是生物识别技术中的一种，其利用人体指纹的生物特征来进行身份验证，具有准确、稳定和唯一等特性。指纹识别技术具有易携带、易采集、不易丢失、不可复制等特点。国内外许多科学研究表明生物识别是现今现代化、数字化生活中最高级别的安全密钥系统，在所有生物识别技术中指纹识别技术是目前对人身安全最不构成侵犯、方便、实用、可靠和价格便宜的一种技术手段，也是最具有典型性和最有应用前景的生物识别技术。

b）基于虹膜识别的身份鉴别

虹膜作为重要的身份鉴别特征，具有唯一性、稳定性、可采集性、非侵犯性等优点。非侵犯性（或非接触式）的生物特征识别是身份鉴别研究与应用发展的必然趋势，与脸像、声音等非接触式的身份鉴别方法相比，虹膜具有更高的准确性。据统计虹膜识别的错误率是各种生物特征识别中最低的。基于虹膜的身份鉴别技术逐渐得到学术界和企业界的重视。

对于每个人来说，虹膜的结构各不相同，并且这种独特的虹膜结构在人的一生中几乎不发生变化。眼科学家和解剖学家经过大量的观察发现虹膜具有独特的结构，即便对于同一个人，左眼和右眼的虹膜区别也是十分明显的，而且自童年以后，虹膜在人的一生中所发生的变化十分微小。发育生物学界的科学家们同时发现，尽管虹膜的基本结构是由内在的遗传基因决定的，但是外界的环境却对虹膜独特的细微结构起着决定性作用。这种外部环境是指在生命初期，虹膜形成之前的胚胎发育环境。因此，自然界不可能出现完全相同的两个虹膜。发育生物学家通过大量观察发现当虹膜发育完全以后，它在人的一生中是稳定不变的，因而具有稳定性。另外，由于虹膜的外部有透明的角膜将其与外界相隔离，因此发育完全的虹膜不易受到外界的伤害而产生变化。

c）基于人脸识别的身份鉴别

人脸识别技术是基于人的脸部特征，对输入的人脸图像或者视频流进行识别。首先判断其是否存在人脸，如果存在人脸，则进一步给出每个脸的位置、大小和各个主要面部器官的位置信息。并依据这些信息，进一步提取每个人脸中所蕴含的身份特征，并将其与已知的人脸进行对比，从而识别每个人脸的身份。

广义的人脸识别实际包括构建人脸识别系统的一系列相关技术，包括人脸图像采集、人脸定位、人脸识别预处理、身份确认以及身份查找等。而狭义的人脸识别特指通过人脸进行身份确认或者身份查找的技术或系统。相对于其他生物特征识别技术，人脸识别技术具有特征录入较为方便，信息丰富，适用范围广等优点，因此有着广阔的应用前景。

2. 身份鉴别及管理技术所存在的问题

（1）缺乏统一的身份认证技术标准

就国家层面而言，身份认证技术还没有国内的行业标准。国家对身份认证技术的管理基本只限于密码管理。因此，国内 PKI 和非 PKI 的身份认证技术花样百出，难于统一评价其安全性。用户在选择身份认证产品时，也难于参考身份认证产品应有的功能指标。最近国密办在指定 CA 产品的开发标准，但由于缺乏广泛的讨论和深入的研究，而是过多依赖某些比较成功的公司的开发模式来制定开发标准，其结果可能在某些技术点上未必合理，并必将影响到国内整个 CA 产品开发。

（2）缺乏自主的核心身份认证技术

就目前小型身份认证市场而言，最受用户认可的应该是安盟的动态口令卡。但这套认证系统出自以色列 RSA 公司的 SecureID。针对一般的用户市场，目前的认证产品可能已经足够。但从国家层面而言，如何统一标识、管理、控制国家关键基础设施中的信息设备，应该是比较欠缺的。我国重要信息系统的大型计算机、网络设备、存储设备多采用国外大公司的产品，如何在这种非自主、缺乏信任的信息系统设施上构建安全的标识和管理体系，是一个值得重视的课题。

7.4.2　管理发展趋势

1.　身份管理进入以用户为中心的模式

身份管理边界逐渐被打破，身份管理服务模式不断演变。身份管理边界从最初出现到现在不断演变（见图 7.5），管理边界不断被打破，经历了几个阶段，分别是以应用为中心的身份管理，以企业为中心的身份管理，现在向着以用户为中心的身份管理方向发展。

以应用为中心的身份管理中，每个应用或者服务负责管理自己用户的身份，而且每个应用的身份与其他应用不能互通，所以导致每个用户需要记住很多应用的登录账号和口令，不胜其烦。以应用为中心的身份管理在国内很多地方仍是主流，这种方式简单易部署，对单个应用来说易于管理，但是缺点是扩展性不强，而且总体来说无论是用户还是管理员都要做大量的身份管理操作，费时费力。

在以企业为中心的身份管理中，一个企业（或者政府部门）利用一个集中的身份管理系统管理其用户的身份，然后用户可以利用该身份登录所有企业内部的应用或者服务，实现单点登录。目前的企业级的身份管理系统扩展性明显不足，而且通常一个企业有多家合作企业，他们的用户之间需要实现便利的跨企业访问，以企业为中心的身份管理也无法实现。

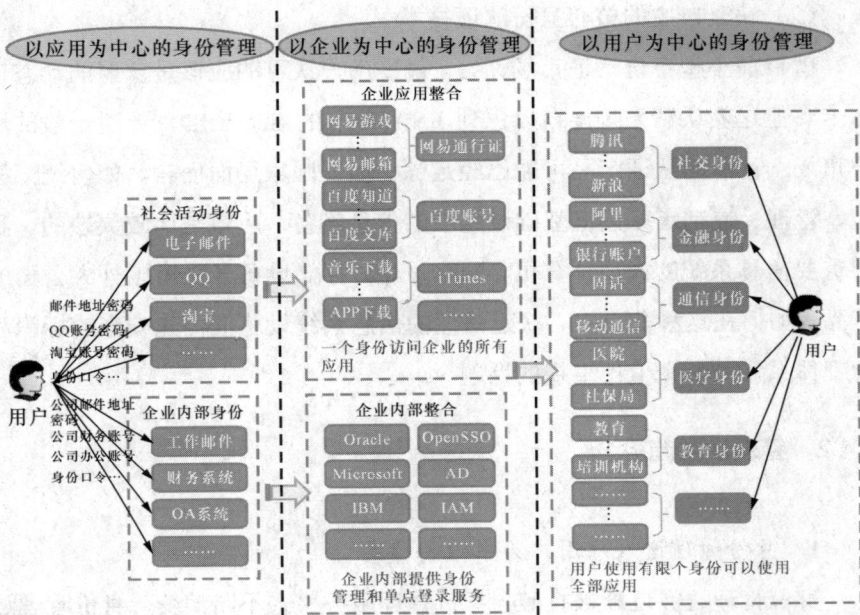

图 7.5

未来，身份管理范围将会打破应用或者企业边界，逐步形成以用户为中心的身份管理。以用户为中心的身份管理扩展性好，而且易于实现跨企业、跨地域甚至跨国界的合作。但是以用户为中心的身份管理需要全社会的积极响应和配合，逐步实施。

身份管理技术和标准革新推进迅速，形成全球格局。随着标识、凭据和访问控制技术的发展，目前国际业界已涌现出一系列标准，用于不同网络身份认证系统的互联互通，以及跨域进行访问授权。OpenID、SAML 和 OAuth 是三个主要国际标准，已经被 Google、Microsoft、FaceBook、RSA、IBM 等大量公司和企业采用，得到广泛应用。各个标准组织开展身份管理的研究重点有所不同，例如，联盟身份管理旨在利用身份服务接口尽可能地将目前存在的不同身份管理系统包括在联盟之内，实现联盟内身份管理之间的互操作。OpenID 则重点强调以用户为中心，实现用户身份在所有服务提供方中的通用，减少多账户带来的麻烦。

身份管理需求与技术正在进入一个变革时期。随着围绕着身份信息的网络犯罪对用户隐私、网络经济秩序甚至国家安全的威胁不断增大，市场上对于以身份管理为核心的可信体系的需求不断增多。另外，全球身份管理技术标准也在快速发展，加强了身份信息的安全与隐私保护，且以实现身份提供方与服务提供方的分离、不同类型身份管理系统之间的互联互通、达到最大范围的单点登录、单点注销、以用户为中心的设计理念为目标。我国网络身份管理技术与标准发展在需求增强与技术革新的带动下，加快脚步进入全球化时代。

2. "身份"数据成为争先抢占的战略资源

用户身份数据已经成为互联网企业的核心竞争力。Facebook 的价值取决于其用户数量，其单用户平均价值被评估为 100 美元。淘宝市值取决于其管理的商户规模和用户规模。这些网络身份和认证信息的可信管理是后续企业提供服务的前提，是用户交易、社交等行为大数据积累的基础。有了网络实体的身份信息可以获得用户的网络行为，比如浏览行为、交易行为，通过这些行为的分析，可以获得用户的经济数据、偏好数据、消费数据、医疗数据、教育数据等。比如社交、支付等大型网络服务商就掌握着大量用户的身份和行为信息。资料显示，腾讯拥有超过 8 亿的用户量，360通过杀毒软件、手机助手等也拥有了 6.4 亿用户。国外厂商中值得一提的是 Facebook，它拥有全球超过 22 亿用户的信息。网络实体数量呈现逐年整体上涨趋势，各大网络服务商掌握的用户数量有增无减。

网络实体是网络经济发展的承载主体，身份信息直接关系到国家的网络经济安全和对网络资源的控制力。集中式快速聚集身份信息，是当前网络犯罪寄生的基础。如果不法分子获得这些身份数据，将会威胁到网络用户的虚拟经济、现实经济甚至人身安全；但是，如果正常应用这些数据，将会保障网络秩序和谐、为国家带来新的经济增长点、强化我国在全球产业价值链的地位。

身份信息打破了国界，容易失去控制。随着网络应用不断扩容，大量国外厂商的应用已渗透进人们生活的方方面面。我国大量网络实体的身份信息和行为数据不可避免的会流向国外身份提供方手中，为他人所用。所以可信身份管理迅速成为保护国家安全，促进网络产业发展的关键。网络和信息世界的用户身份真实性、完整性、保密性和可追溯性等都需要通过可信身份管理来保证。

可信身份管理不仅能够促进我国的信息化建设，保护信息化发展的成果，同时还能够成为保障我国网络实体隐私和网络经济秩序健康发展的一个重要技术壁垒。由此可见，随着经济全球化进程的加快和可信技术的发展，"身份"已成为各国竞相争夺的重要网络战略资源。

3. 基于"行为"的多维度认证技术将成为主流

传统的单维度的身份认证技术面临诸多挑战，难以为继。传统的身份认证技术主要是单维度的，以身份信息为主，一般在身份注册阶段验证用户的真实身份（通过身份证号、手机号、邮箱地址等），为用户颁发认证凭证（通常是口令），然后利用该凭证认证用户。

单维度身份认证技术在实际应用中遇到了越来越大的挑战。在身份注册阶段，由于目前身份验证通常只能通过网络的方式远程实现，所以很难防止恶意用户提供虚假信息。其次在身份凭证验证阶段，由于凭证的技术所限，凭证的复制和假冒时常发生。盗号木马、钓鱼网站等手段也可以获取用户的真实凭证信息，进而攻击用户的账户。

简单多维度的身份认证技术虽然提高了安全性，但是给用户带来了不便，例如要求用户记住口令、拥有 IC 卡等，登录过程繁杂、需要携带的设备过多，用户接受度较低。

基于行为的多维度身份认证技术正在得到推广（见图 7.6），在基于用户"行为"的身份认证系统中，用户的身份或者提供的认证凭证并不再成为应用认证用户的唯一因素，而同时将用户的行为作为认证判定的重要因素。身份认证系统会监控用户的登录或者使用行为，如果发现异常的用户行为，即使用户提供了正确的身份和凭证，仍会对用户访问进行拒绝。

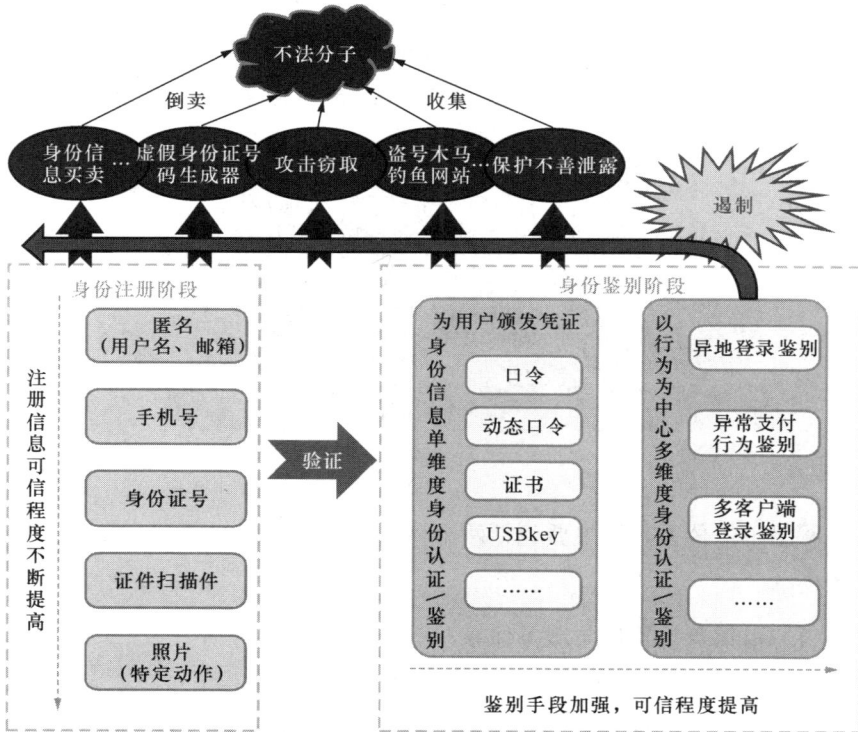

图 7.6

实际上，目前一些大型互联网企业如腾讯、阿里等已经开始使用以行为为中心的身份认证技术，他们会监控每个用户的登录行为，并根据行为是否有异常来判定是否允许该用户登录或者进行某些关键操作（例如支付）。例如如果发现用户在一分钟前在上海登录，而短时间后在福建登录，将会告警认为可能有身份盗用攻击，将会禁止用户登录。

由此可见，可信身份不仅仅限于单位或个人的真实身份信息，如营业执照、身份证号、姓名等，还应该包括用户从事网络活动的行为特征，在某些情况下，在真实身份信息并不完全可靠的情况下，行为特征更能够准确地描述用户的网络身份。

4. 身份管理安全框架

为了最终推动具备"可信身份提供、可信服务评估、网络行为可预测、精准快速追溯"四大能力的网络可信体系的全面建成，服务于国家安全、经济发展、网络治理，同时扩充我国的可信身份战略资源，我国网络可信体系的建设方案（见图7.7）。

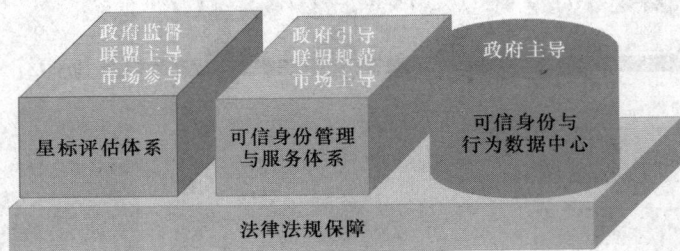

图 7.7

网络可信体系建设主要包括两个体系和一个中心的建设，以及法律法规的保障。

（1）可信身份管理与服务体系

可信身份管理与服务体系的建设应由政府引导、由可信联盟制定规范、由身份服务市场发挥主导作用。建设内容主要包括：建设安全易用、可互操作的异构身份管理与服务体系，使身份提供方可以提供安全服务、身份行为管理、认证鉴别、身份管理互操作、隐私数据保护、监管用户行为和用户行为可追踪的能力；建设身份服务相关标准、互操作标准和接口规范。

（2）星标评估体系

星标评估体系的建设应采用由政府进行规范、联盟主导、市场参与的方式。建设内容主要包括：建立和验证可信身份管理与服务星标标准规范；遴选建立认证认可机构；基于星标标准进行星标评估技术与平台预研，建设评估能力；通过政府试点，大型企业应用示范，逐步推广可信身份的应用。

（3）网络可信身份数据中心

网络可信身份数据中心是建设可管可控的网络可信生态的重要组成部分，应由政府来主导建设。建设网络实体身份数据和行为数据中心，可以用于收集和整合网络实体的身份和行为数据，并可以进行身份和行为的关联分析；对网络安全事件可以及时发现并进行预警，并可对网络行为的趋势进行分析；具备对网络实体身份和行为的追踪能力。

7.5　小结

如前所述，随着电子政务、电子商务、物联网、移动互联时代的到来，同时也带来了网络信任体系以及由此衍生的社会和谐稳定的重大挑战。网络信任体系越来越成为保证电子政务、电子交易等安全、可信的重要保障。必须对此重大挑战高度重视并采取强有力的措施进行干预和管理。

我国目前网络身份认证及网络信任体系建设取得了不少成绩，但也存在不少问题。特别是《电子签名法》发布实施以来，我国的电子签名及认证服务业得到了健康发展，依法提供电子认证服务许可的服务机构的服务能力不断增强，服务范围不断扩大，发放的有效证书不断增加。这些证书广泛应用于报税、报关、外贸管理等电子政务领域和网络银行、网上证券、网上支付等电子商务领域，取得了良好的使用效果。目前我国虽然从基本制度上实现了对获得电子认证服务许可的 CA 机构的管理，但不容忽视的是，这个领域也存在不少问题。由于缺乏战略研究和进一步的统筹规划，主管部门缺乏有效的技术监管手段和工具为其工作提供有力的技术支撑，使我国电子认证行业面临证书策略管理、互联互通以及业务连续性保证等方面的困难，一是 CA 机构间不能互联、互通、互认的问题长期得不到妥善解决，主管部门不能从技术手段上采取有效的管理措施，进行及时的精细化管理，阻碍了电子认证行业的健康、快速发展。二是尚未高度重视国家级电子认证服务业务连续性保证的问题。目前已经得到工信部电子认证服务许可的各类电子认证服务机构，其业务连续性能力和保障水平参差不齐，有关部门对于他们的运行风险缺乏技术性手段进行监控、评估和管理，一旦发生 CA 机构倒闭、系统损坏等问题，其涉及业务的连续性和安全行都无法得到保证，将给用户带来不可估量的损失，对社会安定带来不利影响，增加社会的不和谐因素，影响社会稳定。第三个重要问题就是至今尚未建立起国家级完善的电子签名证书管理体系。行业和区域性建设发展很快，电子认证服务机构规模逐步扩大。目前，获得工业和信息化部颁发电子认证服务许可的 CA 机构已有数十家之多，另外还有很多未获得电子认证服务许可的 CA 机构在实际运营。这些问题亟需解决。

特别是面对当前蓬勃发展的电子政务建设，网络身份证不仅能够增加网络安全，还可以大大提高电子政务的服务能力与效率。推出网络身份证，是加强网络安全建设的一个重要步骤。中国工程院院士方滨兴多年来一直呼吁推行网络身份证，以确保网络空间安全并预防个人信息泄露。业界专家一致认为这可能催生出一套新的网络空间治理生态系统，即可能认识网络空间活动主体，有效保障网络空间主权，同时又符合网络空间发展客观需求。不能再让网络身份证问题至今仍然停止不前，亟待加快论证实施。

必须加强我国网络空间信任体系建设的顶层设计，进一步通过规范的电子认证服务建立和逐步完善国家网络信任体系。随着我国经济发展速度的加快和经济总量规模的增大，电子认证呈现出证书发放量逐年增大、覆盖应用面快速扩展的特点。这些数字证书在各行业、各地区的电子政务、电子商务等领域，发挥着积极作用，促进了网络信任的建立。但电子认证服务业作为信息安全领域重要的基础设施和网络信任体系的核心基础，还处于发展初期，发展规模及应用模式等方面尚未形成集中优势，其条块分割的运行模式使电子认证行业的职能未能充分体现和被广泛认可，数字证书服务的质量有待提高，市场未能得到充分挖掘。经济和信息化的快速发展对电子认证服务已形成倒逼机制，电子认证服务的业务模式有待转变，业务水平有待提高，服务意识有待提升。要建立我国有效的网络信任体系，需要建立相应的证书策略体系、管理机制和技术平台，实现国家级的 CA 策略管理、证书互认和电子认证的业务连续性保证，形成我国规范的电子认证服务。为此，我们需要做好以下几项工作。

（1）制定国家级证书策略体系，实现证书分类分级管理。借鉴美国等国家的经验，制定基线证书策略和各应用领域的分级证书策略，形成我国自主的证书策略分类分级体系及其实施方案，实现证书策略管理，促进应用系统间认证资源共享，为数字证书推广和跨行业应用打好基础。

建立电子签名证书策略管理体系，可以从产业全局出发建立规范统一的证书策略管理体系，实现电子认证机构评估标准和流程的统一；可以指导应用程序开发商和数字证书依赖方识别证书安全级别，对证书正确使用；可以通过专门的策略管理中心实施基于证书策略的电子监管，以技术手段替代行政管理手段，实现对电子认证机构的服务质量评估；可以为我国电子认证体系与国际电子认证体系的接轨奠定基础。

（2）建立国家级证书互认平台，实现证书互认和技术监管。开展数字证书互认研究，制定证书互认工作规范和互认标准，制订证书互认技术方案，建立跨区域、跨行业数字证书的互认试点，促进认证服务机构互联互通，推动全国网络信任体系建设，实现国内各 CA 机构之间的证书互认，为与国际 CA 机构间的证书互认奠定基础。

建立国家级证书互认平台，可以有效解决目前电子认证机构间不能互联互通，缺乏统一技术、应用、服务标准，签发证书不能互认等问题，为电子认证主管部门提供有效的技术监管手段，解决 CA 机构质量评估、证书验证等国家电子认证主管部门亟需解决的问题；可以通过建立完整的电子认证基础设施，为国家网络信任体系的建立奠定基础，实现政府有效监管、认证机构规范运营、依赖方便捷应用、电子签名人得到有效法律保障的目标；可以为电子认证行业提供必要的技术引导，寻求产业发展新方向和新模式；可以促进国际合作的发展，提升我国电子认证服务行业在国际上的竞争力。

（3）建立国家级证书备份库，实现电子认证业务连续性保证。建立各 CA 资料的备份库，实现对 CA 机构证书资料库的灵活调用、统一查验，做到对证书的统一管理，完成对 CRL 列表和 OCA 服务器等的统一监管，做好 CA 机构业务承接中的应急响应，保证电子认证业务的连续性，保障证书使用者的合法利益。

建立国家级证书备份库，可以通过对 CA 机构证书库及相关信息的备份，及时对 CA 的运营状况进行监控和引导;可以通过采用科学、规范的方法，依据不同层次的证书策略要求，对认证机构进行不同安全要求的评估和认定，规范电子签名证书的质量，保证证书策略的有效实施。

（4）加快推进网络空间后台全员实名制，制定和颁发统一的网络身份证，实现网络空间身份真实性保证。大数据时代的来临加速了网络空间信任体系建设发展的约束性要求进程，网络空间的各种复杂行动也对此提出了更加紧迫的要求。网络空间自身的特定属性既为推动网络空间信任体系的建立提供了便利条件，又提出了前所未见的全新挑战。在这个特殊的空间里建立主权，而且是参考现实世界中的主权，正成为国家间竞争的新领域。要更好地认识并理解这种网络空间正在出现并高速发展的新型竞争，就必须深刻认识加快当前网络空间信任体系建设的紧迫性。真正需要的是以此为契机提出基于网络空间信任体系建设的网络空间治理机制的新主张，从目前的发展态势看，我们必须迎头赶上，为建设信息强国而努力奋斗。

结束语

推进"互联网+政务服务"深化信息惠民试点建设

开展信息惠民工程的由来与背景

2014 年，按照《国务院关于促进信息消费扩大内需的若干意见》（国发 [2013] 32 号）和《"十二五"国家战略性新兴产业发展规划》（国发[2012] 28 号）推进信息惠民工程的任务部署，国家发展改革委、财政部、中编办等 12 部门联合发布了《关于加快实施信息惠民工程有关工作的通知》（发改高技 [2014] 46 号），正式拉开了开展信息惠民试点建设的帷幕。这项工作旨在加快提升公共服务水平和均等普惠程度，推动城市各政务部门的互联互通、信息共享和业务协同，探索信息化优化公共资源配置、创新社会管理和公共服务的新机制新模式，并为全面实施信息惠民工程积累经验。经国家发展改革委等部门联合研究和组织专家评审考察，决定将深圳市等 80 个城市列为信息惠民国家试点城市，同时明确要求各试点城市要围绕解决民生领域管理服务存在的突出矛盾和制约因素，以解决当前体制机制和传统环境下民生服务的突出难题为核心，通过体制机制和政策制度创新，推动跨层级、跨部门信息共享和业务协同，有效整合孤立、分散的公共服务资源，强化多部门联合监管和协同服务，促进公共服务的多方协同合作、资源共享、制度对接，创新服务模式，拓宽服务渠道，构建方便快捷、公平普惠、优质高效的公共服务信息体系，全面提升各级政府公共服务水平和社会管理能力。

信息惠民国家试点城市建设工作启动以来，得到了试点城市的高度重视，也带动了国内各地的积极响应，在社会上也产生了巨大的影响。按照《关于同意深圳市等 80 个城市建设信息惠民国家试点城市的通知》（发改高技[2014]1274 号）的有关要求，为推动信息惠民国家试点城市建设取得实效，总结各地经验，形成示范带动效应，国家发展改革委会同财政部、中央编办、工业和信息化部、教育部、公安部、民政部、人力资源和社会保障部、卫生计生委、食品药品监管总局、国家标准委等部门开展了多种形式的信息惠民国家试点城市建设成效评价工作。从评价工作情况看，各个试点城市都高度重视信息惠民国家试点城市建设，围绕总体建设目标，全面推进民生领域信息化深度应用，加快建设方便快捷、公平普惠、优质高效的公共服务信息体系，使得信息惠民建设全面提升政府公共服务和社会管理能力，增强民众安全感和幸福感。同时各地也更加深切地感受到，推动信息惠民建设是当前各地新型城镇化建设的根本目标和城市发展转型升级，促进信息消费的重要抓手。各地还通过各自的实践经验，进一步认识到信息惠民必须更加注重资源整合，在已有资源基础上，利用互联网等先进信息技术，集中构建统一的城市信息惠民公共服务平台，努力实现基础信息集中采集、多方利用；通过基于统一的信息惠民公共服务平台，实现部门间的业务协同和信息共享，逐步实现公共服务事项和社会信息服务的全人群覆盖、全天候受理和"一站式"办理，通过信息平台，打破信息孤岛，通过条块结合，推进试点城市建设与社会保障、健康医疗、养老与社区服务等信息惠民具体业务的有机融合。各试点城市都通过互联网与政务服务的有机融合，创新社会管理和公共服务的工作机制和政策环境，为解决制约信息惠民服务的关键问题探索经验。

互联网+政务服务是信息惠民建设的重要基础

两年多的实践表明，信息惠民工作已经成为新形势下改进政府服务、提升政府治理水平与能力的关键举措，也成为各个试点城市创新社会管理和公共服务新机制的首选，已经为解决制约当前城市发展和公共服务的诸多难题取得了不少宝贵的经验。其中最重要的一点就是各试点城市都充分认识到，信息惠民建设是政府治理与公共服务模式的重大转变，离不开创新，离不开信息共享，离不开业务协同，离不开以信息化手段促进行政体制改革。各试点城市都更加注重围绕解决民生领域管理服务存在的突出矛盾和制约因素，以解决当前体制机制和传统环境下民生服务的突出难题为核心，在实现信息惠民建设中力促体制机制和政策制度创新。其中一个最基本的共同点就是要用好互联网这个大平台，用广大群众喜闻乐见的互联网思维，通过互联网，注重通过以推动跨层级、跨部门信息共享和业务协同为抓手，推进公共服务资源的整合，强化多部门联合监管和协同服务，促进公共服务的多方协同合作、资源共享、制度对接，为解决制约信息惠民服务的关键问题积累了宝贵的成功经验。不少试点城市在工程实施中，以互联网+政务服务为基础，整合资源，集中构建统一的城市信息惠民公共服务平台，实现部门间的业务协同和信息共享，逐步实现公共服务事项和社会信息服务的全人群覆盖、全天候受理和"一站式"办理，注重条块结合，着力推进试点城市建设与社会保障、健康医疗、养老与社区服务等信息惠民专业领域行动计划的有机融合。同时在信息惠民试点建设中各地积极探索通过互联网+信息益民服务模式，鼓励市场参与，创新服务模式，拓宽服务渠道，构建方便快捷、公平普惠、优质高效的公共服务信息体系，全面提升各级政府公共服务水平和社会管理能力，在一些试点城市已经取得了非常显著的社会经济效益，所产生的示范效果已经开始对地区、行业和领域的便民、利民和惠民服务产生了可喜的辐射带动作用。可以说两年多来的信息惠民试点城市建设，已经成为各地面对经济新常态，改善民生的新抓手和衡量政府创新改革的标尺之一，也已成为各地落实互联网+行动计划，实现和谐社会与平安稳定的重要支撑；因此通过政府牵头引导，社会广泛参与，各界合力推进互联网+政务服务，持续推进信息惠民，深得民心，必须持续推进。

以信息惠民试点为抓手，推进互联网+政务服务的总体思路

党的十八大和十八届二中、三中、四中、五中全会明确做出了简政放权、放管结合、优化服务等重要部署，各地区、各部门在创新和改进公共服务方面积极探索，取得了明显成效。遵照习近平总书记关于"转变政府职能，创新行政管理方式，加强和优化公共服务"的重要指示精神，2015年年底国务院办公厅正式下发《关于简化优化公共服务流程方便基层群众办事创业的通知》，要求加快推进"互联网+"公共服务，提升公共服务整体效能。今年李克强总理在政府工作报告中明确指出："大力推行'互联网+政务服务'，实现部门间数据共享，让居民和企业少跑腿、好办事、不添堵。简除烦苛，禁察非法，使人民群众有更平等的机会和更大的创造空间。"这再次表明面对"十三五"中国贯彻落实"四个全面"的关键时期，面对我国政府职能向着效能型、阳光型、服务型政府转变的关键时期，必须运用互联网等新一代信息技术，在政府职能转变中把互联网+政务服务作为信息惠民和新型智慧城市建设的基础和重点工作，积极运用大数据提升政府管理和服务能力，力争实现政府公共服务全覆盖、全联通、全方位、全天候、全过程服务，全力打造公共服务升级版。

通过近期对信息惠民国家试点城市建设成效及其经验的初步总结，我们明显看到信息惠民离不开政务服务与互联网的融合创新所取得的初步成效，例如看到不少城市通过建成电子证照库，推动了跨部门证件、证照、证明的互认共享，初步实现了基于公民身份号码的"一号式"服务；一些地区还通过"一窗式""一门式"服务改革，大大简化了群众办事环节，优化了服务流程，提升了群众办事效率；通过数据共享平台和社区公共服

务综合系统建设,基本实现了公共服务事项的网上综合受理和全程协同办理。通过这些互联网+政务服务的创新实践,我们更加感觉到推进信息惠民建设与"互联网+政务服务"一脉相承,随着工作的逐步深入,必将融为一体,相辅相成,初见成效。这既是党中央、国务院高瞻远瞩,审时度势的正确决策,更体现了党和国家高度重视民生、一切以人民利益为最高目标的情怀。

近日国务院正式批转了《推进"互联网+政务服务"开展信息惠民试点实施方案》,这是深入贯彻党中央、国务院关于加快政府职能转变、简政放权、优化服务工作部署的重要举措,这是解决群众办事涉及的"办证多、办事难"问题的有效途径,这是适应新的形势和要求,推进国家治理体系和治理能力现代化,建设服务型政府的必由之路。

互联网+政务服务的一大特点是运用数字化、信息化手段,通过现代、主动、定量和系统的管理,保证管理的敏捷、精确和高效。互联网与政府公共服务的结合,成为"互联网+"的一项重要内容,也是政府职能创新的重要平台和"抓手"。互联网+不仅给政府提供公共服务的模式带来了革命性的影响,还能够有效地促进政府职能的转变,加快简政放权的步伐。提升互联网+民生服务功能,借助互联互通,充分发挥政府自身信息库资源庞大、完整、准确等优势。

推进互联网+政务服务必须遵循如下基本原则:一是必须坚持问题导向,创新服务。坚持以解决群众办事过程中的办事难、证明多、流程繁杂等难题为核心,运用互联网、大数据等手段,推进"互联网+公共服务",增强公共服务的主动性、精准性、便捷性,提高群众办事的满意度。二是要突出信息共享,优化流程。充分利用已有设施资源,推动平台资源整合和多方利用,避免分散建设、重复投资。加强政务信息资源跨部门、跨层级互通和协同共享,发挥信息共享支撑多部门协同服务的作用,为简化优化群众办事流程奠定基础。三是要重视条块结合,上下联动。充分调动地方政府的积极性和主动性,加强行业主管部门的业务指导和政策支持,促进各层级、各部门的衔接配合和业务联动，强化制度衔接，构建跨部门、跨层级一体化的联合推进机制。四是要通过试点先行，加快推广。要充分结合正在实施的信息惠民工程，以及不同区域的信息化发展基础和优势，积极支持条件成熟的区域和领域，因地制宜，先行先试，鼓励制度创新，不断完善标准体系和政策制度，设定合理的分阶段发展目标和分步骤实施方案，确保总体工程的有序推进。

开展互联网+政务服务，推进信息惠民，意义重大、影响深远，也具有艰巨性、复杂性和必须协调解决业务流程优化、管理模式创新、体制机制和部门利益调整等难题。必须切实建立各有关部门分工明确、相互配合的工作机制，以及权责对称、目标清晰的考核机制，要注重建立部门间权责对等的合作模式，调动各方的主动性与积极性，促进多部门合力提升信息服务水平。要根据各地实际情况，研究制定实现建设目标的具体步骤和工作计划，细化并落实各项创建任务和保障措施，组织推动重点工程建设，研究解决创建工作中的矛盾和问题，将创建工作落到实处，并不断提炼提升试点成果，形成示范推广机制。

当前党中央、国务院通过开展"互联网+政务服务"，持续推进信息惠民建设的大政方针已经确定，各地都要认真学习领会相关文件精神，进一步强化对工作实施进度和质量的跟踪分析和监督检查，加强对"互联网+政务服务"与信息惠民应用成效的量化评估，及时总结经验、协调解决问题、推广应用成果。各试点城市所在省区政府更要关心和支持试点城市建设，及时总结宣传试点城市经验，发挥试点城市对全国开展"互联网+政务服务"试点、持续推进信息惠民工作的辐射带动作用。